市场竞争对产品质量的影响及其数字化治理研究

赵威　段小力◎著

Research on the Impact of Market Competition on Product Quality and Its Digital Governance

中国经济出版社
CHINA ECONOMIC PUBLISHING HOUSE
北京

图书在版编目(CIP)数据

市场竞争对产品质量的影响及其数字化治理研究 / 赵威，段小力著 . --北京：中国经济出版社，2023.5（2025.4 重印）

ISBN 978-7-5136-7310-5

Ⅰ. ①市… Ⅱ. ①赵… ②段… Ⅲ. ①市场竞争-影响-产品质量-研究 Ⅳ. ①F713.50 ②F273.2

中国国家版本馆 CIP 数据核字(2023)第 079949 号

责任编辑　丁　楠
责任印制　李　伟
封面设计　久品轩

出版发行　中国经济出版社
印 刷 者　北京艾普海德印刷有限公司
经 销 者　各地新华书店
开　　本　710mm×1000mm　1/16
印　　张　15.75
字　　数　270 千字
版　　次　2023 年 5 月第 1 版
印　　次　2025 年 4 月第 3 次
定　　价　88.00 元
广告经营许可证　京西工商广字第 8179 号

中国经济出版社　**网址** www.economyph.com　**社址** 北京市东城区安定门外大街 58 号　**邮编** 100011
本版图书如存在印装质量问题，请与本社销售中心联系调换(联系电话：010-57512564)

序
Preface

作为经济高质量发展的微观基础，中国产品质量问题日益受到社会的广泛关注，对该问题数字化治理的研究，正在成为政府治理的研究热点。党的十九大报告指出："我国经济已由高速增长阶段转向高质量发展阶段，正处在转变发展方式、优化经济结构、转换增长动力的攻关期，建设现代化经济体系是跨越关口的迫切要求和我国发展的关键目标。"同时还提出，我国经济高质量发展必须坚持质量第一、效益优先，以供给侧结构性改革为主线，推动质量、效率、动力三大变革。其中，质量变革是三大变革的重中之重。高质量发展，意味着中国将从"价格"要素主导的市场机制跨入"质量"和"价格"要素双主导的提质增效新时代，因此要实现量质齐升。新一轮科技革命和产业变革深入发展，数字化转型已经成为推动经济社会发展的必由之路，推进产品质量的数字化治理，促进产品质量提升是满足消费需求转型的重要突破口。

从20世纪80年代开始，企业为了在市场竞争中获胜，往往采用价格竞争策略，目的是占领更多市场份额、消化库存等。中国市场化进程中的彩电价格战、汽车价格战、网络平台价格战等，都是以价格竞争为表现形式的市场竞争方式。在价格竞争中，有些企业不惜采用降低成本、假冒伪劣、掺假使假等机会主义行为获得竞争优势，对同类产品、同行业产品质量，甚至同区域产品质量造成负面影响。在国家政策引导和产品质量监管下，企业这种低层次竞争策略受到抑制，企业逐步转向依靠品牌、技术、售后服务取胜的产品质量竞争，以谋求可持续的市场竞争优势。

国内外学者在关于市场竞争与产品质量的基本理论和影响逻辑方面取得了一系列重要成果，为本书提供了丰富的理论依据和方法指导，是本书后续研究不可或缺的基础与思想源泉。但已有研究存在以下不足：首先，价格理论研究多、质量理论研究少，把质量作为主要变量纳入经济分析的文献尤其稀缺；其次，对市场竞争与产品质量的关系研究只关注了市场竞争对产品质量的单一正向影响或负向影响，而忽视了市场竞争的不同情形对产品质量的双向影响；再次，产品质量的影响机制研究大多数集中于厂商道德风险与消费者逆向选择行为对产品质量的负向影响，从机会主义和有限理性方面研究产品质量影响机制的文献相对较少；最后，对政府规制的研究较为全面，对产品质量数字化治理的研究较少。

本书通过对国内外文献进行分析，批判性地继承国内外研究成果，作为市场竞争对产品质量影响及数字化治理研究的主要理论依据和逻辑起点。本书的边际学术贡献主要有以下几个方面。

第一，将产品质量纳入经济学分析框架。现有经济学中研究产品质量的文献颇为丰富，但学者未把产品质量纳入经济学分析框架。本书基于新制度经济学的核心观点，把对社会福利起重要作用的“质量”要素内生化，将产品质量作为新的决策变量纳入理论分析框架，分析市场竞争对产品质量的影响及逻辑路径。本书通过应用1997—2020年中国的产品质量优质品率、产品质量相对收益率数据测度全国各省份的年度产品质量，建立动态面板数据模型(GMM)，分析市场竞争对产品质量的非线性影响；通过考察厂商机会主义中介效应、信息不对称的双重调节效应、多元化监管的滞后效应，实证分析市场竞争对产品质量的影响路径，构筑市场竞争对产品质量影响的综合研究框架。所以，本书在一定程度上加深了对主流经济学中忽略的“质量”要素的探索，丰富了产品质量理论。

第二，探讨现实市场竞争对产品质量的非线性影响。本书基于1997—2020年的中国市场化指数数据，构建市场竞争指标体系，测度全国各省份的产品质量水平；通过建立动态面板数据模型(GMM)，分析市场竞争对产品质量的非线性影响。结果发现，在市场有效竞争情形下，信号显示、有效监管有利于提升产品质量；在市场过度竞争下，由于信息不对称，厂商主体的机会主义、监管失灵等行为造成了“竞争扭曲效应”，降低了产品质量。通过构建非线性模型，本书更加客观地分析了现实市场竞争对产品质量的影响。

第三，探讨市场竞争通过什么路径影响产品质量。多年来，世界范围内的产品质量问题频繁发生。学术界多从信息不对称视角、道德风险视角、政府监管失灵视角进行诸多理论分析和实证研究，但从市场竞争视角考虑产品质量影响机理的文献较少。本书认为，现实市场竞争通过厂商机会主义、信息不对称、多元化监管等路径影响产品质量。基于统计调查数据，本书通过分析现实市场竞争条件下，厂商机会主义中介效应、信息不对称的双调节效应、多元化规制的滞后效应，实现市场竞争对产品质量影响逻辑路径的拓展，给出更现实的合理解释和对策建议。

第四，探讨异质过度竞争的负面效应和促进产品质量提升的数字化路径。市场竞争对产品质量影响的“倒U形”曲线右半段表明，科斯式的纯市场竞争模式虽然可以在一定程度上实现产品质量改进，但容易陷入市场失灵的泥沼；而一定程度的垄断有助于形成规模经济，提升产品质量和产业竞争力。阿罗主张的政府与市场混合调节模式更有利于推进有效市场竞争和产品质量提升。有效竞争是一种市场竞争对产品质量提升有正向激励作用的竞争模式。在竞争不足的领域，国家应鼓励有效竞争，提升产品质量，优化社会福利水平；在过度竞争的领域，国家应以大数据、云计算、智能管理等信息机制，抑制厂商机会主义，缓解信息不对称，预防监管失灵，避免过度竞争带来的产品质量损害。

综上，本书以新制度经济学为基础，借鉴马克思主义经济学和西方经济学的相关思想，将数字化治理、机会主义、信息不对称与有限理性纳入研究框架。研究遵循“提出问题—分析问题—解决问题”的基本思路，采用计量分析法、演化博弈分析法与案例分析法等现代经济学研究方法，分析了市场竞争对产品质量的“倒U形”影响及逻辑路径，并提出相应的数字化治理方案。

除了上述四个学术贡献之外，赵威教授和段小力教授的《市场竞争对产品质量的影响及数字化治理研究》一书尚有其他积极的学术贡献，在此不再一一赘述。国内外关于市场竞争、产品质量的学术论文较为丰富，但是在非均衡框架下分析市场竞争对产品质量影响的专著甚少，尤其是对产品质量数字化治理的研究极为短缺。因此，赵威和段小力教授的这本书对于完善市场竞争理论、产品质量理论均具有很高的边际贡献。笔者期望本书能够引起同行的关注，把产品质量的数字化治理研究引向更深、更广泛的领域。同时，也期待赵威和段小力教授在这个领域继续坚持探索，作出新的贡献。

*

2023 年 1 月

* 黄恒学：北京大学政府管理学院教授，博士生导师，公共经济学系主任。

前 言
Introduction

产品质量是我国经济高质量发展的微观基础，是“质量强国”战略实现的重要保障。随着我国市场化进程的不断推进，产品质量问题仍频繁发生，并呈现隐蔽性、频发性与动态性等特征，制约着我国经济高质量发展和“质量强国”战略的实现。多年来，中国政府在主要民生领域实施了严格的产品质量监管，以求缓解市场化进程中的产品质量约束与高质量发展的矛盾。因此，鼓励市场有效竞争、抑制市场过度竞争和促进产品质量提升成为化解这一矛盾的必要举措和客观要求。现实中的市场竞争对产品质量有怎样的影响？市场竞争影响产品质量的路径是怎样的？数字经济条件下如何提高产品质量？这些都成为亟待回答的问题。

本书围绕市场竞争对产品质量的影响这一主题，以新制度经济学为基础，借鉴马克思主义经济学和西方经济学的相关思想，将数字化转型、机会主义、信息不对称与有限理性纳入研究框架。研究遵循“提出问题—分析问题—解决问题”的基本思路，采用计量分析法、演化博弈分析法与案例分析法等现代经济学研究方法，分析了市场竞争对产品质量的“倒U形”影响及逻辑路径，并提出了相应的数字化治理对策。本书的具体研究内容如下。

第一部分，研究背景、理论基础与研究假说，包括第一章至第三章。首先，介绍本书研究的理论背景和实践背景；探讨本书的理论意义和实践意义；界定关于市场竞争与产品质量的相关概念，确定研究思路和研究方法，对创新与不足之处进行说明。其次，理论基础与文献综述。根据马克思主义经济学和西方经济学关于市场竞争和产品质量的思想或理论，提炼市场竞争对产品质量影响的基本思想；对国内外关于市场竞争、产品质量及影响机制的相关文献进行分析和评述。最后，基于现实冲突，借鉴西方新制度经济学理论，将数字化治理、机会主义、信息不对称与有限理性纳入本书的一般性理论分析框架，从非瓦尔拉斯均衡视角，提出了市场竞争对产品质量"倒U形"影响假说和三个影响路径假说。

第二部分，现状考察、实证研究与影响路径的提出，包括第四章、第五章。本书以市场竞争对我国产品质量影响的现实描述为逻辑起点，基于市场竞争对我国产品质量影响的历史回顾，梳理了市场竞争各阶段产品质量的特征，并分析其成因。借鉴美国经济学家Kuznets(1955)在研究经济增长与收入分配时所用的"库兹涅茨'倒U形'曲线假说"模型，提出市场竞争对产品质量影响的"倒U形"曲线假说。采用1997—2016年中国的市场化数据和产品质量省际面板数据，构建动态面板数据模型，对研究假说进行实证检验与稳健性分析。研究结果表明，市场竞争对产品质量影响的"倒U形"关系是存在的。样本数据表明，市场竞争对产品质量影响的"倒U形"曲线拐点位置在com_0等于5.697；基于省际数据的多层回归也通过了稳健性检验。基于本书的一般性分析框架，市场竞争对产品质量的影响路径来源于内部层面的厂商机会主义、外部层面的信息不对称与制度层面的监管失灵。本书重点关注"倒U形"曲线的右半段，即数字经济条件下市场过度竞争对产品质量的负面影响，探讨其形成的逻辑机理，并提出有效的治理对策建议。

第三部分，市场竞争对产品质量影响路径的理论与实证分析，包括第六章至第八章。本书的理论与实证分析表明，市场竞争对产品质量影响存在"倒U形"关系的逻辑路径有三条。影响路径之一：厂商机会主义对产品质量的影响。首先，基于机会主义理论，本书构建两阶段信誉模型，分析机会主义行为下厂商的质量努力的动态均衡偏离，得出厂商机会主义对产品质量具有负向影响的结论。其次，本书采用调查数据，构建中介效应模型，对厂商机会主义对市场竞争与产品质量关系的中介效应进行了回归分析和稳健性检验。研究结果表明：市场竞争强化厂商机会主义。厂商机会主义在市场竞争与产品质量的关系中起到显著的部分负向中介效应，中介效应系数是-0.164。最后，本书进行了案例分析，进一步验证了机会主义对产品质量的负向影响。影响路径之二：信息不对称对产品质量的影响。基于信息不对称理论，本书构建了动态博弈模型，分析信息不对称下的道德风险和逆向选择行为对产品质量的影响；构建调节效应模型，对信息不对称对市场竞争与产品质量关系的双重调节效应进行实证分析。分析结果表明：信息不对称在市场竞争中对产品质量的影响发挥着显著的负向调节效应，调节效应系数为-0.635；信息不对称在厂商机会主义下对产品质量的影响发挥着显著的负向调节效应，调节效应系数为-0.052。案例研究结果进一步验证了信息不对称对产品质量具有负向影响。影响路径之三：多元化监管对产品质量的影响。首先，基于有限理性理论，本书对政府规制、消费者投诉、第三方认证行为对厂商质量投入行为的选择进行了演化博弈理论分析和仿真分析。其次，本书采用1995—2017年中国的产品质量时间序列数据，构建分布滞后模型PDL，分析多元化监管对产品质量的滞后效应。分析结果显示，政府监管、消费者参与和第三方认证行为都会促使厂商选择生产高质量产品，但具有正向滞后效应，滞后期为1。在多元化监管对产品质量的滞后效应中，政府监管(0.447)>第三方认证行为(0.203)>消费者参与(0.166)，而监管失灵会对产品质量具有滞后1期的负向影响。这表明了产品质量事前监管的有效性。最后，本书进行了案例分析，进一步验证了多元化监管对产品质量的双重影响。

第四部分，政策建议与研究总结，包括第九章、第十章。首先，针对第六章至第八章提出的市场竞争对产品质量影响的三大路径，本书提出了抑制厂商机会主义、缓解信息不对称和预防监管失灵的数字化治理的对策建议，旨在降低过度竞争的负面效应，鼓励有效竞争，促进产品质量提升。具体包括实施行政规制、信息增权和企业社会责任培育，抑制厂商机会主义行为；促进信息显示、信息甄别、产品认证，破解经济主体之间的信息不对称问题；促进消费者参与、第三方认证等社会协同监管，破解规制失灵问题；构建政府主导、企业自律、消费者参与、社会协同的产品质量合作的数字化治理框架，以实现市场竞争下产品质量监管目标的激励相容。其次，指出研究局限与研究展望。

本书可能的创新点如下。

(1)完善研究框架：以新制度经济学核心理论为基础，构建了引入机会主义、信息不对称和有限理性的市场竞争对产品质量影响的理论分析框架。已有关于市场竞争和产品质量的研究多在新古典经济学和新增长理论框架下进行。新古典经济学理论注重价格理论分析，其研究假设偏离了经济现实，产品质量理论短缺；新增长理论弥补了新古典经济学产品质量理论短缺的不足，分析了决定产品质量的技术因素，构建了一系列产品质量差异化模型，但没有考虑影响产品质量的厂商行为与环境因素。

本书在新制度经济学理论的基础上，借鉴赫伯特·西蒙(1975)和奥利弗·威廉姆森(1985)的有限理性和机会主义理论，将机会主义、信息不对称与有限理性纳入理论分析框架，提出了更贴近现实的市场竞争研究假定：相对收益最大化目标、有限理性、信息不对称、质量竞争工具与产品质量存在差异性。通过研究现实市场竞争条件下机会主义、信息不对称与有限理性对产品质量的影响，本书构建了更贴近现实的一般性理论分析框架，实现了对研究框架的完善。

(2)创新研究视角：从非瓦尔拉斯均衡视角研究产品质量。已有研究多从瓦尔拉斯均衡视角研究市场竞争与产品供求均衡问题。然而，在现实市场竞争中厂商机会主义、信息不对称和有限理性等约束条件的存在，必然导致市场竞争中生产和交易偏离瓦尔拉斯均衡，产品质量低于新古典框架下的预期均衡水平，造成消费者利益和社会福利损失。本书借鉴新凯恩斯主义的非均衡分析方法，从非瓦尔拉斯均衡视角，注重对产品质量的社会福利特征的分析。引入现实市场竞争假设后的产品市场动态博弈分析结果表明，现实市场竞争并不能使产品市场自发实现生产与交易的瓦尔拉斯均衡，市场过度竞争会降低产品质量，损害消费者利益和社会福利，实现了研究视角的创新。

(3)丰富研究内容：市场竞争对产品质量的“倒U形”影响及其逻辑路径。首先，以往研究多注重市场竞争对产品质量的单向影响，即正向的促进作用或负向的抑制作用。本书基于中国省际面板数据，实证分析了市场竞争对产品质量的非线性影响，即两者之间先升后降的“倒U形”关系。该关系表明，现实市场竞争存在两种情形：有效竞争与过度竞争。有效竞争促进了技术进步和生产效率、社会福利的提高，对产品质量具有正向影响作用；过度竞争则会强化相对利益争夺和机会主义行为，导致市场竞争扭曲和瓦尔拉斯均衡偏离，对产品质量具有负向影响作用。其次，本书提出和验证了市场竞争影响产品质量的三条路径：一是内部层面，厂商机会主义对市场竞争与产品质量关系具有负向中介效应；二是外部层面，信息不对称对市场竞争与产品质量关系具有负向双调节效应；三是制度层面，多元化监管对产品质量具有滞后影响效应。以上三种效应共同作用，形成市场竞争对产品质量影响的“倒U形”关系，实现了研究内容的丰富。

目 录
Contents

1 绪论

产品质量是我国经济高质量发展的微观基础，是“质量强国”战略实现的重要保障。随着我国经济市场化不断深入，产品质量问题频繁发生，并呈现隐蔽性、频发性与非平衡性等特征，制约了我国经济的高质量发展和“质量强国”战略的实现。多年来，中国政府在主要民生领域实施了严格的产品质量监管，以缓解市场化进程中的产品质量约束与高质量发展的矛盾。因此，鼓励有效竞争，促进产品质量提升成为化解这一矛盾的必要举措和客观要求。那么，数字化条件下市场竞争对产品质量具有怎样的影响？可能的影响路径有哪些？如何提高市场竞争条件下的产品质量？对这些问题的探讨，对于进一步明晰政府与市场的边界，实施有效的市场竞争策略，矫正市场竞争的负面效应，促进产品质量优化，具有重要的理论意义和现实意义。

1.1 研究背景与意义

1.1.1 研究背景

1.1.1.1 现实背景

(1)消费需求转型：从“数量”到“质量”

党的十九大指出：“我国经济已由高速增长阶段转向高质量发展阶段，正处在转变发展方式、优化经济结构、转换增长动力的攻关期，建设现代化经济体系是跨越关口的迫切要求和我国发展的关键目标。”[①]同时还提出中国经济高质量发展必须坚持质量第一、效益优先，以供给侧结构性改革为主线，推

---

① 习近平．决胜全面建成小康社会 夺取新时代中国特色社会主义伟大胜利：在中国共产党第十九次全国代表大会上的报告[N]．人民日报，2017-10-28.

动质量、效率、动力三大变革。其中，质量变革是三大变革的重中之重。并且，新一轮科技革命和产业变革深入发展，数字化治理成为大势所趋。高质量发展，意味着中国将从“价格”要素主导的市场机制跨入“质量”和“价格”要素双主导的提质增效新时代，实现量质齐升。① 随着中国经济由“供给短缺”经济到“供给过剩”经济的转变，产品质量需求层次不断提高，消费者对产品的需求从“量”的规模需求过渡到对“质”和“量”的双重需求，特别注重“质”的需求。② 推进数字化治理、促进产品质量提升是满足消费需求转型的重要突破口。

（2）产品供给转型：从“规模”到“质量”

经过改革开放40多年的市场化推进，中国大多数行业的市场产品数量供过于求，由市场竞争不足阶段逐步发展到市场过度竞争阶段，③ 中国诸多行业的市场集中度（CRn）、勒纳指数（LR）和赫芬达尔指数（HHI）均证明了这一点。2012年以来，中国总体上进入工业化后期，④ 市场供给结构急需由“规模”向“质量”转型。竞争性领域层出不穷的产品质量危机，成为阻碍我国产业转型升级和改善供给的重要因素。企业要获得竞争优势，必须调整供给结构，实现从“规模”到“质量”的转型。在此背景下，鼓励有效市场竞争，抑制过度竞争的负面效应，推进产品和服务的数字化转型，数字化驱动产品高质量发展动能接续转换，提升产品质量，是促进产品供给转型的必由之路。

（3）市场竞争：从“价格”竞争到“质量”竞争

从20世纪80年代开始，企业为了在竞争中获胜，往往采用价格竞争策略，目的是占领更多市场份额、消化库存等。中国市场化进程中的彩电价格战、汽车价格战、网络平台价格战等，都是以价格竞争为主要的市场竞争方式。在价格竞争中，一些企业不惜采用降低成本、假冒伪劣、掺假使假等机会主义行为获得竞争优势，对同类产品、同行业产品，甚至同区域产品的品牌形象造成负面影响。在国家政策引导和产品质量监管下，企业这种低层次的价格竞争策略受到抑制，逐步转向靠品牌、技术、售后服务取胜的质量竞

---

① 任保平．建设高质量的社会主义市场经济体制［J］．政治经济学评论，2020（1）：67-72.

② 赵儒煜．论传统市场理论价格机制的局限性［J］．河南大学学报（社会科学版），2018（5）：51-66.

③ 由于行业市场竞争的不均衡，本部分重点讨论过度竞争对产品质量的负向影响，而非传统垄断性行业市场的竞争情况。

④ 国家统计局．新理念引领新常态　新实践谱写新篇章：党的十八大以来经济社会发展成就之一［EB/OL］．［2017-6-16］．国家统计局官网，http：//www.stats.gov.cn/tjsj/zxfb/201710/t20171010_1540653.html.

争，以谋求可持续的市场竞争优势。

(4)政府治理：从“传统”到“数字化”

在致2021年世界互联网大会乌镇峰会的贺信中，习近平总书记强调要“增强数字政府效能”。党的十九届五中全会提出，要加强数字社会、数字政府建设，提升公共服务、社会治理等数字化智能化水平。“十四五”规划和二〇三五年远景目标纲要提出，要“提高数字政府建设水平”，将数字技术广泛应用于政府管理服务，推动政府治理流程再造和模式优化，不断提高决策的科学性和服务效率。数字化不仅改变世界，而且正在重新定义世界，在产品质量规制中发挥着越来越重要的作用。

1.1.1.2 理论背景

(1)产品质量理论的不完善

长期以来，西方经济学并不缺乏对“价格”问题的研究，从古典经济学到新古典经济学，再到制度经济学，都是以价格为中心的理论研究，都假定同类产品质量无差异，商品交易供给和需求均衡在“价格—数量”框架中实现。但这种分析范式忽略了对产品质量的研究，尤其忽略了数字经济对产品质量的影响。新增长理论中加入了产品质量升级型增长模型(斯托齐模型)，认为产品质量升级是由厂商经验积累和干中学引起的，但没有分析影响产品质量升级的现实环境因素。在现实市场竞争中，产品质量会产生现实效用，是决定市场交易均衡的重要因素之一。所以，把产品质量要素纳入经济学分析框架，更系统地分析产品质量决定“人的行为”与环境因素，是具有现实意义的理论研究选择。

(2)市场竞争理论的不完善

新古典经济学框架下的市场竞争理论的不完善表现在：首先，完全市场竞争假设脱离现实。完全市场竞争具有完全理性、信息对称、进出自由、质量同质等特点，这些特征远离市场竞争现实，尤其是网络交易市场的市场竞争现实。其次，在竞争工具研究上存在遗漏。西方经济学的中心理论是“价格论”，认为价格是市场竞争的中心机制与核心工具。缺乏对现实市场竞争中的重要竞争工具——产品质量竞争工具的分析，所以是有待完善和丰富的经济理论。最后，西方经济学对竞争过程的分析在“价格—数量”框架内进行，忽视了对产品质量的研究，尤其缺乏在虚拟市场条件下对产品质量的影响机制研究。本书把机会主义、信息不对称、有限理性、数字化转型等纳入理论分析框架，在一定程度上弥补了西方经济学市场竞争理论的不完善。

(3)市场均衡理论的不完善

以西方新古典经济学为代表的均衡理论，不论是交易市场的均衡还是生产市场的均衡，都是建立在完全理性、信息对称、产品质量同质的暗含假定之上。在此假定下，市场的自发作用可以达到生产和交换的瓦尔拉斯均衡，即帕累托最优。此时市场上消费者效用和生产者利润达到最大化，市场处于出清状态。但是，这种均衡分析方法并没有把现实中“人的行为”作为内生变量考虑在内。如果考虑现实市场竞争中的机会主义、有限理性与信息不对称等约束因素，市场交易的局部均衡和一般均衡均难以实现，市场均衡结果会偏离帕累托最优。新凯恩斯主义的非均衡理论建立在工资、价格和就业等宏观分析框架上，缺乏对市场非均衡的微观分析。所以，西方经济学的市场均衡理论是不完善的。

基于上述现实背景和理论背景，本书以“市场竞争对产品质量的影响研究”为题，在充分借鉴新制度经济学理论的基础上，充分考虑机会主义、信息不对称、有限理性等现实市场竞争约束条件，重新构建市场竞争对产品质量影响的一般性理论框架，实证分析市场竞争对产品质量影响的非线性关系，从厂商机会主义、信息不对称、多元化监管三个维度剖析市场竞争对产品质量的影响路径，并提出相应的数字化治理机制。

1.1.2 研究意义

党的十八届三中全会指出，“使市场在资源配置中起决定性作用和更好发挥政府作用”，其指向是鼓励发展市场竞争之路，也是政府对市场失灵的功能性补缺之路。党的十九届五中全会提出，要加强数字社会、数字政府建设，提升公共服务、社会治理等数字化智能化水平。鼓励市场有效竞争、顺应数字化转型趋势、促进产品质量提升是现有产品质量管理思路的核心组成部分。但由于现实的市场竞争面临机会主义、信息不对称、有限理性等约束条件，现实的市场竞争未必一定是高效的。因此，在考量市场竞争正向效应的同时，也要注重对被学术界忽视的市场竞争负面效应的重新审视。如何通过理论分析和实证检验论证市场竞争对产品质量的影响及逻辑，本书在理论和现实两方面都具有重要意义。

1.1.2.1 理论意义

(1)注重“社会福利”分析，丰富产品质量理论

梳理已有文献发现，大多数文献注重对产品质量的技术属性，即客观规

范与标准的研究，对产品质量的社会福利属性的研究还不多。本书认为，产品质量不仅具有技术属性，还具有重要的社会福利属性。社会福利的改善是市场竞争的重要目标，可以通过产品供给数量和质量体现。产品质量是否满足消费者需求、达到消费需求的“合意性”标准是社会福利是否实现的标志之一。产品以质取胜不仅是国家政策导向和厂商保持竞争优势的战略所在，更是一种消费者利益和社会福利的增进。产品质量损害在形式上表现为技术不规范，实质上是一种瓦尔拉斯均衡偏离与社会福利损失。数字经济作为一种新的经济形式，能够促进创新，改善过度竞争导致的产品质量损失。本书注重在市场竞争条件下生产与交易的非均衡分析和福利分析，丰富了产品质量理论。

(2)注重“差异性”分析，丰富了市场竞争理论

传统理论认为市场竞争是有效率的，市场经济的自发作用能使交易市场达到生产与交易的瓦尔拉斯均衡，实现帕累托最优。已有的研究注重对市场竞争的静态分析，认为市场竞争对产品质量具有正向或负向影响。但是从动态看，市场竞争存在有效竞争与过度竞争两种情形。[①] 市场的有效竞争打破了市场垄断，促进了技术发展和生产效率的提高，对产品质量具有正向影响；过度竞争强化了相对利益争夺和机会主义行为，导致市场竞争扭曲和帕累托最优偏离，对产品质量具有负向影响。本书从市场竞争情形的差异性考察市场竞争对产品质量的影响，丰富了市场竞争理论，可以为政府制定市场竞争政策提供理论参考。

(3)注重“人的行为”分析，丰富了产品质量分析维度

正如奥地利学派创始人卡尔·门格尔指出的“人自身是每个经济体的起点和终点”，市场竞争对产品质量的影响逻辑首先建立在一般性的人的行为理论之上。[②] 本书基于新制度经济学的有限理性和机会主义的核心思想，注重对人的行为分析，将机会主义、有限理性纳入产品质量理论分析框架，探讨市场竞争动态影响产品质量的逻辑。从机会主义、信息不对称、多元化监管三个维度考察产品质量，丰富了产品质量影响路径的分析维度，采用数字化驱动产品高质量发展动能接续转换，可以为政府制定质量管理政策提供理论参考。

---

① 有效竞争与过度竞争不是时间概念而是两种市场竞争情形。每一市场经济下不同区域、不同行业、不同市场都可能存在竞争主体进入过度和不足两种情况。所以，在中国市场经济发展进程中，市场经济推进初期可能存在过度竞争，随着市场经济的发展转向有效竞争。

② 这里人的行为指市场竞争主体的机会主义行为。

1.1.2.2 现实意义

(1)落实“质量强国”战略

党中央多次强调推进高质量发展战略，说明我国已经从产品需求的“数量”时代进入了“质量”时代，产品质量已经成为行业持续发展的生命线和重要的市场竞争工具。产品质量是经济高质量发展的微观基础。2020年，我国数字经济整体规模占全年GDP的38.6%，其中北京、上海等城市的指标已超过40%。在数字经济条件下，鼓励有效竞争，正视市场竞争的约束因素，抑制市场竞争的负面效应，是推进经济高质量发展的重要举措。所以，本书可以为数字经济条件下落实“质量强国”战略，制定提升产品质量与增进社会福利的政策，提供一些具有支撑性的现实思考和实践探索。

(2)预防市场竞争负面效应

已有研究大多关注市场竞争的正面效应。本书通过对市场竞争与产品质量的非线性关系的探讨，认为在“厂商机会主义”“信息不对称”“监管失灵”多重约束下的市场竞争环境中，市场竞争对产品质量可能产生负面影响，这种负面影响将导致消费者利益和社会福利损失。实施有效的市场竞争策略，促进产业数字化转型，预防市场竞争的负面效应是当今社会一个重要的经济和政治命题。本书为数字经济条件下，如何把握政府与市场的边界提供“度”的衡量及思考，即探讨如何事前预防市场竞争给产品质量带来的负面效应。

(3)完善产品质量监管机制

我国正处于数字革命与产业变革的交汇期，开始从制造大国向数据大国迈进。数字化治理能力和数字经济发展水平体现了一个区域的综合竞争实力，对规范不正当竞争、促进区域产业发展和产品质量提升具有重要意义。① 本书通过探索市场竞争对产品质量的影响，探讨可能的数字化治理路径，以促进产品质量提升。有效实施市场竞争策略，鼓励有效竞争，避免过度竞争强化厂商机会主义；完善并严格实施产品质量标准体系，以信息机制、信誉机制与行政机制缓解产品交易市场的质量信息不对称问题；利用信息机制和协同机制矫正利益相关者的有限理性行为，完善产品质量的监管机制。强化社会合作的多元化监管，预防利益相关者有限理性行为导致的产品质量监管失灵。通过有效发挥政府和市场的作用，完善产品质量大数据，以数字化驱动产品高质量发展的动能接续转换提升产品质量。

---

① 吴志刚. 重构数据生产关系 培育数据要素市场[J]. 数字经济，2021(1)：20-27.

1.2 主要概念界定

1.2.1 市场竞争

市场竞争是市场竞争主体争优劣、争高下、争胜负、争存亡的角逐和较量,[①] 是市场的优胜劣汰行为。市场竞争是企业出于在市场竞争中胜出的目的,选取适当的竞争工具,以实现市场控制、取得市场优势和相对利益最大化的一种行为。

市场竞争有正当竞争和不正当竞争之分。正当竞争是指通过提升产品质量,改善产品性能,满足消费者需求在市场竞争中获胜的行为,是具有积极作用的竞争方式;不正当竞争则是指在机会主义、信息不对称和有限理性等约束条件下,隐瞒产品质量信息,通过降低成本、提高售价的方式实现资本原始积累,在激烈的市场竞争中胜出的行为。不正当竞争可以看作一种市场竞争的扭曲效应。

市场竞争有价格竞争和质量竞争之分。价格竞争是以价格为核心竞争工具的竞争行为,通过压低交易价格刺激消费需求,是市场经济下最基本、最传统的市场竞争形式;质量竞争是以质量为核心竞争工具的竞争行为。

市场竞争有过度竞争与有效竞争之分。有效竞争是一种能够实现规模经济、优化资源配置的竞争,是能促进企业生产绩效提高与社会福利增进的竞争状态。[②] 过度竞争是由于交易市场竞争主体数量过多或过度进入,在机会主义、信息不对称和有限理性行为约束下,经济主体之间进行的相对利益和市场地位的争夺行为。在过度竞争情形下,由于交易环境的信息不对称,生产者主观故意的机会主义都会导致消费者效用和社会福利损失,使私人成本低于社会成本,因此本书重点讨论有效竞争和过度竞争两种情形对产品质量的影响。

1.2.2 产品质量

按照国际标准化组织(ISO)的定义,所谓产品,就是“将投入转化为产出的

① 邹东涛,杨秋宝.经济竞争论[M].成都:四川人民出版社,1989:3.

② 曹建海.过度竞争论[M].北京:中国人民大学出版社,2000:6.

相互关联或相互作用的一组活动的结果”。① 不同国家或地区因社会制度、意识形态、价值观念以及经济发展水平的差异，在对产品的外延界定上呈现明显的差异，如表 1-1 所示。

本书认为，产品是指满足消费需要的有形物品和无形服务。这种物品不但包括经过生产、加工、制作，用于销售的有形产品，即最终消费性产品(而不是生产性产品)，还包括服务型的软产品，如信息、金融、中介、娱乐等服务业产品。

表 1-1　各地区对“产品”含义的界定

国家	法律	产品概念界定
美国	统一产品责任示范法	具有真正价值的、为进入市场而生产的、能够作为部件或零售的物品
日本	产品责任法	进入流通过程的一切物品，不论是制成品还是天然品
欧盟	欧盟产品责任指令	初级产品和狩猎物以外的所有动产，即使已被组合在另一动产或不动产内
中国	产品质量法	经过加工、制作，用于销售的产品，建筑工程除外

资料来源：李志德．中国产品质量发展的长效机制研究[D]．武汉：武汉大学，2012.

在 ISO 9000：2015《质量管理体系》中，“产品质量”是产品的一组固有特性满足消费者要求的功能与效用，也即产品的一组特性能满足消费者需求和其他利益相关者要求的能力。② 从生产角度看，产品质量是一系列生产规范和技术标准，包括产品客观标准，如技术含量、耐用性、兼容性、配套服务等，是否符合一定的技术规范和客观性特征。当生产规范和技术标准被固化时，这种符合性质量就会成为产品升级换代的底线，起到淘汰旧产品的作用。总之，产品质量是厂商参与市场竞争的一个关键维度，是重要的市场竞争工具。

从消费角度看，产品质量是产品的使用价值或效用，表现为消费者感受或消费者从产品中获得的某种心理和视觉满足感。质量好坏体现了消费者需求是否得到满足。所以，消费角度上的产品质量具有主观性和社会福利性特征。

① 转引自程虹，陈太义．管理如何提升产品质量：来自中国企业—劳动力匹配调查(CEES)的经验证据[J]．产业经济研究，2019(3)：88-100.

② 陈国华，贝金兰．质量管理[M]．北京：北京大学出版社，2018：2.

1.2.3 数字化治理

所谓数字化治理，从理论上讲，就是秉持“以人民为中心”的理念，通过运用数字技术和发挥数据价值，实现政务机构业务与组织的连接、赋能、协同与重构，从而提升对市场、社会以及自身的治理能力。数字化治理在核心目标上立足推进治理现代化，在顶层设计上依循数据范式，在政策上将“对数据的治理”纳入议题范围，在业务架构上日益趋向平台化模式，在技术基础上向智能化升级。

数字化治理能力和数字经济发展水平体现了一个区域的综合竞争实力，采用数字化驱动产品高质量发展动能接续转换，对区域产业战略的实施、区域产业发展具有重要意义。

1.2.4 信息不对称

完备、充分的信息是正确决策的基础。在现实市场竞争条件下，经济主体之间的信息具有不对称性。阿克洛夫在1970年的文章《柠檬市场：质量不确定性和市场机制》中指出，信息不对称是指参与交易的各方对所交易的商品拥有的信息不对等、不完全与不完美。在现实的市场交易中表现为买卖双方拥有的关于商品或服务的质量、价格等信息不对等。

1.2.5 厂商机会主义

根据Williamson O E(1996)的定义，机会主义是指“用欺诈的手段寻求自身利益”。[①] 本书认为，厂商机会主义是指市场竞争主体出于自利性的生产动机和短期利益目的，以压低成本、假冒伪劣等不正当竞争手段，取得在市场竞争中的优势地位，对消费者和社会福利产生损害的行为。厂商机会主义的实施目的是实现短期收益和市场地位争夺，[②] 机会主义行为使经济活动的私人成本低于社会成本，导致消费者利益和社会福利损失。

1.2.6 多元化监管

多元化监管是指产品质量监管的利益相关者，如政府、消费者、第三方

---

① Williamson O E. The Mechanism of Governance [M]. New York: The Free Press, 1996.

② 朱富强．自发市场中的过度竞争及其问题：欲求膨胀、策略性行为和社会资源浪费[J]．云南大学学报(社会科学版)，2019(2)：107-115.

机构、媒体和行业协会等市场主体，通过资源共享和相互协作进行的产品质量监管。多元化监管以政府为主导、市场为主体、社会监管为补充，以期达到激励相容的目标。

政府监管最基本的职能，是为社会监管构建一个有效的制度平台，这也是产品质量监管中政府主导功能的含义所在。① 市场监管是政府监管的有效补充，依靠信息机制、第三方认证机制对产品质量进行内部管理，具有社会经济成本高，且容易出现监管失灵的特点；社会监管是政府监管和市场监管的有效补充，主要依靠媒体曝光、消费者参与等方式对产品质量进行结果监管，特点是信息反馈链长，组织松散、组织成员多，不容易达成一致行动。表1-2汇总了多元化监管的主要手段，并比较了其主要的优缺点。

表1-2 多元化监管的主要手段及其优缺点

概念	监管手段	优点	缺点
政府监管	依靠行政命令对产品质量进行外部监管	具有较好的强制性、较短的时滞、较低的交易成本	受限于监管成本、监管资源
市场监管	依靠第三方、行业协会对产品质量进行外部监管	有竞争约束和胜出市场竞争的激励机制	事后监管，滞后期短，社会经济成本高，容易产生监管失灵
社会监管	依靠媒体曝光、消费者参与等对产品质量进行结果监管	监管范围广、成本低、成员多	信息反馈链长，组织松散，组织成员多，不容易达成一致行动

市场竞争对产品质量影响逻辑的阐述中，机会主义、信息不对称与多元化监管是一组相互联系的核心概念，代表着市场竞争对产品质量影响的三条主要的逻辑路径。

1.3 主要内容与基本框架

1.3.1 主要内容

本书围绕“市场竞争对产品质量的影响”这一主题，以新制度经济学理论为基础，对新古典经济学框架下信息对称、完全理性、质量无差异等完全竞争市场研究假设进行了修正，构建了贴近现实市场竞争的一般性分析框架。

① 三类产品质量安全规制主体有着相对清晰的监管范围，履行不同的监管职能，即“以市场监管为主体、社会监管为基础、政府监管为主导”的监管制度体系。

在此框架下，分析市场竞争对产品质量的影响，并探讨三条影响路径。

1.3.2 基本框架

本书以新制度经济学核心理论为基础，构建了一个引入机会主义、信息不对称和有限理性的市场竞争对产品质量影响的一般性理论分析框架，并探讨了产品质量的数字化治理路径。研究的基本框架如图 1-1 所示。

首先，理论研究。基于高质量发展的现实背景、产品质量研究短缺的理论背景、现实市场竞争内涵的重新界定，分析了现实市场竞争的特征与表现，提出了现实市场竞争的基本假定；分析了现实市场竞争下生产和交易的一般均衡偏离。把新制度经济学的核心理论——机会主义、信息不对称和有限理性纳入本书产品质量分析框架。在此框架内，提出了现实市场竞争对产品质量的非线性影响及三大影响路径假说。

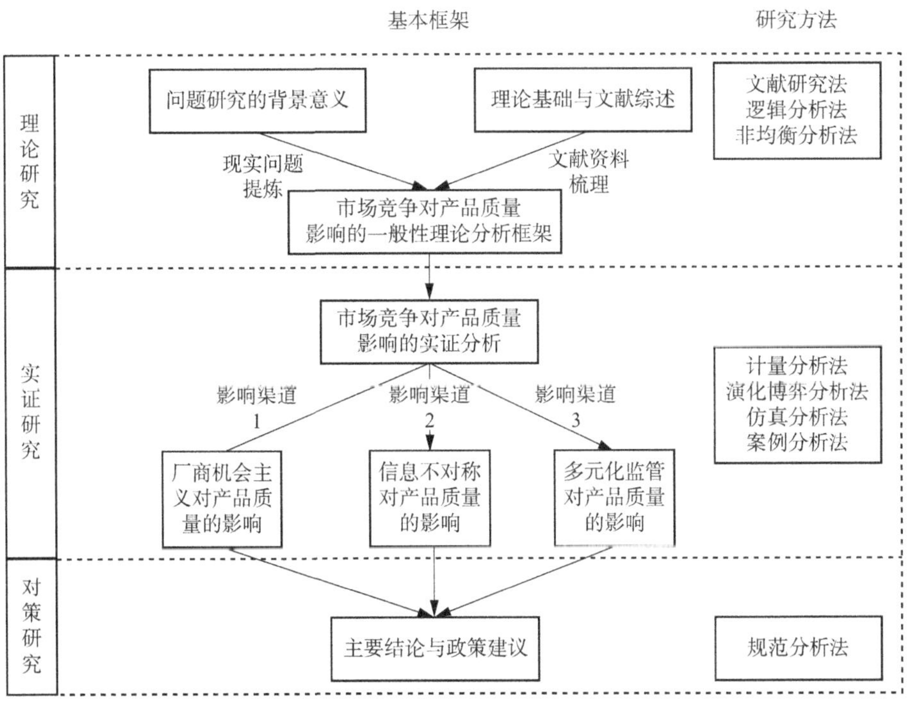

图 1-1 基本框架

其次，实证研究。基于市场竞争对中国产品质量影响的历史回顾、现状及特征，分析了问题成因。采用中国市场竞争和产品质量省际面板数据，实证分析市场竞争对产品质量“倒 U 形”影响，并通过了稳健性检验；基于厂商机会主义、信息不对称、多元化监管三条影响路径，探讨市场竞争对产品质量“倒U形”影响的逻辑机理，并对研究假说进行理论阐述和实证检验。

最后，对策研究。强化产品质量的数字化治理，建立高效有序的数据开放、数据共享、数据协调、数据服务等机制，确保生产者信息和产品质量数据的有序流动，促进产品质量数据要素市场的有效运转，为数字经济条件下的产品质量信息显示和产品质量信息甄别提供依据。针对市场竞争对产品质量影响的三大路径，提出了抑制厂商机会主义、缓解信息不对称和预防监管失灵的政策建议，探讨了促进产品质量提升的数字化治理的路径。

1.4 研究思路与方法

1.4.1 研究思路

1.4.1.1 确定研究目标

本书的研究目标是探讨市场竞争对产品质量的影响及影响路径，可以概括为三点：首先，市场竞争对产品质量具有怎样的影响？用理论和实证解决“是什么”的问题。其次，市场竞争对产品质量的影响路径是什么？用理论和实证解决“为什么”的问题。最后，如何推进数字化治理，改善市场竞争条件下的产品质量问题，即解决“怎么办”的问题。

1.4.1.2 构建分析框架

市场竞争对产品质量的影响贯穿于社会经济系统的生产、分配、交换和消费的过程中。根据研究目标和新制度经济学的核心理论，构建了市场竞争对产品质量的影响的分析框架。首先，基于三个现实冲突，借鉴赫伯特·西蒙(1975)和奥利弗·威廉姆森(1985)的有限理性和机会主义理论，提出贴近现实市场竞争的研究假定；其次，基于新凯恩斯主义的非均衡理论，探讨了现实市场竞争中生产与交易市场的瓦尔拉斯偏离与社会福利损失；再次，提出市场竞争对产品质量“倒U形”影响假说及三条影响渠道——厂商机会主义、信息不对称和多元化监管，依此构建了市场竞争对产品质量影响研究的一般性理论分析框架；最后，提出了促进产品质量提升的数字化治理路径。

1.4.1.3 总体影响分析

第四章、第五章探讨了市场竞争对产品质量的总体影响。首先，基于市场竞争对中国产品质量影响的历史回顾和现状考察，提炼了其特征。研究发现，市场竞争不足下的产品质量问题的成因主要是技术因素，市场竞争主体机会主义、信息不对称、监管失灵因素相对较少；在市场过度竞争条件下，产品质量降低的原因多是主观故意的机会主义、信息不对称和监管失灵。其次，采用动态面板模型，实证研究市场竞争对产品质量的影响。研究结果表明，在竞争不足条件下，随着市场竞争加剧，企业为了获得市场竞争优势不断加大投入，提升产品质量，即市场竞争对产品质量具有“倒U形”影响。

1.4.1.4 影响路径分析

第六章至第八章介绍了市场竞争对产品质量的影响路径。在新制度经济学的理论框架下，通过理论与实证分析验证了市场竞争对产品质量影响的三大路径。从内部看，厂商机会主义行为对市场竞争与产品质量的关系具有负向中介效应；从外部看，信息不对称对市场竞争与产品质量的关系具有负向调节效应；从制度层面看，政府监管、消费者参与、第三方认证行为等多元化监管对产品质量具有滞后影响效应。三条路径共同作用形成了市场竞争对产品质量影响的“倒U形”关系。

1.4.1.5 对策研究

针对市场竞争对产品质量影响的三条路径，提出了产品质量提升对策。一是实施行政规制、信息增权和企业社会责任培育，抑制厂商机会主义行为；二是促进信息显示、信息甄别、产品认证，破解经济主体之间的信息不对称问题；三是促进消费者参与、第三方认证等社会协同监管，破解监管失灵问题；四是强化产品质量的数字化治理。在此基础上，对全文进行总结，并提出具有针对性的政策建议，指出研究局限与研究展望。具体研究思路如图1-2所示。

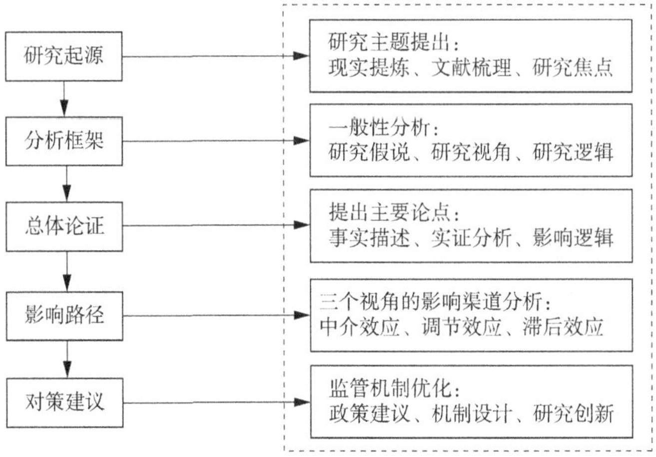

图1-2 研究思路

1.4.2 研究方法

出于本书的研究目的，主要采用了以下研究方法。

1.4.2.1 计量分析法

首先，本书第五章提出了市场竞争对产品质量影响的库兹涅茨“倒 U 形”曲线假说。采用动态面板数据(GMM)模型，实证研究了市场竞争对产品质量的影响，验证了市场竞争对产品质量影响的“倒 U 形”曲线的稳健性，并对省际产品质量的差异性特征进行了聚类分析。其次，为了进一步探讨市场竞争对产品质量影响的库兹涅茨“倒 U 形”曲线的逻辑机理，第六章至第八章采用中介效应模型、调节效应模型、分布滞后模型，实证研究了厂商机会主义、信息不对称、多元化监管对产品质量的影响，从而验证了市场竞争影响产品质量的三条影响路径假说。

1.4.2.2 演化博弈仿真分析法

本书第八章以博弈参与群体为研究对象，考虑到经济主体的有限理性约束，运用动态演化博弈分析不同利益主体的产品质量分析策略。通过求解 ESS 和雅克比矩阵，得到演化博弈的稳态。采用 MATLAB 7.0 软件根据复制者动态方程，对市场竞争条件下政府监管、市场监管和社会监管对产品质量的影响进行博弈仿真分析，测算了多元化监管不同概率值的仿真趋势。

1.4.2.3 案例分析法

为了对研究假说进一步验证，通过对国内外产品质量问题进行案例分析，并对案例进行了“三角验证”，分析了“市场竞争—低价—劣质品—产品质量损害”链条和“市场竞争—高价—劣质品—价格、质量双重损害”链条的形成机制，验证了市场竞争对产品质量“倒 U 形”影响的基本假说；通过对产品质量事件的发生机理进行分析，进一步证明了内部层面的厂商机会主义、外部层面的信息不对称、制度层面的多元化监管是市场竞争对产品质量影响的三条主要路径。

此外，本书还采用了统计分析法、文献研究法、非均衡分析法等，对市场竞争对产品质量的“倒 U 形”影响进行了验证，并对其影响路径进行了分析。

1.5 创新与不足

本书对市场竞争对产品质量的影响及其数字化治理的研究，取得了一定的突破和创新，也存在一定的不足。

1.5.1 可能的创新

本书可能的创新如表 1-3 所示，主要包括以下几个方面。

1.5.1.1 完善研究框架

以新制度经济学核心理论为基础，构建了一个引入机会主义、信息不对称和有限理性的市场竞争对产品质量影响的一般性理论分析框架。已有关于市场竞争和产品质量的研究多在新古典经济学和新增长理论框架下进行。新古典经济学理论注重价格理论分析，其研究假设偏离经济现实，产品质量理论短缺；新增长理论弥补了新古典经济学中产品质量理论短缺的不足，分析了决定产品质量的技术因素，构建了一系列产品质量差异化模型，但没有考虑影响产品质量的行为与环境因素。

本书在新制度经济学理论的基础上，借鉴赫伯特·西蒙(1975)和奥利弗·威廉姆森(1985)的有限理性和机会主义理论，将机会主义、信息不对称与有限理性纳入本书的理论分析框架，提出了更贴近现实的市场竞争研究假定：相对收益最大化目标、有限理性人、信息不对称、质量竞争工具与产品质量的差异性。通过研究现实市场竞争条件下机会主义、信息不对称与有限理性对产品质量的影响，提出了数字化治理的一般性理论分析框架，实现了研究框架的完善。

1.5.1.2 创新研究视角

从非瓦尔拉斯均衡视角研究产品质量。已有研究多从瓦尔拉斯均衡视角研究市场竞争与产品供求均衡问题。然而，在现实市场竞争中厂商机会主义、信息不对称和有限理性等约束条件的存在，必然导致市场竞争中生产和交易偏离瓦尔拉斯均衡，产品质量低于新古典框架下的预期均衡水平，造成消费者利益和社会福利损失。本书借鉴新凯恩斯主义的非均衡分析方法，从非瓦尔拉斯均衡视角，注重产品质量的社会福利特征分析。引入现实市场竞争假设后的产品市场动态博弈分析结果表明，现实市场竞争并不能使产品市场自发实现生产与交易的瓦尔拉斯均衡，市场过度竞争会降低产品质量，损害消费者利益和社会福利，实现了研究视角的创新。

1.5.1.3 丰富研究内容

市场竞争对产品质量的“倒U形”影响及逻辑路径。首先，以往研究多注重市场竞争对产品质量的单向影响，即正向的促进作用或负向的抑制作用。本书基于中国省际面板数据，实证分析了市场竞争对产品质量的非线性影响，即两者之间先升后降的“倒U形”关系。该关系表明，现实市场竞争存在两种情形：有效竞争与过度竞争。有效竞争促进了技术进步和生产效率、社会福利的提高，对产品质量具有正向影响；过度竞争则会强化相对利益争夺和机会主义行为，导致市场竞争扭曲和瓦尔拉斯均衡偏离，对产品质量具有负向影响。其次，本书提出和验证了市场竞争影响产品质量的三条路径：一是内部层面，厂商机会主义对市场竞争与产品质量关系具有负向中介效应；二是外部层面，信息不对称对市场竞争与产品质量关系具有负向双调节效应；三是制度层面，多元化监管对产品质量具有滞后影响效应。三种效应共同作用，形成市场竞争对产品质量影响的“倒U形”关系，实现了研究内容的丰富。

表1-3 可能的创新点

创新点	主流经济学和已有研究	本书可能的突破和创新
研究框架的创新	1. 以收益最大化为目标 2. 产品质量信息对称假定 3. 完全理性 4.“质—价”对称假定假定 5. 同类产品质量无差异假定	1. 以相对收益最大化为目标 2. 信息不对称假定 3. 有限理性 4.“质—价”不对称假定 5. 同类产品质量差异假定
理论观点的创新	1. 市场竞争对产品质量具有正向影响 2. 产品质量的政府监管	1. 市场竞争对产品质量的“倒U形”影响 2. 市场竞争对产品质量影响的三大路径 3. 加强产品质量的数字化治理，促进质量信息显示与甄别 4. 促进产品质量提升的数字化治理
研究视角的创新	瓦尔拉斯均衡视角	非瓦尔拉斯均衡视角

1.5.2 不足之处

受主观、客观条件限制，本研究还存在以下不足。

第一，对于市场竞争对产品质量的影响而言，宏观、微观领域的数据均十分重要。未来将通过大数据和云计算完善企业和行业层面的产品质量数据，以期利用不同行业市场和不同领域相关数据进一步锤炼理论，验证本书假说，尤其是微观层面大样本的统计分析对于结论验证会有所裨益。

第二，实证分析结果和现实数据表现有颇多趋同之处，从而可以得到相互验证。但也有控制变量的实证结果与现实差异较大，甚至相反，原因是实证分析中样本量大小、抽样方法不同。相对于市场竞争下中国成千上万的中小企业和不同个性的消费者而言，本书选择的研究微观样本数量比较有限，案例分析的样本数量相对较少。因此，应充实和完善微观领域的数据，使研究更加全面深入。

第三，在本书的演化博弈分析模型中虽然考虑了多竞争主体协同合作，并引入了政府监管、消费者参与、第三方认证等多主体参与行为，但是在演化博弈模型参数设置和变量设定方面还有待优化，争取在下一步研究中增加参数，丰富模型的变量设置，以便更好地反映现实市场竞争条件下的多主体行为及博弈策略，真实再现市场竞争条件下多元化监管对产品质量的影响及数字化治理路径。

2 理论基础与文献综述

本章对研究中涉及的重要概念和理论视角进行文献综述，市场竞争对产品质量的影响及逻辑路径为本章研究的中心。

2.1 理论基础

理论基础是文章的灵魂和根基，本节从马克思主义经济学和主流经济学中关于市场竞争和产品质量的理论或思想入手，对本书涉及的理论基础进行回顾。

2.1.1 马克思主义经济学关于市场竞争和产品质量的思想

2.1.1.1 马克思主义经济学的市场竞争思想

马克思、恩格斯主要生活在自由资本主义时期，当时自由竞争在社会经济生活中占主导地位，因此市场竞争现象成为马克思和恩格斯分析的主要对象。马克思认为，市场竞争可以理解为“许多资本的相互关系”，市场竞争环境对资本家的动机和行为模式具有重要影响，由此决定了资本主义条件下厂商动机是最大限度地占有剩余价值，导致“劳动的异化”。① 但马克思并不否认市场竞争的重要作用，他在《共产党宣言》中说：资产阶级在它不到 100 年的阶级统治中所创造的生产力，比过去一切世代所创造的全部生产力还要多，还要大。

利润是“作为全部预付资本的这样一种观念上的产物”，是剩余价值的“转化形式”。马克思将商品价值构成分为三部分：不变资本、可变资本与剩余价值（$c+v+m$）；市场经济下，资本家将剩余价值不仅看作生产过程中实际耗费

① 宋宇．马克思经济学与西方经济学的厂商理论比较研究［J］．经济纵横，2010(5)：13-17.

资本(可变资本)的产物，更看作全部预付资本($c+v$)的产物，即利润率 π' 由全部预付资本 $c+v$ 决定。[①]

$$\pi'=\frac{m}{c+v}$$

马克思在《资本论》第3卷中阐述了平均利润率的形成过程："不同生产部门由于投入的资本量的有机构成不同，会产生极不相同的利润率。"[②]从本质上看，利润本质就是剩余价值，是低于剩余价值率 $m'=\frac{m}{v}$ 的一个比率。在长期内，资本间、部门间的竞争导致了社会平均利润率的形成。为了得到高于社会平均利润率的个别资本利润率，资本家们从技术、成本、管理等方面展开竞争，技术进步会导致资本有机构成 $\frac{c}{v}$ 的上升，当以剩余价值率保持不变为前提时，随着资本有机构成的提高，就会导致利润率 π' 下降，这就是社会平均利润率下降的一般规律。资本主义制度建立初期，资本在"对剩余劳动的狼一般的贪欲"驱使下，导致资本家隐瞒产品质量损害，产生自利性的机会主义行为。就社会价值总量而言，市场利益具有稀缺性和有限性，资本为了在激烈的市场竞争中获胜，形成对剩余价值最大化的追求，追求高于社会平均利润率的利润率。[③]

马克思主义经济学的竞争思想的主要特征如下。

第一，重视对市场竞争的历史性和社会性分析。马克思从历史唯物主义的基本观点出发，把市场竞争看作一个历史范畴，在经济学说史上第一次揭示了市场竞争现象背后所掩盖的经济关系的本质，认为"只有了解了资本的本性，才能对竞争做科学的分析"。[④] 资本家为了在激烈的市场竞争中获取优势地位，采取压低生产成本的方法，使个别资本生产的个别劳动时间小于社会必要劳动时间，从而获得市场竞争优势。正如马克思所言"商品生产者及其生产资料在社会不同劳动部门中的分配上，偶然性和任意性发挥着自己的杂乱无章的作用"。[⑤] 马克思指出，"资产阶级除非对生产工具，从而对生产关系

---

① 赵帅，何爱平．马克思经济学与斯拉法学派的利润理论比较[J]．当代经济研究，2017(10)：47-54.

② 马克思．资本论：第3卷[M]．中央编译局，译．北京：人民出版社，2004.

③ 张凤超．资本权力与市场秩序："竞争性市场"之刍议[J]．学术研究，2013(11)：63-69.

④ 马克思，恩格斯．马克思恩格斯全集：第23卷[M]．中央编译局，译．北京：人民出版社，2004：352.

⑤ 马克思．资本论：第1卷[M]．中央编译局，译．北京：人民出版社，1975：367.

和全部社会关系不断进行革命，否则就不能生存下去”。① 如果单纯依靠市场机制调节市场竞争的产品质量危机，除了需要较长的调整时期外，还会付出巨大的经济和社会代价。

第二，对市场竞争过程进行了动态分析。在资本的竞争中，大资本更具有竞争优势，生产规模起着重要作用，为了实现资本的扩张，企业(A)资本家要通过减少生产成本的方式来生产和经营，假冒伪劣产品应运而生，资本家(A)得到高于剩余价值的价值。如果单个的竞争性企业(A)的剩余价值率高于社会平均剩余价值率，该企业就会在短期竞争中获胜，该企业的资本积累速度较快，很快成长为大资本；剩余价值率低于社会平均剩余价值率的企业(B)在市场竞争中遭到淘汰。企业(A)不断发展壮大，完成原始资本积累，成长为大资本。所以，马克思认为，社会化大生产和生产资料的私人占有方式之间具有内在的不可调和的矛盾，意味着通过市场竞争机制解决不了产品质量问题。

第三，对市场竞争的结果进行了辩证分析。一方面，马克思肯定了市场竞争在资本主义社会发展中的作用，市场竞争表现出较高的经济效率，极大地促进了社会生产力发展。另一方面，市场竞争加剧了资本主义社会各种矛盾，并导致了社会资源的巨大浪费。由此看来，马克思对市场竞争效应的分析是辩证的，既肯定了市场竞争对生产力发展的作用，又指出了它可能导致的矛盾和问题。

2.1.1.2 马克思主义经济学的质量思想

在《资本论》中，马克思从宏观视角研究了生产过程的产品质量循环链问题。② 马克思认为，商品具有交换价值和使用价值的二重性。人们从事生产活动，归根结底是为了得到使用价值，满足人的真实需要，使用价值“在使用或消费中得到实现”。③ 马克思曾指出“由于在产品上使用了更多的手工劳动，产品的使用价值不是通过产品量的提高而是通过产品质的提高而提高了”。④ 随着真实需要的不断提升和生产水平的相应提高，产品的使用价值(质量特性)也在不断提高，这也是经济活动的初衷。马克思将商品的二重性

① 马克思，恩格斯．共产党宣言[M]．中央编译局，译．北京：人民出版社，2017：30.

② 任保平．新时代高质量发展的政治经济学理论逻辑及其现实性[J]．人文杂志，2018(2)：26-34.

③ 马克思．资本论：第1卷[M]．中央编译局，译．北京：人民出版社，1975：67.

④ 马克思，恩格斯．马克思恩格斯全集：第46卷：上[M]．中央编译局，译．北京：人民出版社，1979：416.

理论作为经济学逻辑基础，按照马克思经济理论，交换成为普遍现象，特别是发展为交换价值时，商品的二重性就显著对立了，形成供给和需求的对抗性矛盾。

简单商品经济和资本主义市场经济的交易关系如图 2-1 所示。供给方的直接目的是获得代表“交换价值”的货币，需求方的直接目的是获得具有“使用价值”的商品。这就是马克思以符号定义的简单产品交换关系或简单商品经济：

$$W-G-W$$

此时，虽然交换过程存在，但双方交易的目的还是获得使用价值。当简单商品交换演变为资本主义市场经济，市场竞争的压力使生产和交换的目的转化为获得超额利润时，商品交换的日的便不是获得使用价值，而是获得交换价值即货币的增殖。此时，商品的“使用价值”及“质量”的要素被抽象或被简化了，商品交换公式变为：

$$G-W-G'$$

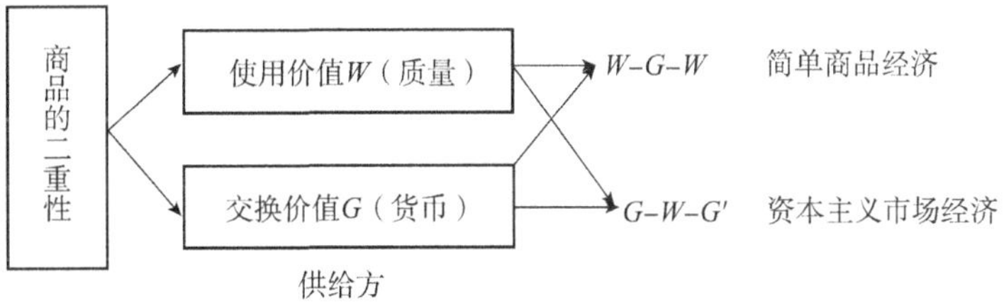

图 2-1 简单商品经济和资本主义市场经济的交易关系

马克思主义经济学认为社会再生产是数量再生产和质量再生产的有机统一。[①] 社会再生产的有机联系系统是数量循环和质量循环的有机统一，这个统一体构成了社会再生产中的质量决定过程。马克思在《资本论》第 3 卷中写道：“废料的减少，部分地要取决于所使用的机器质量。”最后，“还要取决于原料本身的质量。而原料质量又部分地取决于生产原料的采掘工业和农业的发展，部分地取决于原料在进入制造厂以前所经历的过程的发达程度”。[②] 这表明产品质量是由社会循环再生产决定的，产品质量取决于投入原料的质量和厂商的质量努力；在质量循环的过程中，不同环节、不同部门的经济主体行为是相互影响的，一些部门行业的产品质量问题，又会在质量循环过程中影响经

① 任保平．新时代高质量发展的政治经济学理论逻辑及其现实性[J]．人文杂志，2018(2)：26-34.

② 马克思．资本论：第 3 卷[M]．中央编译局，译．北京：人民出版社，2004：117-118.

济主体的质量决策行为。

2.1.1.3 引申与应用

由马克思主义经济学的竞争思想和质量思想可以引申出以下结论。

第一，在市场交易中，产品质量在市场交易活动中至关重要，是决定供需双方交易目的最大化的内生因素。在经济活动的本真目的上，使用价值（质量）是资本的生产目的，交换价值（货币）是资本的实现手段。在市场竞争条件下，商品交换公式反转为使用价值或产品质量只不过是手段，获得更多交换价值即货币才是目的。产品质量是产品能够满足实际需要的使用价值特性，在市场竞争条件下，产品质量还指能够满足交换价值实现和竞争力特性。[①] 通过质量消费，使人们的各种消费需要得到满足，又不断创造出新的需要，实现产品质量的享用性，为现代经济的持续发展提供新的动力。生产者只有提供质量合宜的产品满足消费者需要，企业才会获得竞争优势，商品交换价值才能实现。

第二，市场竞争下的产品质量问题来自生产力和生产关系的对抗性矛盾。市场竞争使社会化大生产的要求与生产资料私人占有方式产生了对抗性矛盾。在这个矛盾作用下，经济社会不可避免地会出现产品质量危机。[②] 如果生产力和生产关系的矛盾到了无法调和的地步，产品质量问题就会呈现出来。此时，需要引入有效的政府干预或监管机制才能在一定程度上缓和市场竞争下生产力和生产关系的对抗性矛盾。

第三，以产品质量分析为特征的社会主义市场经济理论分析框架亟待建立。目前，中国已经进入了经济高质量发展阶段，产品高质量是经济高质量发展的微观基础。关于市场竞争对产品质量影响的研究，需要在马克思的《资本论》中关于市场竞争和产品质量思想基础上，沿着马克思主义经济学的逻辑方式，对经典马克思主义经济学理论进行拓展，构建以产品质量分析为特征的系统性理论分析框架。

第四，在数字化时代，数据成为新型生产要素，而数字化又催生了新型生产要素的新型数字化工具（工业互联网、云原生、移动处理终端、移动互联网、云计算、AI 等），进而衍生出大批新型劳动者（如软件工程师、数据库管理员、数据科学家、数据分析师、首席数据官、数据专员、数据管家等），从

---

① 金碚．关于“高质量发展”的经济学研究［J］．中国工业经济，2018（4）：5–18.

② 张衔．社会总资本的再生产和流通：理论原理与意义［J］．政治经济学评论，2017（5）：60–63.

而形成新的生产关系，构造新型生产力，① 改进企业产品质量的决定体系，进而提升生产率。

2.1.2 西方经济学关于市场竞争理论和产品质量思想

2.1.2.1 新古典经济学的市场竞争理论

在古典经济学的市场竞争理论中，最有代表意义是亚当·斯密的市场竞争理论。在和重商主义的论战中，亚当·斯密提出了以自由竞争为特征，建立在“自然秩序”上的竞争理论，这种“自然秩序”是充分自由的、自我组织协调的秩序。② 20世纪后，古典经济学经历了张伯伦革命、凯恩斯革命和理性预期革命，形成了包括微观经济学和宏观经济学的基本理论框架，该框架被称为新古典经济学(Neoclassical Economics)。新古典经济学的市场竞争理论建立在严苛的假设条件上，即产品质量的无差异性、信息的对称性、价格无差异、进出无壁垒等，这些假设条件在现实中是不存在的。

随着自由资本主义向垄断资本主义演化，学者们很快发现，完全市场竞争理论无法解释现实市场竞争问题。阿尔弗雷德·马歇尔首先讨论了大型企业带来的规模经济与自由竞争效率产生的冲突，即“马歇尔冲突”③。考虑到完全市场竞争的非现实性，1940年6月经济学家科林·克拉克立足现实的市场环境，提出了规模经济与市场活力相协调的有效竞争理论，令研究逼近现实以解决“马歇尔冲突”。

受马歇尔观点影响，琼·罗宾逊和张伯伦提出垄断竞争市场结构是现实生活中最普遍的范式，填补了完全垄断与完全竞争市场结构之间的空白，但仍坚持“完全竞争效率最优”的观点，认为市场价格信号能够充分披露交易信息，实现资源最优配置。④ 法国经济学家古诺在1830年发表的《财富理论的数学原理研究》中对完全竞争的市场结构做了最初的数理分析。其后，又经过杰文斯、瓦尔拉斯、帕累托、马歇尔等经济学家的努力，形成了竞争性市场理论。完全竞争中市场自发调整过程的典范是瓦尔拉斯动态均衡。在瓦尔拉斯均衡状态下，消费者实现效用最大化，生产者实现利润最大化，社会则实现

---

① 吴志刚．重构数据生产关系　培育数据要素市场[J]．数字经济，2021(1)：20-27.

② Aolam Smith. An Inquiry into the Nature and Causes of the Wealth of Nations[M]. Translated by Guo Dali and Wang Yanan. Beijing: The Commercial Press, 2002.

③ 马歇尔．经济学原理[M]．朱志泰，陈良璧，译．长沙：湖南人民出版社，2012：16.

④ 罗宾逊，伊特韦尔．现代经济学导论[M]．陈彩如，译．北京：商务印书馆，1982.

福利最大化。帕累托则论证了在完全竞争条件下，生产和交换达到社会福利最大化的条件(帕累托最优)。该理论认为，市场可以自发实现效率与公平的有机统一，价格能够自动调节供给和需求，并能最后达到市场出清，实现资源最优配置。

新古典经济学以价格为中心的市场竞争理论后来遭到了赫维茨①、哈耶克②、熊彼特③的批评。赫维茨认为，对现实经济环境而言，依据瓦尔拉斯动态调整过程并不能收敛于均衡，即使局部收敛也很困难。另外，部分经济环境的均衡可能是非帕累托最优的。生产与交换的瓦尔拉斯均衡不能保证满足社会公平和社会福利的目标要求。④ 马歇尔通过对实际产业的考察，认识到现实市场竞争的非经济效率和社会效率。⑤ 熊彼特则认识到市场竞争中质量差异化的作用，企业通过产品质量差异化可以构筑市场进入壁垒，形成竞争优势，带来超额利润进而促进技术进步。⑥ 新增长理论考虑了产品质量对经济增长的贡献，在垄断竞争市场框架下建立了质量升级型增长模型，即斯拉齐模型。该模型讨论了产品质量升级对经济增长的影响，并认为产品质量升级的根本原因是技术进步，却在一定程度上忽略了质量决定的社会环境因素。⑦ 鲍莫尔提出的一定程度上的寡头垄断或垄断虽然存在掠夺性定价，但可以在社会福利改进方面具有高效率。⑧

由以上学术思想可以看出，在对市场竞争与产品质量的认识过程中，对竞争性市场的推崇程度逐渐降低，对垄断竞争性市场结构的接受程度逐渐加强。

2.1.2.2 新制度经济学的机会主义和有限理性理论

制度经济学起源于美国经济学家沃尔顿·汉密尔顿于 1918 年在美国经济学学会第 31 届年会上提出的“经济理论的制度分析方法”，其关注对制度、理性、知识和信息等本质的研究，所以比当时主流新古典经济学理论更能解决

---

① 赫维茨，瑞特．经济机制设计[M]．田国强，等译．上海：格致出版社，2009：25-27.

② 哈耶克．个人主义与社会秩序[M]．邓正来，译．北京：北京经济学院出版社，1989：890.

③ 马歇尔．经济学原理[M]．朱志泰，陈良璧，译．长沙：湖南人民出版社，2012：16.

④ 赫维茨，瑞特．经济机制设计[M]．田国强，等译，上海：格致出版社，2009：25-27.

⑤ 杜传忠．寡头垄断市场结构及经济效率[M]．北京：经济科学出版社，2003：13-16.

⑥ 张延，姜腾凯．哈耶克与熊彼特：两派奥地利学派经济周期理论介绍、对比与评价[J]．经济学家，2018(7).

⑦ 朱勇．新增长理论[M]．北京：商务印书馆，1999：167.

⑧ Schweizer U. Contestable Markets and the Theory of Industry Structure by W J Baumol, J C Panzar, R D Willig[J]. Journal of Economics Zeitschrift Füur Nationalökonomie, 1984, 44(1): 78-81.

现实问题，强调现实世界的实在性。制度经济学认为，新古典经济学的“制度中性”，一方面表明了新古典经济学的优势，同时另一方面也说明了它解释现实政府干预的脆弱性，脆弱性在于没有考虑制度作用和交易费用。①

20 世纪 70 年代后，制度经济学开始从契约和交易成本视角研究经济问题，被称为“新制度经济学”。新制度经济学通过弱化新古典经济学某些脱离现实的假定(“交易成本为零”假设)，从契约“交易成本大于零”的基本假定开启对市场交易的理论论证。新制度经济学采用了两个研究假设。一是人的认知的假设：假定人的有限理性，即人的动因是意欲合理的，但只能有限达到。② 二是人的行为假设：远见和机会主义。③

(1)机会主义理论

在信息不对称下，当“委托—代理”关系的双方出现效用和利益目标不一致时，代理人往往会采取各种机会主义行为，Williamson O E (1985)认为机会主义是“利用诡计追求自我利益最大化”，“狡诈地追求自我利益”(Self-seeking with Guide)。实现机会主义的方式，是通过“信息不完全或传递扭曲，特别是经过精密计算的误导、扭曲、伪装、迷惑或混淆等”。④ 因此，在新制度经济学看来，所有复杂的契约都是不完全的。人的行为不只追求自利，还有机会主义倾向。一旦考虑交易成本的存在，市场主体之间的交易关系就不再是简单的供给与需求关系，而是包含了机会主义和交易成本的交易方式。⑤ 新制度经济学克服了新古典经济学“制度中性”的潜在假定，更强调制度的作用，是比新古典经济学更为贴近现实的理论。⑥ 市场竞争对产品质量的影响包括制度因素，通过激励和约束对市场竞争主体的机会主义行为进行调节，产品质量问题才能得到根本改善。

---

① Williamson O E. The Economic Institution of Capitalism [M]. New York: The Free Press, 1985.

② Williamson O E. The Economics of Governance[J]. American Economic Review, 2005, 95(5): 1-18.

③ 威廉姆森，西德尼．企业的性质：起源、演变与发展[M]．姚海鑫，邢源源，译．北京：商务印书馆，2009：118.

④ Williamson O E. Markets and Hierarchies: Analysis and Antitrust Implications, A Study in the Economics of Internal Organization[M]. New York: Free Press, 1975.

⑤ 诺斯．制度、制度变迁与经济绩效[M]．杭行，译．上海：上海三联书店．1994：150.

⑥ 诺斯认为，在分析经济发展政策方面，新古典理论实在是一种不合适的工具，它注重的是市场的运行，而不关心市场的发展；它构造了一种无摩擦的静态的世界，却忽视了体现在制度中的激励结构，而正是激励结构决定了社会运行中经济发展的程度。来源于 North D C. Institutions, Ideology, and Economic Performance[J]. Cato Journal, 2013, 11(3): 477-496.

(2)有限理性理论

与新古典经济学完全理论假设不同，制度经济学认为人的行为具有有限理性。根据《新帕尔格雷夫经济学大辞典》的解释，“有限理性”(Bounded Rationality)是指把决策者在认识方面的局限性考虑在内的合理选择——包括知识和计算能力两方面的局限性。有限理性根源于市场交易中的信息不对称(科斯，1937)。在对市场环境的认知中，人的理性是有限的。阿罗(1942)认为有限理性是指市场交易环境复杂，人对环境的计算能力有限。赫伯特·西蒙(1979)进一步指出，人的选择行为是一种有限理性，即不可能知道所有信息并预期所有不确定性，以及无力计算后果。① 人的决策行为没有穷尽所有的方案，一旦发现了符合预期水平的方案，就通知继续搜索进一步的信息。所以，人只能通过搜索行为寻求满意理性。

2.1.2.3 信息经济学理论

信息经济学起源于20世纪40年代，发展于五六十年代，到70年代基本发展成熟。信息经济学的发展有两条主线，一条是以信息产业和信息经济为研究对象的宏观主线，代表人物是弗里兹·马克卢普和马克·尤里·波拉特；另一条是以信息对市场效率的影响为研究对象的微观主线，代表人物是乔治·斯蒂格勒和肯尼斯·阿罗。

信息经济学对新古典经济学的突破在于它放弃了完全信息假设，引入了信息不对称假定。信息不对称理论(Asymmetric Information Theory)是由2001年诺贝尔经济学奖获得者斯蒂格利茨、乔治·阿克洛夫和迈克尔斯·彭斯于1970年提出的。信息不对称理论认为，市场交易的双方存在信息不对称或信息不完全，卖方要比买方有更多的信息优势，使厂商作为信息优势方在市场交易中获益。

在市场交易中，当一方拥有的产品质量信息不能被另一方观测或了解，或者搜寻成本较大时，买卖双方就存在信息不对称。契约执行过程中委托人可能存在着道德问题，使市场机制的价格信号配置资源的效率大打折扣，导致市场机制不能完全合理地配置资源，生产者由于掌握的信息比较充分，往往处于比较有利的地位，资本的逐利性和机会主义很容易诱发信息优势方的“道德风险”(Moral Hazard)问题。信息劣势方为了避免道德风险行为，往往会以“逆向选择”(Adverse Selection)来应对。Williamson O E(1985)认为信息不对

① Jones B D. Bounded Rationality and Public Policy: Herbert A. Simon and the Decisional Foundation of Collective Choice[J]. Policy Sciences, 2002, 35(3): 269-284.

称和利益不一致导致了事前机会主义和事后机会主义影响事前激励，[①] 提升交易的监督成本和执行成本等市场交易成本，从而减少市场交易。

信息是市场竞争主体和其他利益相关者的行动依据，完备、充分的信息是正确决策的基础。但信息的收集和甄别具有成本，所以信息不对称会导致经济资源的不合理配置，生产和交易市场的一般均衡不易实现，纯粹的市场机制并不能达到生产与交换的一般均衡和帕累托最优。本书基于微观信息经济学理论，分析市场竞争条件下信息不对称对产品质量的影响。

2.1.2.4 新凯恩斯主义的非均衡理论

新凯恩斯主义起源于20世纪70年代末，当原凯恩斯主义陷入现实解释困境时，新凯恩斯主义继承了原凯恩斯主义的基本信条，于20世纪80年代兴起。新凯恩斯主义代表人物埃德蒙·费尔普斯、斯蒂格利茨、约翰·泰勒等，吸收了理性预期思想和新古典经济学的利益最大化思想，建立了以不完全竞争、不完全信息、不完善市场和相对价格黏性为核心的非均衡理论(亦称“非瓦尔拉斯均衡理论”)。[②]

新凯恩斯主义者在动态非均衡框架下研究产品市场与货币市场的非均衡现象，认为经济是非出清的，需求冲击与供给冲击都不能使经济达到市场出清。非均衡理论否定了新古典框架下价格完全弹性、价格调节具有完全有效性的观点，认为市场价格具有黏性(价格不容易变动)。价格黏性主要是由市场不完全竞争、菜单成本和相对价格刚性等原因引起的。菜单成本的存在使厂商不愿意经常改变价格，导致市场上供需的非出清状态，具有明显的非瓦尔拉斯均衡的特征。[③] 在新凯恩斯主义非均衡理论框架下，内生力量可能经常地增强外生冲击的干扰影响，供给和需求两方面震动都认为是市场非均衡和经济不稳定的潜在根源。价格黏性的存在，使生产与交易市场不会达到瓦尔拉斯均衡状态，帕累托最优不会实现。因此，采用政府干预政策提升经济效率是必要的。

新凯恩斯主义在动态非均衡理论下注重宏观的动态分析，它所主张的价格黏性与非瓦尔拉斯均衡的观点更贴近市场竞争现实，在构建本书理论分析框架过程中，借鉴了非均衡理论的分析思路，对现实市场竞争导致的生产与交易的非瓦尔拉斯均衡进行了微观分析。

---

① Williamson O E. The Economic Institution of Capitalism [M]. New York: The Free Press, 1985.

② 王健. 新凯恩斯主义经济学[M]. 武汉：武汉大学出版社，2004.

③ 吴易风，王健. 新凯恩斯主义经济学[J]. 经济评论，1995(2)：1-8.

2.1.3 相关理论的比较与评述

比较以上理论发现，马克思主义经济学与西方经济学对市场竞争与产品质量的理论都有涉及，且对经济研究和实践发挥着重要的理论指导作用。

2.1.3.1 市场竞争理论的比较与评述

马克思主义经济学认为，价格是商品价值在市场竞争、供求关系变化中以货币数量体现的形式，市场竞争是由资本目标驱动的内生变迁过程，其核心是“质量竞争”而不是“价格竞争”。市场竞争的要旨就是比竞争对手提供更高质量的产品或服务，满足消费者需求，提升使用价值。①

新古典经济学的完全竞争市场理论的理性人假定、质量无差异假定、完全信息假定和交易成本为零假定脱离现实市场竞争情况，完全市场竞争的瓦尔拉斯均衡结果难以实现。新古典经济学的市场竞争理论体系虽然比较丰富和完善，但完全竞争市场思想假设的合理性和现实解释力值得商榷。

2.1.3.2 产品质量思想的比较与评述

马克思主义经济学思想认为，人们从事生产活动，归根结底是为了得到使用价值(质量)，满足人的真实需要。价值体现在物的掩盖下的社会生产关系。使用价值是价值的表现形式，而质量特性是使用价值的体现。新古典经济学有价格理论而无质量理论。新增长理论包含产品质量理论，但只讨论了影响产品质量升级的技术因素，却忽略了决定产品质量的社会环境因素和人的行为。② 但其产品质量分析的方法可供借鉴

2.1.3.3 均衡理论的比较与评述

新古典经济学中的局部均衡理论和一般均衡理论建立在一系列严格假设之上，脱离了现实市场经济的运行特征。新制度经济学理论和新凯恩斯主义认为市场处于非均衡状态。在关注“人的行为”及社会环境影响的前提下，生产与交易市场的局部均衡和一般均衡均难以实现。本研究以新制度经济学理论为基础，汲取马克思主义经济学和西方经济学关于市场竞争与产品质量思想，将机会主义、信息不对称、有限理性纳入理论分析框架，在非均衡视角下探讨市场竞争对产品质量非线性影响以及可能的逻辑路径。

---

① 眭纪刚，刘影．创新发展中的竞争与垄断[J]．中国软科学，2018(9)：54-63.

② 朱勇．新增长理论[M]．北京：商务印书馆，1999：167.

2.2 文献综述

2.2.1 国外文献综述

本部分对国外文献的重要概念和理论视角进行文献综述，包括市场竞争与产品质量的基本理论研究、市场竞争对产品质量关系的研究、市场竞争下产品质量的影响路径的研究、市场竞争下产品质量监管对策的研究等四个方面。

2.2.1.1 关于市场竞争与产品质量的基本理论研究

(1)关于市场竞争的研究

市场竞争思想来源于亚当·斯密的《国富论》。他认为，社会资源的有效配置是在市场经济主体的逐利性动机驱使下，根据价格机制自发地调整交易市场上所有的商品供给和需求，这种市场调节被称为“看不见的手”。[①] 新古典经济学认为，完全竞争是无穷多个小企业生产相同产品，每个厂商的市场份额很小却面临无限弹性的市场需求。完全竞争理论是新古典经济学家用来支持其市场有效性主张的理论体系，由消费者行为理论、生产者行为理论、市场行为理论和社会福利理论等部分构成，其中每一部分都有自己的研究假设，并于1890年日益成为后来经济理论的标准范式。[②] 但是，在完全信息假设的条件下，完全竞争市场是最有效率的市场，这似乎不太可能。完全竞争的前提是没有规模经济、创新、社会分工、产品质量差异化等，[③] 但是这种最有效率的市场是不存在的。上述学者均认为，“任何曾经如此重要且生命力持久的东西都太有价值，不仅不该被抛弃，而且应尽一切努力维护其中心地位，即使这意味着要根据新近的挑战改变思维方式”。Schumpeter J A. (1934)认为，完全竞争理论没有为企业家技术创新留下空间。[④] Hayek F A. (1994)否定了“完全信息”假设的合理性，认为任何人均不可能拥有所有信息和知识，偏好和生产的相关信息只能在市场主体相互作用过程中显示出来。[⑤] Coase

---

① 张风超．资本权力与市场秩序：“竞争性市场”之刍议[J]．学术研究，2013(11)：63-70.

② Stigler G J. Perfect Competition, Histoirically Contemplated[J]. Journal of Political Economy, 1987, 65(1): 1-17.

③ Stigler G J. Risk, Uncertainty and Profit[M]. McGraw-Hill Education Press, New York, 2004: 62.

④ Schumpeter J A. The Theory of Economic Development[M]. Cambridge MA: Harvard University Press, 1934.

⑤ Hayek F A. Hayek on Hayek: An Autobiographical Dialogue. [M]. University of Chicago Press, Chicago, 1994: 1-12.

(1991)把新古典经济学的完全竞争理论称作"黑板经济学"。Robinson(1934)指出，完全市场竞争理论假设与分析方法具有冲突性，这一结论后来得到了证明。① Stiglitz 和 Joseph E(2002)否定市场"看不见的手"的作用，认为市场之手，要么"根本就不存在"，即使存在，也是"一只颤抖的手"。② 可见，国外学者对现实市场竞争假设条件与基本思想的研究比较深入。本研究将借鉴以上分析思路，在完全竞争市场假设中引入机会主义、信息不对称、有限理性假设，开展理论分析。

(2)关于产品质量的研究

关于产品质量的经济学属性研究，最早出现在《朱兰质量手册》中。"质量"是一组固有特性满足消费者要求的功能与效用，即"适用性"③和合乎"顾客想用它来达到的目的"。④ Garvin D A(1984)认为，质量包括产品客观特征，如耐用性、安全性、兼容性、配套服务等，也包括社会性特征、产品设计的美观度、消费者虚荣心满足程度等。所有引起消费者效用水平提升的特征都可以归结为产品质量。⑤

Rust R T 等(1994)阐述了价值、质量与效用的关系，⑥ 质量有两个组成部分即产品特征和无缺陷。⑦ A Kahn(1970)则从社会消费结构出发，将消费者从商品本身获得的效用分为基本收益和质量收益两部分，并注重产品质量的经济学特性。⑧ Weinstein 和 Broda(2006)采用产品价格和数量占 GDP 的比重来代替产品质量。美国通用电气(GE)从顾客导向的视角，认为测量质量竞争力的六个维度有：可靠的运营、高效能、可持续性/寿命、检查和维修难度、

① Roderick Hill, Anthony Myatt. Overemphasis on Perfectly Competitive Markets in Microeconomics Principles Textbooks[J]. Journal of Economic Education, 2007: 10-15.

② Stiglitz, Joseph E. Information and the Change in the Paradigm in Economics[J]. American Economic Review, 2002, 92(3): 460-501.

③ Juran J M. Juran on Leadship for Quality: An Excutive Handbook[M]. New York: the Free Press, 1989: 1-3

④ DeFeo J A, W Banrnard. Juran's Six Sigma Break through and Beyond[M]. New York: McGraw-Hill, 2004: 2-6.

⑤ Garvin D A. What Does Product Quality Really Mean [J]. Sloan Management Review, 1984: 25-43.

⑥ Rust R T, A I Zahoric, T L Keiningham. Return on Quality[M]. Probus, Chicago, 1994: 1-3.

⑦ Joseph A DeFeo, Frank M Gryna. Juran Quality Management and Analysis [M]. New York: McGraw-Hill Education Press, 2004: 3-5.

⑧ A Kahn. The economics of Regulation: Principles and institution. [M]. John Wiley & Sons. Inc, 1970.

接线和安装难度、产品服务等。[①] Ghorbani M 和 Hamraz SA(2009)以伊朗为例，对有机食品质量的影响因素进行了分析。[②] Hallak 和 Sivadasan(2009)构建了质量内生理论，认为考虑产品质量异质性，决定消费者最优选择的是产品数量和产品质量(性价比)，即相同价格下，市场绩效越好，产品质量越高。可见，国外学者对产品质量基本思想的研究比较深入，本研究将已有研究成果，在质量差异性假设和质量竞争工具假设基础上展开理论研究。

2.2.1.2 关于市场竞争与产品质量关系的研究

国外文献关于市场竞争与产品质量关系的研究主要分为两大类：市场竞争正向影响产品质量和市场竞争负向影响产品质量。

(1)关于市场竞争对产品质量正向影响的研究

在国外，市场竞争常出现在市场结构理论中。熊彼特在西方质量思想中引入了“创新要素”，认为市场竞争中引入新的产品、新的生产方法和其他刺激经济活动的创新，提升产品质量是为了满足人们的“本真需要”和提升竞争优势。[③] Arrow K J(1962)指出，市场竞争是创新的原动力，技术创新和市场竞争存在正相关关系。[④] Schmidt Klaus M(1997)指出，市场竞争可以降低信息不对称，有利于委托人把所关注的质量信息和同行信息进行比较，借以判断关注对象的质量情况。[⑤] 福克纳和鲍曼(1997)依据顾客矩阵，提出了企业的竞争策略。顾客矩阵说明了可察觉使用价值(质量)与可察觉价格之间的关系，当企业运营使可察觉价格降低、可察觉使用价值(质量)升高时，企业便获得了竞争优势。[⑥] 市场竞争能促进地区经济增长，从而改善产品质量水平。

(2)关于市场竞争对产品质量负向影响的研究

市场势力假说(Market-Power Hypothesis，MPH)认为企业所在的市场集中度越高或者拥有的市场份额越高，企业越有机会通过市场势力获得超额利润，并提升产品研发水平，从而提升产品质量。规模效率假说(Scale-Efficiency

---

① Joseph A DeFeo, Frank M Gryna. Juran Quality Management and Analysis [M]. New York: McGraw-Hill Education Press, 2004.

② Ghorbani M, Hamraz S A. Survey on Factors Affecting on Consumer's Potential Willingness to Pay for Organic Products in Iran (A Case Study)[J]. Trends in Agricultural Economics, 2009, 2(1): 10-15.

③ 熊彼特.经济发展理论[M].王永胜，译.北京：立信会计出版社，2017.

④ Arrow K J. Economic Welfare and the Allocation of Resources for Invention[J]. NBER Chapters, 1962, 12: 609-626.

⑤ Schmidt Klaus M. Managerial Incentives and Product Market Competition[J]. Review of Economic Studies, 1997(2): 2.

⑥ 福克纳，鲍曼.竞争战略[M].李维刚，译.北京：中信出版社，1997: 10-12.

Hypothesis)则主张在相同的管理和技术条件下，达到规模经济的企业能获得更低的生产成本、更高的经营利润和更大的市场份额(Lambson，1987)，从而垄断有助于保持较好的产品质量水平。Grossman G M 和 Helpman E(1991)建立了适用于分析差异化质量的产品质量升级型增长模型，① 将产品质量内生于经济增长模型之中，考虑了质量升级对单一行业经济增长的影响；Aghion 等(1992)则分析了技术进步和产品质量升级对整个经济影响的情形。② 在 Aghion-Howitt 模型中，技术进步具有破坏性效应，市场竞争使旧产品被淘汰的可能性增大，从而降低经济增长率。

在市场竞争条件下，追求利润最大化的厂商有压低成本在竞争中获胜的动机。魏伯乐等(2006)在《私有化的局限》中介绍了在市场竞争中私有化企业的大量案例，认为私有化一方面提高了经济效率，另一方面增加了社会成本，且增加的经济效益可能弥补不了社会的交易成本。③ Spence A M(1975)认为，在垄断程度较高的条件下，在无论提高产品质量的成本为零、成本递减，还是成本递增的情况下，因为高质量产品可以带来高利润，④ 寡头博弈都会使厂商选择生产高质量产品。⑤ 由于信息供给、企业声誉和生产规模经济等原因，寡头博弈的结果容易使厂商选择生产高质量产品。垄断性厂商为了保持自身垄断地位，通常会做出生产高质量产品的策略选择，因此垄断提高有助于提高产品质量，并带来高利润。⑥

2.2.1.3 关于市场竞争对产品质量的影响路径的研究

(1)厂商机会主义对产品质量的影响

新制度经济学派的代表人物 Oliver E. Williamson，在继承 Herbert Simon 有限理性理论基础上，认为现实世界中的人是有限理性的、机会主义的人，当“委托—代理”关系的双方出现效用和利益目标不一致时，理性的代理人往往会采取各种机会主义行为，即“利用诡计追求自我利益最大化”，“狡诈地追求

---

① Grossman G M，Helpman E. Quality Ladders in the Theory of Growth [M]. Cambridge and London：MIT. Press，1991：43-61.

② Aghion，Philippe，Howitt. A Model of Growth Through Creative Destruction [J]. Econometrica，1992，60(2)：323.

③ 魏伯乐，扬，苏格. 私有化的局限[M]. 王小卫，周樱，译. 上海：上海人民出版社，2006：35-36.

④ Spence A M. Monopoly，Quality，and Regulation [J]. Bell Journal of Economics，1975，6(2)：417-429.

⑤ Avner Shaked，John Sutton. Natural Oligopolies[J]. Econometrica，51(5)：1469-1483.

⑥ Jean Tirole. The theory of industrial organization [M]. MIT Press，Cambridge，MA，1988：1-164.

自我利益”。这是人们为实现目标而寻求自我利益的深层次条件。[①] Spink J 和 Moyer D C(2011)以牛奶非法添加三聚氰胺(Malamine)为例，认为追求短期边际收益的商业欺诈是食品企业产生质量问题的首要因素。[②] 厂商机会主义导致私人成本降低和社会成本提高。所以，本书认为市场竞争对产品质量影响的路径之一是市场竞争下的厂商基于利益最大化倾向导致的厂商机会主义行为。

(2)信息不对称对产品质量的影响

学者们普遍认为市场竞争下产品质量产生问题的原因是信息问题，由于信息不对称，导致生产者产生道德风险行为，与之而来的是消费者逆向选择和“柠檬市场”的形成，使市场上的产品质量处于低水平均衡。1970 年，阿克洛夫开启了信息传递与市场交易之间关系的研究，引起了人们对市场交易的核心机制——价格机制以外的其他“信息”因素的关注。他关于“柠檬市场”的论述，提出了质量保证(Quality Guarantees)、声誉(Reputation)和信任(Credit)是有用的信息工具。[③] Nelson P(1970)认为信息不对称会影响消费者购买和选择行为，[④] 按照产品质量信息不对称的程度，可以把商品分为搜索品、经验品和信任品。Antle J M(1995)认为，交易市场存在“不对称不完全信息—仅对消费者信息不完全”和“对称不完全信息—厂商和消费者双方的信息都不完全”两种情况，导致了产品质量水平的下降。[⑤] 信息不对称下，市场上大多数产品都具有不可验证的经验品和信任品属性。Vetter H(2002)基于对信任品市场的分析，说明了生产者道德风险会降低信任品的产品质量。[⑥] 信息不对称导致部分产品质量信息存在不可观测性或不可鉴别性；[⑦] Starbird S A(2005)通过分析生产者在食品供给中的道德风险问题，实证分析了食品生产中道德风险行为对

① Williamson O E. Markets and Hierarchies: Analysis and Antitrust Implications, A Study in the Economics of Internal Organization[M]. New York: Free Press, 1975.

② Spink J, Moyer D C. Defining the Public Health Threat of Food Fraud[J]. Journal of Food Science, 2011, 76(9): 157-163.

③ Akerlof G A. The Marker for Lemons: Quality Uncertainty and the Market Mechanism[J]. Quaterly Journal ofEconomics, 1970, 84(3): 488-500.

④ Nelson P. Information and Consumer Behavior[J]. Journal of Political Economy, 1970, 78(2): 311-329.

⑤ Antle J M. Choice and Efficiency in Food safety policy[M]. Washingdon, D C: AEI Press, 1995: 15-16.

⑥ Vetter H. Moral Hazard, Vertical Integration, and Public Monitoring in Credence Goods[J]. European Review of Agriculture Economics, 2002, 29(2): 271-279.

⑦ Oliver Hart, John Moore. Foundations of Incomplete Contracts[J]. Review of Economic Studies, 1999, 66(1): 115-138.

食品质量的影响。[①]

(3)多元化监管对产品质量的影响

任何一种经济行为都离不开利益相关者的投入或参与，因而对经济行为产生影响。政府进行有效的产品质量规制能够促进社会公平、[②]保护弱势群体，减少质量产品问题带来的社会经济成本。[③] Joseph A DeFeo 等(2004)认为产品质量信号的来源是顾客抱怨、索赔、诉讼案件等。[④] 但是，政府在监管产品质量过程中常存在失灵。Spink J 等(2011)以牛奶非法添加三聚氰胺为例，认为政府机会主义导致的寻租行为是产生食品质量问题的主要原因。[⑤]

Albersmeier F 等(2009)实证研究了第三方检验认证行为对产品质量的影响，产品质量认证具有信息传递和甄别功能，可以为消费者进行信息甄别提供权威可信的依据。[⑥] 第三方在经济利益驱使下，可能失去独立性原则，虚假调高产品质量评级以谋取虚高评级获得的经济利益。[⑦] McAllister L K(2012)详细阐述了第三方认证机构参与产品质量监管框架，指出了第三方认证机构被俘获问题，提出政府只有加强对第三方认证机构的监督，才能使第三方认证机构有效地服务于产品质量监管，提升规制的效率。[⑧] Jiang Zhao 等(2020)提出对第三方认证行为会在一定程度上负向调节信息不对称，而正向影响农产品质量水平。[⑨]

厂商机会主义、信息不对称和多元化监管的比较见表 2-1。

---

① Starbird S A. Moral Hazard, Inspection Policy, and Food Dafety[J]. American Journal of Agricultural Economics, 2005, 87(1): 15-27.

② Beulens A J M. Innovations in Logistics and ICT in Food Supply Chain Networks[J]. Innovation in Agri-Food Systems, 2005.

③ Vetter H. Moral Hazard, Vertical Integration, and Public Monitoring in Credence Goods [J]. European Review of Agriculture Economics, 2002, 29(2): 271-279.

④ Joseph A DeFeo, Frank M Gryna. Juran Quality Management and Analysis[M]. McGraw-Hill Education Press, New York, 2004.

⑤ Spink J, Moyer D C. Defining the Public Health Threat of Food Fraud[J]. Journal of Food Science, 2011, 76(9): 157-163.

⑥ Albersmeier F, Schulze H, Jahn G, et al. The Reliability of Third-Party Certification in the Food Chain: From Checklists to Risk-Oriented Auditing[J]. Food Control, 2009, 20(10): 927-935.

⑦ European Commission. The EU Food Fraud Network and the System for Administrative Assistance & Food Fraud[R]. Annual Report, 2017.

⑧ McAllister L K. Regulation by Third-Party Verification[J]. Boston College Law Review, 2012, 5(3): 1-10.

⑨ Jiang Zhao, Ksenia Gerasimova, Yala Peng, et al. Information Asymmetry, Third Party Certification and the Integration of Organic Food Value Chain In China[J]. Food Weekly News, 2020, 12(1).

表 2-1 厂商机会主义、信息不对称和多元化监管的比较

要素	厂商机会主义	信息不对称	多元化监管
视角	人的行为	人的环境	人的行为
起源	竞争主体的逐利性、竞争胜出动机	信息不充分、不对称、不完美	监管失效
影响	降低私人成本，增加社会成本	道德风险和逆向选择，强化机会主义	集体行动失败
作用机制	价格机制	价格机制	质量机制
后果	负面影响	负面影响	双重影响

2.2.1.4 关于市场竞争下产品质量监管对策的研究

20 世纪 90 年代，监管的研究重点也从要不要监管向"如何监管"转变，监管机制设计也成为时代的主题。为了抑制监管失灵问题，Garcia Martinez 等(2007)首先在研究食品监管时提出合作监管这一新的监管模式，讨论了英国、美国、加拿大在不同制度背景下实施监管的条件，探讨了公共部门和私人部门协调努力可达到的监管有效性和效率红利。① J A Caswell(2012)通过事前监管和事后监管(事先预防和事后惩罚)、过程监管(激励性、过程检查)三个维度，提出了产品质量监管的概念性框架。② Spier K E(2011)③、Marino A M(1997)④、Chen Y(2012)⑤等注重产品质量问题的事后监管，主要包括事后召回、赔偿制度、可追溯体系等；还有学者注重事中激励与事后激励结合的方式；有些学者注重事中监管的应用，如 Starbird S A(2005)认为抽样检测是一种有效的产品质量监管工具；⑥ 有些学者论证了事前监管的有效性，如最低质量标准的应用、法律法规的制定、产品质量准入制度的建立等。Starbird S A

① Garcia Martinez, M A Feame, J A Caswell, et a1. Co-regulmion as a PossibleModel for Food Safety Governance: Porttmities for Public-Private Partnerships [J]. Food Policy, 2007, 32(3), 299-314.

② J A Caswell. From Punishment to Prevention: A French Case Study of the Introduction of Co-regulation in Enforcing Food Safety[J]. Food Policy, 2012, 37(3): 246-254.

③ Spier K E. Product Safety, Buybacks and the Post-sale Duty to Warn[J]. The Journal of Law, Economics, and Organiza-tion, 2011, 27(3): 515-539.

④ Marino A M. A Model of Product Recalls with Asymmetric Information [J]. Journal of Regulatory Economics, 1997, 12(3): 245-265.

⑤ Chen Y, Hua X. Exante Investment, Expost Remedy, and Product Liability[J]. International Economic Review, 2012, 53: 845-866.

⑥ Starbird SA. Moral Hazard, Inspection Policy, and Food Safety [J]. American Journal of Agricultural Economics, 2005, 87(1): 15-27.

(2000)在区分事前监管和事后监管的基础上，认为事前监管比事后监管更经济有效。[①]

在监管方式方面，Segerson K(1999)对食品的强制性监管和自愿性监管进行比较，认为自愿性监管更有利于消除信息不对称带来的产品质量问题。[②] 信息机制在监管中起到越来越重要的作用，McCluskey J(2000)探讨了规避厂商道德风险的机制，发现利用信誉机制和重复购买机制进行产品质量监管是必要的。[③] Laffont J J 和 Tirole J(1991)从静态和动态两个视角提出了激励契约，将生产者道德风险和消费者逆向选择引入监管模型，提出了多重委托代理框架下的最优契约设计。[④]

总之，国外关于市场竞争与产品质量的研究虽然比较全面，但是和中国市场竞争的现实存在差异。新制度经济学关于机会主义、信息不对称、监管失灵的研究思路值得借鉴。国外大多数国家的经济制度根植于较为成熟的市场竞争模式，监管实践相对比较成熟；而中国的市场竞争化进程始于改革开放之初，经历了市场竞争初级阶段—市场竞争发展阶段—市场竞争逐步成熟阶段，直接移植国外产品质量监管的理论与实践模式，在理论分析和政策实施上会有所偏差。

2.2.2 国内文献综述

本部分对国内文献的重要概念和理论视角进行文献综述，包括市场竞争与产品质量的基本理论、市场竞争对产品质量影响的研究、市场竞争对产品质量的影响路径的研究、市场竞争下产品质量监管策略的研究等四个方面。

2.2.2.1 关于市场竞争与产品质量的基本理论

(1)关于市场竞争的基本理论研究

市场竞争是本书分析中的一个核心概念，竞争是个体或群体基于某个目标力图胜过对方的对抗性行为，市场竞争根本上是力量的博弈，其结果根本

---

① Starbird S A. Designing Foods Safety Regulations: The Effect of Inspection Policy and Penalties for Noncompliance on Food Processor Behavior[J]. Journal of Agricultural and Resource Economics, 2000: 616-635.

② Segerson K. Mandatory Versus Voluntary Approaches [J]. Agribusiness, 1999, 15(1): 53-70.

③ McCluskey J. Theoretic Approach to Organic Foods: An Analysis of Asymmetric Information and Policy[J]. Agricultural and Resource Economics Review, 2000, 29(1): 1-9.

④ Laffont J J, Tirole J. The Politics of Government Decision-Making: A Theory of Regulatory Capture [J]. Quarterly Journal of Economics, 1991.

上取决于互动双方的力量对比。[①] 在市场经济条件下，企业从各自利益出发，为了取得较好的产销条件或获取市场资源的对抗性行为。市场竞争的内因是利益最大化，具有动态性特征。市场竞争的测定经常采用市场集中度、勒纳指数、赫芬达尔指数和市场竞争度四个指标来衡量。2012 年以来，中国的市场结构特征总的来说是过度竞争的。[②] 王小鲁、樊纲、胡李鹏历年编撰的《中国分省份市场化指数报告》，对中国各省份的市场化水平进行了研究，衡量了分省份的市场竞争度。[③]

（2）关于产品质量的基本理论

任保平（2017）认为，产品质量是市场交易满足人们"本真需要"的特性，是中国高质量发展的微观基础。[④] 金焙（2018）则从马克思主义经济学理论视角，认为使用价值的载体是"质量"，在高质量发展背景下，质量要素有着显著的经济学意义。[⑤] 李志德、窦志铭（2013）认为，产品质量的本质是在产品买卖双方的博弈中形成的，而买卖双方的博弈胜负受到市场结构的影响。杨林（2015）认为，产品存在量与质两种范畴，中国的产品质量发展主要历经了数量、质量和可持续三个发展阶段。[⑥] 刘刚（2016）认为，消费者需求即质量，质量改进的重点是影响消费者需求，所以消费者评价是产品质量判断标准之一。[⑦] 程虹、李丹丹等（2015）通过对比 2012—2014 年消费者在产品、服务、工程、环境四大维度评价产品质量。刘伟丽（2018）采用单位价值、市场份额、技术复杂度、平均收入、国际质量认证等衡量产品质量。[⑧] 可以看出，在产品供过于求的条件下，产品质量的经济分析正在成为学术界的关注热点。

2.2.2.2 关于市场竞争对产品质量影响的研究

鲜有学者对市场竞争与产品质量的非线性关系进行研究，但市场竞争在其他领域的应用研究同样具有借鉴意义。

---

① 朱富强．自发市场中的过度竞争及其问题：欲求膨胀、策略性行为和社会资源浪费［J］．云南大学学报（社会科学版），2019（2）：107-115.

② 朱富强．自发市场中的过度竞争及其问题：欲求膨胀、策略性行为和社会资源浪费［J］．云南大学学报（社会科学版），2019（2）：107-115.

③ 王小鲁，樊纲，胡李鹏．2018 年中国分省份市场化指数报告［M］．北京：社会科学文献出版社，2019：29-36.

④ 任保平．超越数量：质量经济学的范式与标准研究［M］．北京：人民出版社，2017：1-6.

⑤ 金碚．关于"高质量发展"的经济学研究［J］．中国工业经济，2018（4）：5-18.

⑥ 杨林．多元共治视角下的食品安全治理问题研究［D］．济南：山东大学，2015.

⑦ 刘刚．供给侧结构性改革：质量经济学［J］．质量与标准化，2016（11）：1-3.

⑧ 刘伟丽．质量经济学研究［M］．北京：中国社会科学文献出版社，2018：2.

(1)市场竞争对产品质量的正向影响

施炳展、邵文波(2014)对中国进出口产品质量的研究发现，市场竞争强度会显著提升企业产品质量。① 李志德(2012)选取了中国26个省、自治区和直辖市1997—2009年的年度数据作为样本，研究我国各地区市场化程度对产品质量的影响。② 结果表明，市场化指数与优等品产值率呈正向关系。刘梅、吴林海、高瑛(2013)利用假设市场评价法，调研了日照市150名消费者对可持续农产品的消费意愿，建立Logit模型，对消费者高质量溢价产品购买意愿进行了测定，指出了市场竞争是高质量产品溢价的影响。③ 工业互联网、大数据、AI等数字经济的投入也会对产品质量产生正向影响效应。④

(2)市场竞争对产品质量的负向影响

汤吉军(2011)发现了在环境外部性治理过程中，不竞争的市场更有效率也更容易治理；⑤ 低度竞争有利于促进厂商质量努力行为(刘刚，2016)。⑥ 相反，市场竞争强化了相对利益争夺，使内生性交易费用的经济运行摩擦度越来越高，无序的过度竞争是厂商机会主义的温床；⑦ 过度竞争使企业无法保证自己的私人劳动转化为社会劳动，唯一能控制的是自己的成本函数或生产函数，因而降低成本进行价格竞争就表现为企业的市场竞争过程。在此情况下，厂商的策略选择是通过控制成本或生产函数取得竞争优势，以便在市场竞争中胜出。⑧ 纯粹的自由竞争市场是机会主义的温床。在特定行业如房地产业，过度的市场竞争会对行业产品质量造成影响，不利于行业质量和效率的提高。⑨

总之，国内关于市场竞争对产品质量影响的研究结论不一，特别是过度竞争对产品质量的负向影响，实证研究比较单薄，影响逻辑研究尚显匮乏。本书借鉴张衔等(2011，2014)的研究成果，以及王小鲁、樊纲、胡李鹏

① 施炳展，邵文波．中国企业出口产品质量测算及其决定因素：培育出口竞争新优势的微观视角[J]．管理世界，2014(9)：80-96.

② 李志德．中国产品质量发展的长效机制研究[D]．武汉：武汉大学，2012.

③ 刘梅，吴林海，高瑛．对可持续农产品的消费意愿分析[J]．重庆大学学报(社会科学版)，2013(2)：86-91.

④ 沈国兵，袁征宇．互联网化、创新保护与中国企业出口产品质量提升[J]．世界经济，2020，43(11)：127-151.

⑤ 汤吉军．市场结构与环境污染外部性治理[J]．中国人口·资源与环境，2011(3)：1-4.

⑥ 刘刚．供给侧结构性改革：质量经济学[J]．质量与标准化，2016(11)：1-3.

⑦ 朱富强．自发市场中的过度竞争及其问题：欲求膨胀、策略性行为和社会资源浪费[J]．云南大学学报(社会科学版)，2019(2)：107-115.

⑧ 张衔，谭克诚．企业社会责任：基于马克思经济学的思考[J]．教学与研究，2014(1)：35-41.

⑨ 王志刚，徐传谌．现阶段中国房地产业市场结构优化研究：基于市场集中度的实证分析[J]．工业技术经济，2019(1)：125-132.

(2019)对分省份的市场竞争数据，探讨市场竞争对产品质量的影响，并分析可能的影响路径。

2.2.2.3 关于市场竞争对产品质量的影响路径的研究

(1)厂商机会主义对产品质量的影响

关于机会主义对产品质量的影响研究多停留在定性研究的现象研究，何大安(2007)提出了政府产业管制中存在厂商和政府双重机会主义行为，并认为机会主义来源于对资产专用性进行投资的契约各方，并容易产生勒索行为。[①] 厂商机会主义行为的存在弱化了交易关系，影响交易效率，提升了交易成本；要提升交易效率和减小交易成本，必须对机会主义进行约束、甄别、惩罚和预防。[②] 吴林海、尹世久(2018)发现 2017 年我国食品市场上 68.2%的产品质量损害直接来源于厂商机会主义行为，即出于利益最大化目的，在生产者知情状况下进行不规范生产造成食品质量问题。[③] 国内关于厂商机会主义对产品质量的影响还停留在浅层次的分析上，本书采用新制度经济学的分析思路对厂商机会主义进行分析，借鉴张衔等(2011，2014)的研究成果，以期探讨厂商机会主义对市场竞争与产品质量关系的影响机理。

(2)信息不对称对产品质量的影响

关于信息不对称对产品质量影响的研究资料相对丰富。信息不对称导致部分产品质量信息存在不可观测性或不可鉴别性。[④] 厂商在利益驱动下，刻意降低质量水平，甚至以次充好、制假贩假，产生道德风险和逆向选择。[⑤] 降低质量的努力，导致产品质量损害。[⑥] 基于信息不对称的逆向选择与道德风险行为，厂商常做出降低产品质量努力的策略选择；在交易市场上，消费者的逆向选择是妨碍产品质量水平提升的主要原因。[⑦] 本书借鉴李学荣(2017)的研究成果，通过构建调节效应模型，探讨信息不对称对产品质量的影响。

---

① 何大安．论政府产业管制中的机会主义行为[J]．学术月刊，2007(5)：84-89.

② 文晓巍，刘妙玲．食品的诱因、窘境与监管：2002—2011 年[J]．改革，2012(9)：13-17.

③ 吴林海，尹世久．中国食品发展报告(2018)[M]．北京：北京大学出版社，2018.

④ 聂辉华．契约不完全一定导致投资无效率吗：一个带有不对称信息的敲竹杠模型[J]．经济研究，2008(2)：132-143.

⑤ Schwartz A，Scott R E. Contract Theory and the Limits of Contract Law[J]．Yale Law Journal，2003，113(3)：541-619.

⑥ 李学荣．食用农产品生产农户道德风险行为发生机理及防范机制研究[D]．南昌：江西财经大学博士论文，2017.

⑦ 冯海，王龙宝．逆向选择、产品质量和信誉机制：对我国竞争性市场中产品质量问题的经济分析[J]．产业经济研究，2005(3)：35-40.

（3）多元化监管对产品质量的影响

关于市场竞争下经济主体行为，厂商面临着两类主体，即政治关系（企业与政府、市场管理机构、政府监管部门之间的关系）和商业关系（竞争主体与供应商、顾客、R&D 机构及其他中介机构之间的关系），这些关系也会对企业产品质量决策产生影响。[①] 这些经济主体行为的研究主要集中在政府行为、第三方认证机构行为以及社会多方行为等方面。一是政府行为。龚强、雷丽衡、袁燕（2015）提出地方政府出于政策目标与政治绩效等方面的考虑会掩饰，甚至庇护企业，政府监管失灵会降低产品质量水平。[②] 浦徐进等（2013）探讨了企业生产行为和官员监管行为的演化博弈，构建了动态博弈模型并进行了仿真分析，认为官员的监管行为对厂商的产品质量努力行为有重要影响。[③] 宋焕、王瑞梅、胡好（2018）研究了全程追溯制度下的食品企业与政府的演化博弈过程，并进行了模拟仿真分析。[④] 二是第三方认证机构行为。于涛、刘长玉（2016）探讨了第三方在产品质量监管中的演化博弈过程并进行仿真分析，认为在没有制约的情况下第三方规制机构容易产生寻租行为。[⑤] 三是社会多方行为。高红贵（2012）、郭鹏菲（2018）[⑥]基于演化博弈模型，分析了农产品质量监管中食品加工企业、政府、消费者参与的参与机制。本书借鉴于涛、刘长玉（2016）、郭鹏菲（2018）的研究成果，从系统论的角度出发，运用动态演化博弈方法对产品质量多个利益相关者行为进行系统分析，并分析多元化监管策略行为对产品质量的滞后影响。基于现有研究结论不一致的情况，关注多元化监管对产品质量有怎样的影响这一研究问题，以期澄清现有研究结论的争议。

2.2.2.4 关于市场竞争下产品质量监管策略的研究

一是关于政府监管。政府监管主要包括行政指导、行政合同、行政奖励等（郭志斌，2014）。政府监管手段需要通过参与立法、维护公共利益、执行

---

① 徐二明，徐凯．资源互补对机会主义和战略联盟绩效的影响研究［J］．管理世界，2012（1）：93-103.

② 龚强，雷丽衡，袁燕．政策性负担、规制俘获与食品［J］．经济研究，2015（8）：4-15.

③ 浦徐进，吴亚，路璐，等．企业生产行为和官员监管行为的演化博弈模型及仿真分析［J］．中国管理科学，2013（1）：390-396.

④ 宋焕，王瑞梅，胡好．全程追溯制度下的食品企业与政府的演化博弈分析［J］．大连理工大学学报（社会科学版），2018（4）：29-34.

⑤ 于涛，刘长玉．政府与第三方在产品质量监管中的演化博弈分析及仿真研究［J］．中国管理科学，2016（6）：90-96.

⑥ 郭鹏菲．多主体参与下农产品质量监管机制演化博弈分析［D］．济南：山东师范大学，2018.

规制、引导责任等实现。[①] 二是信息规制。张维迎(2001)认为产品质量规制策略是声誉机制。声誉机制的运行需要四个必要条件：交易的可持续性、注重长远发展的企业、高效的信息传递系统与对欺骗行为的惩罚机制。[②] 姜翰、金占明、焦捷(2009)认为，标签管理和可追溯管理制度，如 HACCP、ISO 9000、GMP 等认证制度[③]、多重认证制度[④]对食品生产行为有正向促进作用。三是社会协作规制。近年来，产品质量监管的研究框架逐步由“政府—市场”转向“政府—市场—社会”框架。[⑤] 政府监管一方面通过社会威慑信号和价值重构实现多元共治，[⑥] 另一方面通过第三方机构降低交易成本和惩罚机会主义行为，增进合同交易双方的集体行动。[⑦] 研究结果表明，政府监管、消费者参与、第三方认证对产品质量水平有正向影响。[⑧]

综上可以看出，国内学者围绕市场竞争与产品质量的关系这一主题已经做了大量研究。研究方法从规范性分析逐步转向规范和实证分析相结合，研究内容包含产品质量问题的形成机理及改进机制等。必须肯定的是，这些研究成果为促进市场竞争下的产品质量提升提供了强有力的理论支撑。但不容忽视的是，已有研究还存在有待改进之处：市场竞争与产品质量之间是否存在非线性相关的可能性？如果存在，市场竞争通过什么逻辑路径来影响产品质量？本书对市场竞争对产品质量的非线性影响进行研究，揭示了市场竞争下产品质量产生的逻辑机理，以弥补以往对市场竞争认识及产品质量影响研究中存在的不足。

2.2.3 国内外研究述评

国内外学者在关于市场竞争与产品质量的基本理论和影响逻辑方面已经取得了一系列重要成果，为本书提供了丰富理论依据和方法指导，是本书后续研究中不可或缺的基础与思想源泉。但已有研究存在以下不足：首先，价

① 谢康，肖静华，等．社会威慑信号与价值重构[J]．经济学动态，2015(10)：4-16.

② 张维迎．法律制度的信誉基础[J]．中国市场监管研究，2001(12)：3-13.

③ 沈宏亮．中国食品的治理失灵及其改进路径：基于交易成本经济学的视角[J]．现代经济探讨，2012(2)：17-21.

④ 周洁红，幸家刚，虞轶俊．农产品生产主体质量多重认证行为研究[J]．浙江大学学报(人文社会科学版)，2015(2)：55-67.

⑤ 张红凤，杨慧．政府监管的变革方式的国际经验及启示[J]．改革，2007(12)：3-13.

⑥ 谢康，肖静华，等．社会威慑信号与价值重构[J]．经济学动态，2015(10)：4-16

⑦ 赵向莉，贾志永．行业协会对企业机会主义行为的治理模型及实证分析[J]．学术探索，2012(1)：55-57.

⑧ 胡求光．农产品质量、追溯体系及实现机制研究[M]．北京：经济科学出版社，2016：106.

格理论研究多，质量理论研究少，把质量作为主要变量纳入经济分析的文献尤为稀缺；其次，对市场竞争与产品质量的关系研究只关注了市场竞争对产品质量的单一的正向影响或负面影响，而忽视了市场竞争的不同情形对产品质量的双向影响；最后，产品质量的影响机制研究视角大多集中于厂商道德风险与消费者逆向选择行为对产品质量负向影响的研究，从机会主义和有限理性角度研究产品质量的影响机制的文献相对较少。

通过对国内外文献分析，批判地继承国内外研究成果，并作为市场竞争对产品质量影响研究的主要理论依据和逻辑起点。在本书的研究中，比较关注的是以下遗漏的三个方面。

(1)考虑产品质量纳入经济分析框架

现有经济学研究产品质量的文献颇为丰富，但鲜有学者把产品质量纳入经济学分析框架中。本书基于新制度经济学的核心观点，把对社会福利起重要作用的“质量”要素内生化，将产品质量作为新的决策变量纳入理论分析框架，分析市场竞争对产品质量的影响及逻辑路径。通过应用中国1997—2016年的产品质量优质品率、产品质量相对收益率测度全国各省份的年度产品质量，建立动态面板数据模型(GMM)，分析市场竞争对产品质量的非线性影响；通过考察厂商机会主义中介效应、信息不对称的双重调节效应、多元化监管的滞后效应，实证分析市场竞争对产品质量的影响路径，构筑市场竞争对产品质量影响的综合研究框架。所以，本书在一定程度上加深了对主流经济学中所忽略的“质量”要素的探索，丰富了产品质量理论。

(2)市场竞争对产品质量的非线性影响

本书基于1997—2016年的中国市场化指数数据，构建市场竞争指标体系，测度全国各省份的产品质量水平。通过建立GMM，分析市场竞争对产品质量的非线性影响。市场有效竞争情形下的信号显示、有效监管有利于提升产品质量；市场过度竞争下由于信息不对称，厂商主体的机会主义、政府监管失灵等行为造成了“竞争扭曲效应”，降低了产品质量。通过构建非线性模型，更加客观地分析了现实市场竞争对产品质量的影响。

(3)市场竞争通过什么路径影响产品质量

多年来，世界范围内的产品质量问题频繁发生并屡禁不止。学术界多从信息不对称、道德风险、政府监管失灵等视角进行了诸多理论分析和实证研究，但从市场竞争视角考虑产品质量影响机理的文献较少。本书认为，现实市场竞争通过厂商机会主义、信息不对称、多元化监管等路径影响产品质量。基于统计调查数据，本书通过分析现实市场竞争条件下厂商机会主义中介效应、信息不对称的双调节效应、多元化监管的滞后效应，实现市场竞争对产品质量影响逻辑路径的拓展，给出接近现实的合理解释和对策建议。

2.3 小结

本章主要解决两个问题：

第一，介绍本书的理论基础和具体应用。本章从马克思主义经济学和西方主流经济学中关于竞争和产品质量的思想入手，在对其进行梳理和介绍的基础上，以新制度经济学理论作为本研究的理论基础，借鉴赫伯特·西蒙(1975)和奥利弗·威廉姆森(1985)的有限理性和机会主义理论，将这些理论与本书研究相结合，为后文研究奠定理论基础。

第二，在文献综述部分，本书梳理了国内外关于市场竞争对产品质量的影响及逻辑机理，目的是得出学术界已经做了哪些研究和贡献，还存在哪些不足和可以改进之处？文献梳理发现，虽然已有文献对这些内容和主题做了不少工作，且对市场竞争和产品质量实践发挥着重要的理论指导作用。但已有研究多在新古典经济学框架下分析，研究假定偏离现实；多从均衡视角分析，忽视了现实市场竞争导致的瓦尔拉斯均衡偏离；研究内容注重博弈理论分析，实证研究较少。所以，在研究框架、研究视角、研究内容等方面依然存在着可改善之处。

3 市场竞争对产品质量影响的一般性理论分析框架

本章以新制度经济学为基础，汲取马克思主义经济学和新古典经济学中关于市场竞争和产品质量的思想，构建市场竞争对产品质量影响的一般性理论分析框架。基于新制度经济学的机会主义、信息不对称和有限理性等核心理论，对现实市场竞争内涵的再认识，对市场竞争的特征进行重新解读，提出本研究的基本假设。从非瓦尔拉斯均衡视角，将机会主义、信息不对称与有限理性纳入本书分析框架，以此建立市场竞争对产品质量影响的一般性理论分析框架，如图 3-1 所示。

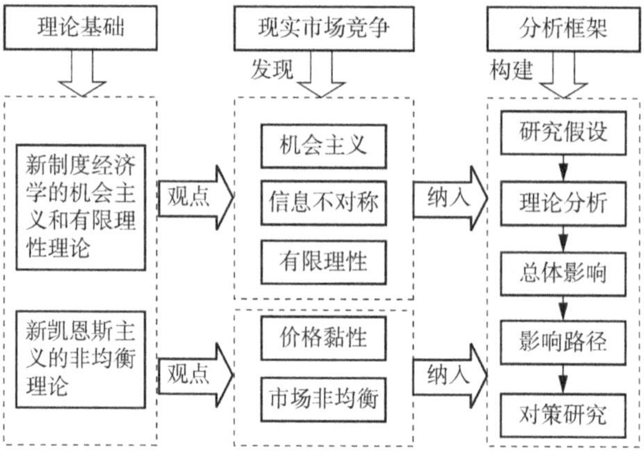

图 3-1 市场竞争对产品质量影响的一般性理论分析框架

3.1 现实冲突：对市场竞争与产品质量的再认识

提出问题是经济学研究的第一步，对后续的研究至关重要。本节对市场竞争对产品质量的影响进行研究，基于“三个冲突”提出本书研究假定，为后续的研究打下基础。

3.1.1 理论与理论的冲突

3.1.1.1 西方主流经济学理论的质量“黑箱”

在西方主流经济学中，“产品质量”几乎是一个被抽象掉的因素，价格是主要的(甚至是唯一的)竞争工具，厂商的竞争手段被单一地抽象为价格手段。例如，西方主流市场结构理论在分析完全竞争性市场时，假定市场竞争条件下产品质量的无差异性，市场上的产品也不存在产品质量问题。产品质量要素在市场均衡分析中被忽略了。假定存在价格备选集 P：$\{P_1, P_2, \cdots, P_n\}$，最优决策是选择 $\max P_i$，$i=1, 2, \cdots, n$。又如，主流西方经济理论在进行供需均衡分析时，采用的前提假设是“完全信息”假定和质量无差异假定，产品质量要素被隐含在价格要素中，价格作为代理指标隐含着价值判断，即隐含了“高价格—高质量”“低价格—低质量”的“质价对称”假定，忽略了产品质量的差异性。总之，西方主流经济学缺乏对产品质量经济学性质的研究，产品质量要素因为无从考察而被“价格”与“偏好”所取代。

3.1.1.2 马克思主义经济学的质量思想

马克思主义经济学认为，商品具有价值和使用价值的二重性。价值通过交换实现，交换价值的表现形式是价格，使用价值的表现属性是产品质量，使用价值“在使用或消费中得到实现”。[①] “由于在产品上使用了更多的手工劳动，产品的使用价值不是通过产品量的提高而是通过产品质的提高而提高了。”[②]人们从事生产活动，归根结底是为了得到使用价值，满足人的真实需要。随着真实需要的不断提升和生产水平提高，产品的使用价值(质量)也在不断提高，这也是经济活动的初衷。[③] 在经济活动的本真目的上，使用价值(质量)是生产目的，交换价值(货币)是手段。在现实的市场竞争中，商品交换过程反转为：商品使用价值或质量只不过是交易手段，获得更多交换价值即货币，实现收益最大化才是目的，背离了商品生产和交易的本真目的。

3.1.1.3 两种思想的冲突

商品交换有两大要素——价格与质量。如果排除价格风险，价格一般不

---

① 马克思．资本论：第1卷[M]．北京：人民出版社，1975：65-67.

② 马克思恩格斯全集：第46卷：上[M]．北京：人民出版社，1979：416.

③ 金碚．关于“高质量发展”的经济学研究[J]．中国工业经济，2018(4)：5-18.

存在损害。随着商品交换的完成，产品质量损害由厂商转嫁给消费者。在现实交易中，价格不能作为一种信号显示机制表达质量的“异质性”，具有质量差异性的产品由于信息不对称，产品质量信息或许在短期，甚至长期内无法被感知。[①] 信息不对称导致两种劣质品（高价—劣质品、低价—劣质品）链条，产品质量市场的供给和需求无法达到均衡，从而市场无法出清。所以，产品质量具有很强的社会福利属性和经济价值，[②] 关乎企业竞争优势和社会福利实现。将“产品质量”作为一个核心概念置于当代经济学理论框架中，是对西方主流经济学的一个理论观点的挑战。本书的研究考虑了市场竞争对“产品质量”的影响及其逻辑路径，加深了对“产品质量”的探索，在一定程度上拓展了质量经济学理论的分析维度。

3.1.2 理论与现实的冲突

3.1.2.1 从理论上，市场竞争可达到产品交易高质量均衡

按照主流西方经济学理论，市场竞争中存在着多个生产者和消费者，为了在激烈的市场竞争中获胜，他们为争夺资源和市场展开各种优胜劣汰活动。市场竞争不断驱动厂商改进生产工艺、提高生产效率、降低生产成本，推动了经济结构转型和产品质量提升，[③] 如图 3-2 所示，产品的均衡价格随着产品质量的提升同比例提高。

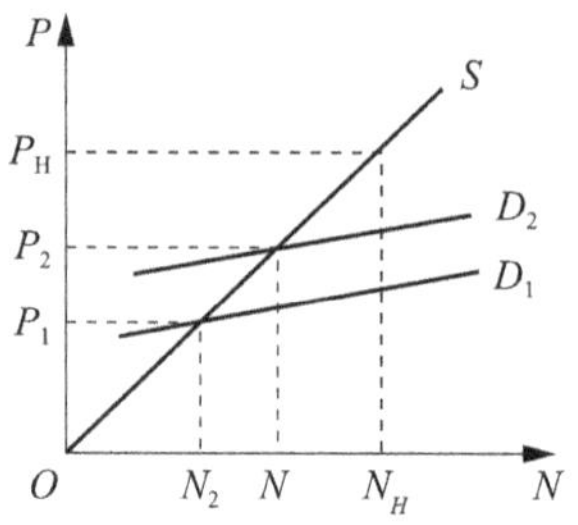

图 3-2　不同质量水平产品的供求曲线

厂商提供单位产品的成本是 C，由于成本 C 与产品的质量 N 正相关，且随着质量的上升，每提高一单位质量，其边际成本越来越高，所以假设厂商

① 在本书第七章的“高价—劣质品”市场和“低价—劣质品”市场中论证了这一点。

② 尤其在市场供给过剩的交易条件下，产品质量安全水平显得尤为重要。

③ Buzzel R D, B T Gale. The PIMS Principles: Linking Strategy to Performance[M]. New York: The Free Press, Macmissan, 1987: 231-232.

的成本函数为 $C(x)=e^x$。其中，$C(x)>0$，即产品成本是产品质量的凸函数，质量越高投入成本越高，且边际质量成本递增；① 产品质量水平为 x，由于生产设备不稳定或生产技术原因，具有随机特征，因此 $x\approx(\mu,\ \sigma^2)$ 具有随机特征。其中，μ 为产品质量均值，σ^2 为产品质量方差。

在信息对称条件下，同一种商品质量的变化会影响商品的价格。考虑厂商的收益系数 λ 及商品使用价值（质量）的数量 x 直接决定商品价格 $P(x)$，即：

$$P(x)=(1+\lambda)e^x$$

不同商品使用价值的数量也会对产品价格产生影响，所以供求平衡的本质是获得使用价值（质量）的数量与价格相等。在图 3-2 中，横轴 N 表示质量（使用价值的数量），纵轴 P 表示价格，对于不同的消费支付水平 D_1 和 D_2，市场均衡条件是：

$$D_N=S_N$$

在信息对称条件下，给定产品质量，如图 3-3 所示，价格曲线 P 围绕产品质量上下波动。在 E_1、E_2、E_3、E_4 点，消费者的质量需求等于供给方的质量供给，该产品市场达到市场出清状态。

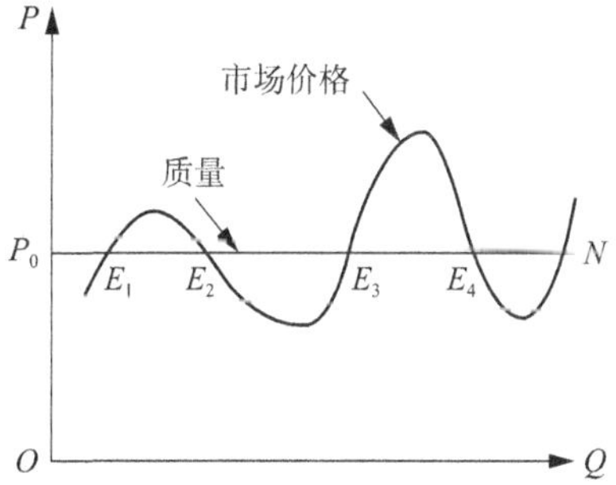

图 3-3　价格随着价值上下波动

3.1.2.2　在现实中，市场竞争下产品质量的低水平均衡

在现实中，市场竞争机制不完善，市场竞争主体会以价格竞争和数量竞争为核心手段参与市场竞争，同类产品的市场价格具有黏性，保持同一市场价格 P，厂商在短期内无法调节交易市场的产品质量 N。

由于消费者与生产者之间的产品质量信息不对称，市场竞争主体及消费

① Vickers J. Performance Comparisons and Dynamic Incentives[J]. Cepr Discussion Papers, 1997, 105(3): 547-581.

者对产品质量的认知具有有限理性。假定产品质量系数 γ 表示产品质量对生产者的供给和消费者需求产生的影响程度，γe^x 是产品质量成本，$0 \leqslant \gamma \leqslant 1$，将其带入新古典框架下的供求模型，可以得到新的供求方程为：

$$Q_D = \alpha - \beta P + \gamma N \quad Q_S = c + dP - \gamma e^x$$

由于买卖双方的资源投入和生产过程存在信息不对称，消费者难以获知和量化产品质量系数，因此以市场交易预期平均质量出价，“质—价”对称的市场均衡难以实现。

3.1.2.3 理论与现实的冲突

从以上分析可以看出：新古典经济学框架下的完全竞争性市场是有效率的高质量均衡市场，市场经济的自发作用能达到瓦尔拉斯均衡，实现帕累托最优配置。但在信息不对称下，竞争主体厂商分散决策的市场体制与社会化大生产下产品质量升级的社会需求是矛盾的，这个矛盾必然导致企业违背社会责任或契约，导致市场交易成本上升和产品质量的低效率均衡。①

当不考虑产品质量信息不对称、低质量产品带来的负外部性条件下，市场竞争的效率高于市场垄断。但是，在考虑厂商机会主义、信息不对称和经济主体有限理性的条件下，市场过度竞争往往产生质量损害，造成消费者利益和社会福利损失，整个产品市场生产与交易偏离瓦尔拉斯均衡。

3.1.3 预期和现实的冲突

3.1.3.1 市场竞争对产品质量影响的预期

在新古典经济学框架下，市场竞争遵从 Debreu 范式，在给定一个包括消费者、企业、交易市场的前提下，追求效用最大化的消费者可以按照一定的价格买卖足够数量的商品，实现效用最大化；厂商可以卖出对应数量的产品，实现收益最大化，市场的参与者都可以按照一定的价格做出选择的同时实现交易市场出清。

对于个别厂商，竞争性市场的均衡产量是固定的，产量的变动不会影响产品的价格。单个厂商的需求曲线 d，同时又是平均收益（AR）曲线和边际收益曲线（MR），即 $P = AR = MR$（见图 3-4）。

对于整个竞争性市场，产品需求曲线是一条向下倾斜的直线，如图 3-5 所示。在完全竞争市场条件下，如果不存在导致市场失灵的因素，它就会达

---

① 张衔，谭克诚．企业社会责任：基于马克思经济学的思考[J]．教学与研究，2014(1)：35-41.

到一种竞争性均衡。整个行业的产品价格都是由这种供给和需求界定的，这种价格体系将确保每一个市场的供求均衡(静态帕累托最优)。考虑产品质量因素，消费者的选择是“一分价钱一分货”，供给曲线 S 与需求曲线 D 完全重合，实现“质—价”对称。

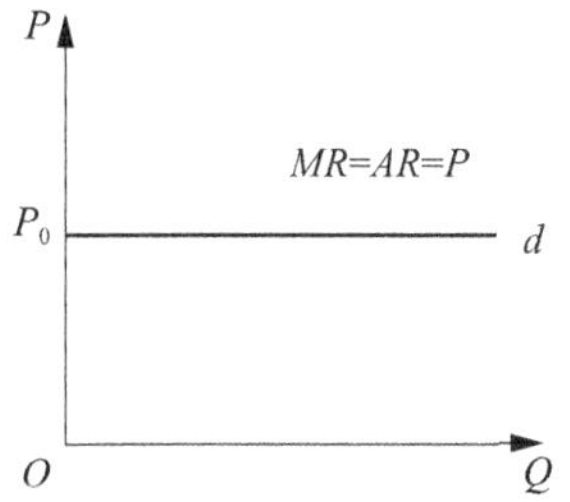

图 3-4　完全竞争市场中个别厂商的供给和需求

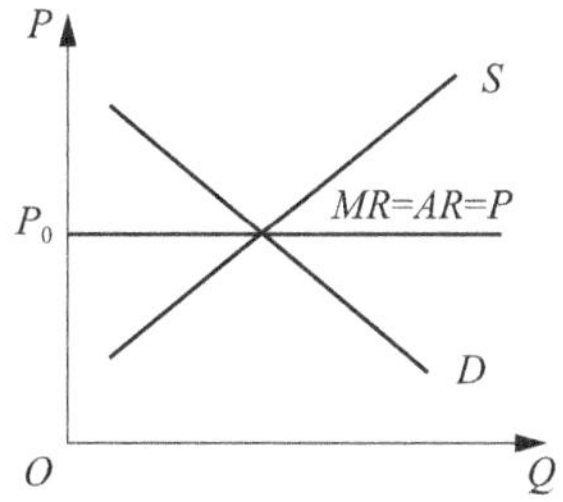

图 3-5　完全竞争市场中行业的供给和需求

在完全市场竞争条件下(见图 3-6)，P 代表价格，Q 代表质量，P_H 表示高价，P_L 表示低价。厂商销售一定数量 Q 的产品总收益 TR 曲线是一条从原点出发向右上方倾斜的直线，且 $TR=PQ$。在完全竞争市场上，P 是 TR 的不变斜率。在图 3-7 中，qp_H 表示高质量产品，qp_L 表示低质量产品，消费者对产品的选择依据完全透明的信号显示机制，消费者每购买 1 单位的产品所产生的边际效用等于他所支付的价格，即 $MU=P$，消费者会选择符合自己要求的产品，实现其预期质量效用。此时，消费者和厂商都会实现质量效用最大化，厂商会实现收益最大化，交易市场均衡能够实现。企业提供质量差异性产品参与市场竞争，产品质量信号可以完全被传递和甄别，高质量产品厂商会获得竞争优势。市场竞争的结果是实现生产者收益最大化和消费者福利最大化，所以市场竞争对产品质量具有正向影响。

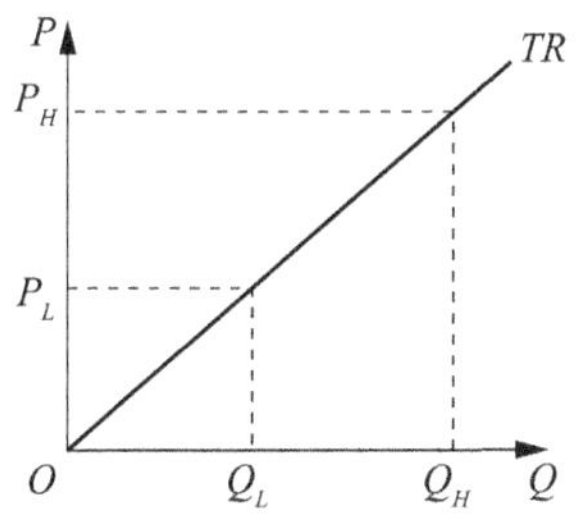

图 3-6　完全竞争市场单个厂商的总收益曲线

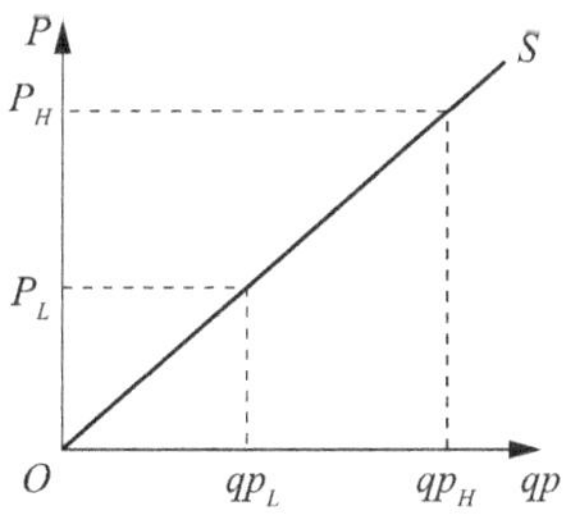

图 3-7　完全竞争市场价格—质量曲线

3.1.3.2 在现实中，市场过度竞争对产品质量具有一定负面影响

在现实市场竞争中，厂商机会主义、信息不对称广泛存在：卖方不了解消费者的质量需求特征，买方也不了解所购买的产品质量水平，如图 3-8 所示。市场上存在两种产品，高质量优质品 qp_H 和低质量劣质品 qp_L。随着消费者需求的上升，需求曲线从 D_1 上升到 D_2。消费者在选择产品时，所支付的价格并不会完全反映其产品质量特性(使用价值的数量或效用)，市场交易难以实现市场出清。由于价格黏性的存在，为质量支付的边际价格并不等于获得的使用价值数量与质量。如在 qp_L 点，消费者在对产品质量不知情的情况下，支付的价格 $P_{L2}>P_{L1}$，造成消费者的福利损失为 $P_{L2}-P_{L1}$。同时，劣质厂商每销售一件产品获得的超额收益为 $P_{L2}-P_{L1}$，优质厂商并不能以高价出售优质品，只能以 P_{H2} 价格出售。优质厂商每销售一件产品产生的福利损失为 P_H-P_{H2}。

在市场过度竞争条件下，市场交易中价格黏性的存在导致优质品和劣质品的“质—价”对称性难以实现。在对相对利益的争夺中，劣质厂商获得竞争优势，优质厂商逐步退出市场，导致整个产品交易市场的产品质量降低。

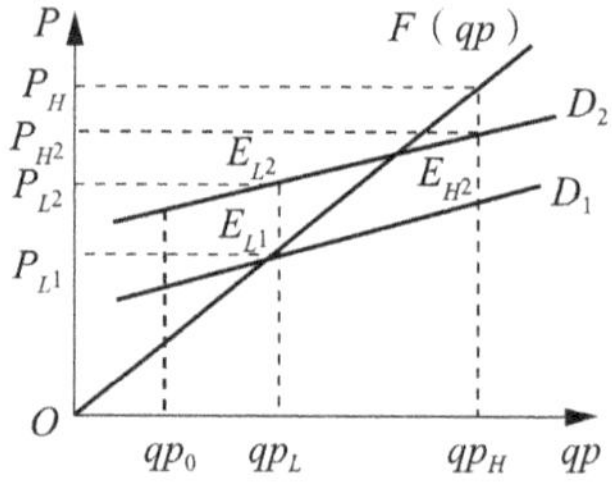

图 3-8 不同使用价值数量的供给曲线和需求曲线

在现实市场竞争中，企业、消费者与监管者之间的信息不对称主要体现在产品认证和标识上，厂商在生产过程中违背生产规范进行非法材料添加，可能会存在与标签标识信息不一致的情况。在无限膨胀的经济利益的驱使下，竞争主体往往采取产品质量“折扣标准”，但难以被有限理性的利益相关者察觉。监管部门仍然依据认证标准对相关产品质量信息进行公示，导致产品质量降低却不被察觉。[①] 在图 3-9 中，对社会而言，曲线 MN 表示产品质量可能性边界，OO'表示产品质量组合效率，如果交易市场是信息对称的，生产均衡就会落在生产可能性曲线 MN 与生产效率曲线 OO'上，这是产品质量资源有效

① 李学荣．食用农产品生产农户道德风险行为发生机理及防范机制研究[D]．南昌：江西财经大学，2017.

配置的最佳状态。然而，由于生产者、消费者和政府监管机构的信息不对称，现实均衡总是偏离最优状态点。随着对产品质量信息认识的不断深入，利益相关者的认识趋于理性，生产均衡结果将沿着 E_1E_2 曲线向最优状态点逼近，却很难达到理想状态。这一逼近的过程是交易成本提升和交易效率损失（表现为消费者搜寻成本和选择成本的上升），导致资源配置性低效和社会福利损失。①

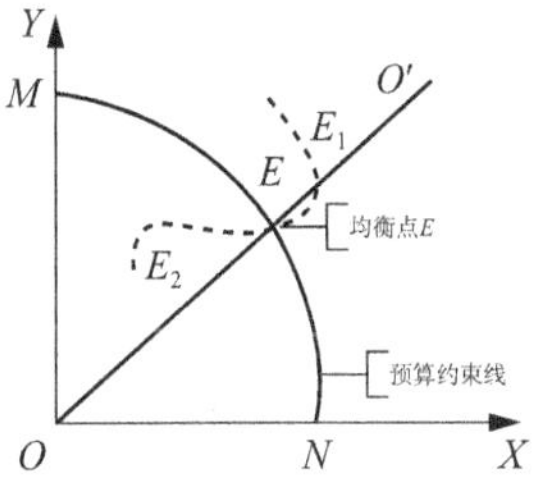

图 3-9　产品质量信息不对称导致资源配置性低效

在现实市场竞争中，如果某些企业生产的产品质量 N_H 高于与价格对应的质量而只能得到社会平均利润率，那么企业将没有超额利润可图，对于生产优质品的厂商来说，“高成本—低利润—高质量”的经营模式往往使其无利可图，其理性选择的结果是退出交易市场，优质品的退出随即导致整个市场同类产品的平均质量下降，市场上充斥劣质品。如图 3-10 所示，消费者会根据市场上有限认知的新平均产品质量出价。这一过程的重复会使高质量优质品生产厂商全部退出市场，市场交易的整体产品质量下降，直到达到产品质量阈值及以下，这就是市场交易“市场竞争—信息不对称—低价—劣质品”链条。

现实的市场竞争中，还存在一种与阿克洛夫的“劣质品—低价—逆向选择—劣质品充斥”的交易链条：在信息不对称调节作用下，生产厂商为了在激烈的市场竞争中实现相对利润最大化，通过混淆商标、名称、包装等方式诱使消费者购买假冒伪劣产品，并维持仿冒产品的高价。如图 3-11 所示，在第二象限，参加市场交易的产品价格高昂、质量低劣，会对消费者产生质量和价格双重损害。

① 刘小兵．政府管制的经济分析［M］．上海：上海财经大学出版社，2010：198.

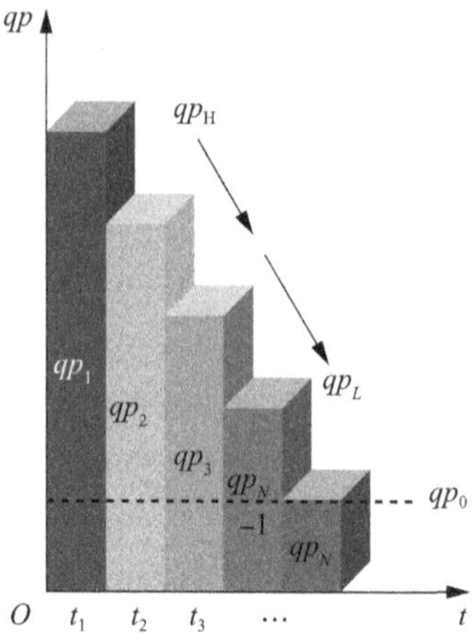

图 3-10 “劣质品—低价—市场萎缩”柠檬市场的形成

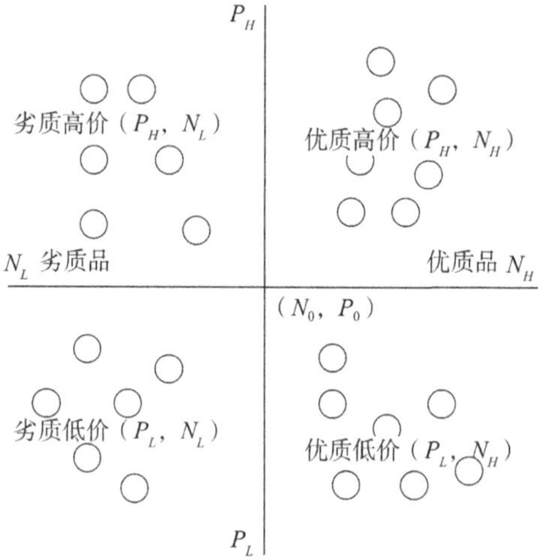

图 3-11 “劣质品—高价—市场萎缩”柠檬市场的形成

3.2 研究前提：市场竞争对产品质量影响的基本假定

在市场竞争对产品质量影响研究的“三个冲突”的基础上，本节分析完全竞争市场的基本假定及局限性，建立基于现实市场竞争对产品质量影响的基本假定，在此基础上建立市场竞争对产品质量影响的一般性理论分析框架。

3.2.1 完全竞争市场的基本假定及局限性

在新古典经济理论中，针对一般商品的供求原理，解释的前提是完全竞争市场的假定：第一，关于市场主体，市场上有大量的买者与卖者，不存在合谋。第二，在质量方面，每个厂商生产的产品均是无差别的、同质的。第三，关于信息，信息充分、完备，没有搜寻成本。第四，在流动性方面，没有进出壁垒，任何厂商都可以任意进入(生产要素可以自由流动)，每个市场参与者都没有价格决定权。[①] 第五，在信息方面，市场交易者都掌握着与自己相关的所有信息，交易各方都能做出最优决策。

Debreu G(1996)对完全竞争做出了行为学定义，[②] 在给定一系列消费者、企业、产品的前提下，追求效用最大化的消费者可以按照特定的价格买卖无限的数量，企业可以买卖任意的数量，每个企业都选择收益最大化的投入和产出，市场的参与者可以按照一定的价格做出选择，同时实现市场出清。完全市场竞争和现实市场竞争的比较见表 3-1

表 3-1 完全市场竞争和现实市场竞争的比较

要素	完全市场竞争	现实市场竞争
厂商数量	无穷多的厂商和消费者	有限多的厂商和消费者
信息	对称	不对称、不充分、不完美
进出	无进出壁垒	有进出壁垒
作用机制	价格机制	价格机制和质量机制
目标	收益最大化	相对收益最大化
竞争主体	完全理性	有限理性
产品质量	无差异	具有差异性

完全竞争理论模型是一个建立在众多严格假设之上的静态模型，是理想的市场竞争状态。凡是包含质量差异、信息不对称、政府干预、技术进步等现实问题，都不符合完全竞争条件。[③] 因此，完全竞争市场不存在现实意义上的市场竞争。在现实竞争条件下，现实交易的市场主体并非经济人假设的相

① 佩波尔，理查兹，诺曼．产业组织：现代理论与实践[M]．中国人民大学出版社，2014：22-23.

② Debreu G. The Theory of Value[M]. New York：John Wiley and Sons，1996：1-10.

③ 赵志君．新古典生产者理论的缺陷、引致问题及其解决方案[J]．经济学动态，2019(11)：84-96.

互分隔的原子个体，厂商行为不但受到他人或集体行为的影响，也会关注他人或集体的利益；在市场竞争中不但关注自己的绝对收益，而且关注与他人比较的相对收益。[①] 很大程度上，经济主体对相对经济收益的追求塑造了现实市场竞争的运行特征：①导致了经济主体欲求无限膨胀的机会主义，引发相互倾轧的过度竞争和产品质量危机；②导致了信息匿藏和噪声制造，引发市场竞争扭曲和交易成本上升；③导致了寻租和腐败行为发生，引发市场监管和政府监管双失灵。

现实市场竞争的交易机制除了价格竞争外，更重要的是质量竞争，如图3-12 所示。因为如果一个企业或卖方在产品质量方面拥有更好的水平，就能比竞争对手更有效地提供优质产品和服务，并获得“质量溢价”。[②] “质量溢价”来源于产品生产中的价值创造过程，是对企业因提供高质量产品而发生的物质和劳动消耗的必要补偿，也是消费者享用高质量产品而获得效用的合理支付。[③] 市场质量竞争主要体现在顾客满意度、市场占有率、企业盈利等方面，质量竞争是企业在市场竞争中获胜的决定性条件之一。

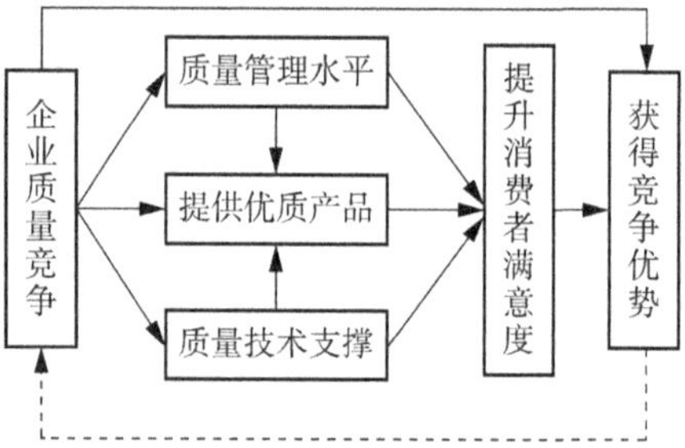

图 3-12 企业质量竞争

3.2.2 基于现实市场竞争对产品质量影响研究的基本假定

新古典经济学框架下，完全竞争市场的基本假设在现实符合性和现实解释力方面存在一定不足。通过第二章的理论分析，本书提出更贴近现实市场竞争的研究假设。

① 朱富强．自发市场中的过度竞争及其问题：欲求膨胀、策略性行为和社会资源浪费［J］．云南大学学报（社会科学版），2019（2）：107-115.

② 波特．竞争战略［M］．陈小悦，译．北京：华夏出版社，1997：127-129.

③ 蒋家东．宏观质量效益研究：理论、机制与途径［M］．北京：中国质检出版社，2016：105.

3.2.2.1 市场竞争目标是相对收益最大化

在现实的市场竞争中，竞争主体不但受自身行为影响，也会受竞争群体中他人行为的影响；在市场竞争中不但关注自己的绝对收益，而且关注与他人比较的相对收益。[①] 绝对收益是有确定目标可达的，相对收益却是无止境的。很大程度上，竞争主体对相对经济收益的追求塑造了现实市场竞争的运行特征，即无限制地追求收益最大化。所以，本研究的第一个假设可表述为：现实市场竞争条件下竞争主体的目标是追求相对收益最大化。

3.2.2.2 经济主体行为的有限理性

与新古典经济学的完全理性人假设不同，现实中理性存在至少三方面的限制：一是对行为后果的了解总是零碎的，二是对价值和效用的预见不可能是完整的，三是人们只能想到全部可能行为方案中很少的几个。在《现代决策理论的基石》一书中，作者认为人总是“意欲理性的”。但是，“一是环境是复杂的，在非个人交换形式中，人们面临的是一个复杂的、不确定的世界，而且交易越多，不确定性就越大，信息也就越不完全；二是人对环境的计算能力和认识能力是有限的，人不可能无所不知”。[②] 所以，人只能通过搜索行为寻求满意理性，即满意性标准。[③] 政府监管行为会由于有限理性导致监管失灵，消费者群体由于有限理性难以集体行动，第三方认证机构由于有限理性被俘获收买导致产品质量认证结果不公正。在过剩条件下，人们会搜索符合质量预期的产品。所以，本研究的第二个假设可表述为：市场竞争下经济主体是有限理性行为人。

3.2.2.3 市场交易主体之间信息不对称

信息不对称是指参与市场交易的各方对所交易的商品拥有的信息不对等，如买卖双方拥有的关于商品或服务的质量、价格等信息不对等，会影响到产品市场动态竞争结果。[④] 本书中，信息不对称主要指产品质量信息不对称。从

---

① 朱富强．自发市场中的过度竞争及其问题：欲求膨胀、策略性行为和社会资源浪费[J]．云南大学学报(社会科学版)，2019(2)：107-115.

② 西蒙．现代决策理论的基石[M]．杨栎，徐立，译．北京：北京经济学院出版社，1989：17-21.

③ Jones B D. Bounded Rationality and Public Policy：Herbert A. Simon and the Decisional Foundation of Collective Choice[J]. Policy Sciences，2002，35(3)：269-284.

④ Akerlof G A. The Marker for Lemons：Quality Uncertainty and the Market Mechanism [J]. Quaterly Journal of Economics，1970，84(3)：488-500.

信息经济学角度，解决竞争性市场的产品质量问题就是要解决产品质量信息不对称问题。产品质量的信息不对称主要存在于政府、生产厂商、社会公众与消费者之间。由于产品的经验品和信任品特性，消费者只从外观上无法评判产品质量在生产、流通、安全、性能上的所有指标，甚至不可观察、不可验证所购买的商品质量，因此在市场交易中处于信息劣势地位。所以，本研究的第三个假设可表述为：竞争性市场下交易多方具有信息不对称性。

3.2.2.4 质量、数量都是主要的市场竞争工具

西方主流经济学的竞争理论说明了竞争性市场的特点，并没有说明竞争具体是什么，厂商的竞争手段被单一地抽象为价格手段，认为价格竞争可以刺激生产和消费，达到产品市场的供需均衡和社会资源的最优化配置。在现实竞争市场中，不但存在价格竞争而且存在质量竞争。整个经济活动，可以划分成两个阶段：一是短缺阶段，即产品供不应求；二是过剩阶段，即供大于求。在短缺阶段，定价权掌握在厂商手里，人们关心的是如何提高生产规模满足消费者需求，社会产出水平可以由道格拉斯生产函数解释；在过剩阶段，消费者不会脱离质量要素单独考虑价格，质量改进成为企业取得竞争优势的重要手段，是企业参与市场竞争的一个重要维度。所以，本研究的第四个假设可表述为：产品质量是企业参与市场竞争的重要工具。

3.2.2.5 交易市场上产品质量差异性

西方主流市场结构理论在分析完全竞争性市场结构时，则假定市场上产品质量的无差异性，市场上交易的产品也不存在质量问题，质量差异在生产和交易的一般均衡分析中被忽略。但是，现实市场竞争中产品质量存在差异性，质量异质性是企业竞争行为的基础。现实的产品市场是一个熊彼特式的、基于差异化的竞争市场。熊彼特强调了差异化在产品创新中的作用，企业可以通过生产差异化产品，使其在短期内获得市场地位和超额利润。企业通过产品质量的差异化可以构筑市场进入壁垒，形成竞争优势，既带来超额利润又进一步促进产品创新和技术进步。根据质量差异性可以把产品分为优质品和劣质品，产品质量差异性决定着市场交易的动态效果。所以，本研究的第五个假设可表述为：现实市场竞争条件下产品质量具有差异性。

总之，基于新制度经济学的理论基础，汲取新凯恩斯主义非均衡理论，本书提出了更贴近现实的研究假定，如表 3-2 所示。从竞争主体目标、竞争主体行为、市场竞争环境、市场竞争工具、市场竞争要素等维度可以看出，该假定矫正了新古典经济学框架下完全市场竞争理论的偏激和片面，拉近了

本书理论框架与现实生活的距离。

表 3-2 完全市场竞争和现实市场竞争基本假定的异同

要素	完全市场竞争假定	现实市场竞争假定
竞争主体目标	收益最大化	相对收益最大化
竞争主体行为	完全理性	有限理性
市场竞争环境	信息对称	信息不对称、不充分、不完美
市场竞争工具	价格弹性和质量同质性	价格黏性和质量差异性
市场竞争要素	产品质量同质性	产品质量差异性

3.3 分析视角：基于现实市场竞争的非瓦尔拉斯均衡分析

上节基于新制度经济学的基本思想，初步建立了更贴近现实的基本假定。本节基于新凯恩斯主义的非均衡分析方法，对现实市场竞争条件下的生产和交换进行非均衡分析，从理论上分析现实市场竞争的瓦尔拉斯均衡偏离和社会福利损失。

3.3.1 现实市场竞争下产品市场的非瓦尔拉斯均衡分析

3.3.1.1 信息对称下的质量竞争

在质量信息对称的市场竞争条件下，价格信号能够有效传递，质量提升能引起“质量溢价”，即产品质量越高，可察觉的使用价值越高，价格中含有正向的“质量溢价”也越高，反之亦然。如图 3-13 所示，厂商有三种生产方案，生产平均质量产品、低质量产品和高质量产品，其供给曲线分别为 S_0、S_l、S_h，与市场总需求曲线 D 交于 $B(Q_0, P_0)$、$C(Q_l, P_l)$、$A(Q_h, P_h)$，可以看出生产高质量产品导致市场价格上升的部分 P_h-P_0，称为质量溢价。①

同时，市场竞争中的质量提升还能引起“质量溢量”，从而使厂商能因质量提升使得销售量增加、利润提升，从而在市场竞争中获得优势。如图 3-14 所示，在市场需求有弹性的情况下，厂商通过提升产品质量，生产高质量产品，产品需求曲线由 D 上升到 D'，其供给曲线 S 与市场需求曲线 D 交于 A，

① 蒋家东．宏观质量效益研究：理论、机制与途径[M]．北京：中国质检出版社，2016：105.

分别对应的价格和数量组合为 $A(Q_0,\ P_0)$。在信息对称下，当产品质量提升后，供给曲线 S 与市场需求曲线 D' 的交点组合为 $B(Q_1,\ P_h)$，可以看出厂商生产高质量产品导致市场需求量上升的部分 Q_1-Q_0，称为质量溢量。假定商品价格不变，产品销售量将达到 $C(Q_h,\ P_0)$，质量溢价和质量溢量都是市场质量竞争的结果。

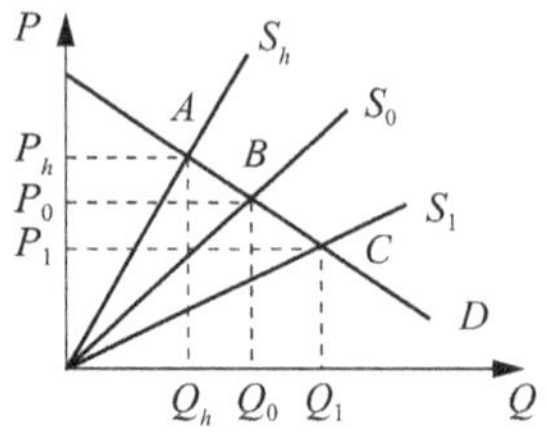

图 3-13　信息对称下基于供求平衡的质量溢价

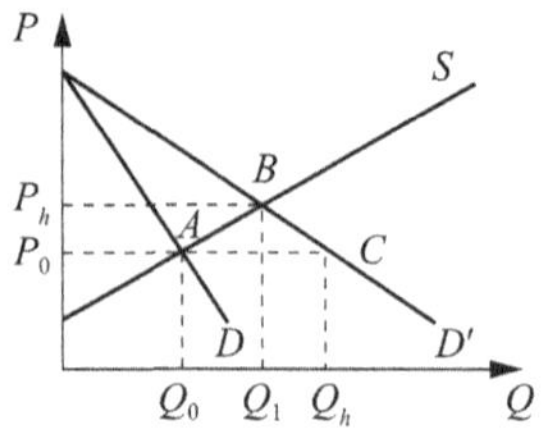

图 3-14　信息对称下基于供求平衡的质量溢量

3.3.1.2　信息不对称下的质量竞争

在信息不对称下，如图 3-15 所示，假定产品生产成本与产品质量呈正比例变化关系，而由于价格黏性，商品价格 P_x 相对不变。在短期内，qp 表示产品质量，qp_L 表示维持最低产品质量参数（最低产品质量标准），qp_H 表示较高的产品质量参数，对应的生产成本分别是 C_H 和 C_L（C 表示单位产品成本）。生产单个优质品 qp_H 的利润要比生产劣质品 qp_L 的利润小，即 $P_X-C_H<P_X-C_L$。

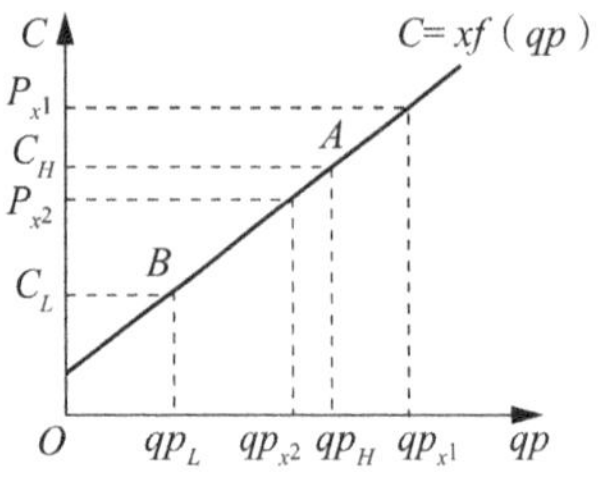

图 3-15　单位生产成本与产品质量决策

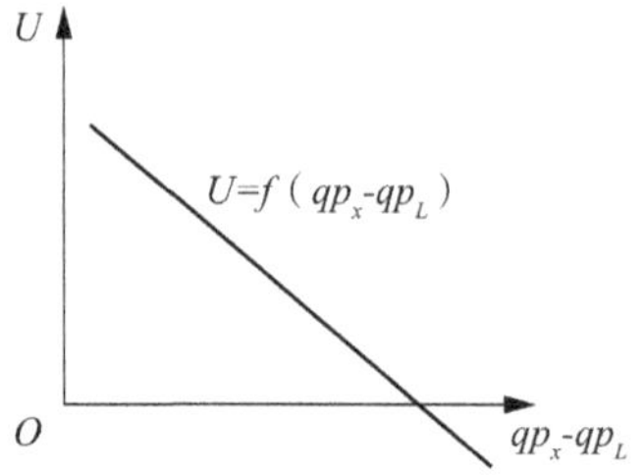

图 3-16　产品质量偏离值与效用之间函数关系

在短期内竞争主体面临两类产品质量生产选择：优质品（qp_H）和劣质品（qp_L）。在信息不对称和缺乏有效监管的情况下，在追求短期收益最大化的机会主义动机驱动下，有限理性的竞争厂商会选择降低成本，生产劣质品 qp_L，以争夺短期利益，获得竞争优势，却很少考虑产品质量和信誉问题。从长期看，产品的市场价格从 P_{X1} 降到 P_{X2}，高质量产品 qp_H 被驱逐出市场。

如图 3-16 所示，厂商可以选择任意质量的产品 qp_X。在严格的产品质量管制下，竞争主体为避免惩罚选择生产高质量产品，即 $qp_X-qp_L>0$ 的产品；在信息不对称、机会主义和有限理性条件下，产品质量监管难度增大，产品质量参数偏离值 qp_X-qp_L 增大，消费者效用 $f(qp_X-qp_L)$ 和社会福利反向减少，甚至减少到 0 或者负值。所以，在信息不对称和缺乏严格监管的情况下，厂商会选择降低产品质量，生产劣质品。当 $qp_X-qp_L<0$ 时，产品质量效用为负，产生质量损害。不但使消费者蒙受经济福利损失，而且对社会福利和行业市场声誉产生负向影响。

3.3.2 现实市场竞争下产品交易市场的瓦尔拉斯均衡偏离

3.3.2.1 完全市场竞争下生产与交易的一般均衡分析

新古典经济学认为，完全竞争性市场是最有效率的。斯密在《国富论》中详细论证了市场竞争下分工与专业化可以带来生产效率的提高，即竞争性市场是最有效率的市场。市场机制可以有效调节生产和消费，实现供给和需求的局部均衡；市场经济的自发作用能使所有的生产者市场和消费者市场同时达到瓦尔拉斯均衡，社会资源实现帕累托最优配置和福利最大化。

将主观的效用理论变为可操作的经济学规律，是从边际效用递减规律开始的（格森第一定律）。[①] 消费者均衡的一般条件是：消费者在有限的预算约束下消费两种商品 A、B 实现效用最大化（消费者均衡）的条件是消费每一单位获得的边际效用相同：[②]

$$MRS_{X,Y}^{A}=MRS_{X,Y}^{B}=\frac{P_X}{P_Y}$$

生产者均衡的一般条件是，在生产可能性曲线上每一点的均衡是生产者的一般均衡，即生产者生产两种产品的边际技术替代率相同，实现利润最大化的条件是，生产产品的资本—劳动投入量的最佳组合等于劳动和资本两种要素的价格 w 和 r：

$$MRS_{X,Y}^{A}=MRS_{X,Y}^{B}=\frac{w}{r},$$

① 戈森．人类交换规律与人类行为准则的发展［M］．陈秀山，译．北京：商务印书馆，1997：9.

② 平狄克．微观经济学：第七版［M］．高远，朱海洋，范子英，等译．北京：中国人民大学出版社，2011：89.

$$MRT_{X,Y}=\frac{P_X}{P_Y}$$

生产和交换的一般均衡条件是，生产和交换的共同均衡(消费者市场和生产者市场同时达到均衡)，生产与交换的一般均衡实现，这是一个经济的理想状态即帕累托最优。此时消费者效用达到最大，生产者利润达到最大，市场全部出清，经济利润为0(见图3-17)。

$$MRT_{X,Y}=\frac{P_X}{P_Y}=MRS^A_{X,Y}=MRS^B_{X,Y}$$

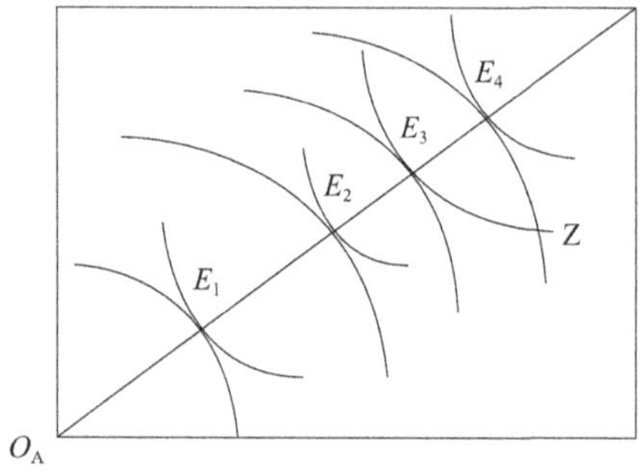

图3-17　完全竞争市场生产和交换的瓦尔拉斯均衡

3.3.2.2　现实市场竞争下生产与交易的瓦尔拉斯均衡偏离

在现实市场竞争条件下，由于产品质量差异性且信息不对称，劣质品 A 的无差异曲线和优质品 B 的无差异曲线不同。如图3-18所示，一般均衡曲线出现偏离。O_AZ 是新的契约曲线，偏离了契约曲线 O_AO_B，该产品交易市场的瓦尔拉斯均衡出现偏离，帕累托最优无法实现。

对现实市场竞争中的厂商来说，在考虑机会主义行为时，由于产品质量信息不对称，厂商为取得超额相对收益，通过降低质量和成本参与市场竞争；此时消费者并不知情，以同样的价格交换到低于预期的质量。

厂商每销售一件低质量产品所获得的超额利润为($P_{1L}-P_L-C_L$)，其中 C_L 是劣质品的成本，假定厂商在一定时间内以不同价格 P_{xL} 销售劣质品数量为 x，他所得到的超额利润是：

$$\pi=\int_0^x(P_{xL}-P_L-C_L)Q_L\mathrm{d}x$$

这就是含有机会主义的利润函数。在机会主义条件下，厂商生产的产品质量不能达到消费者的质量需求，质量均衡不会实现。整个产品市场的生产与交易偏离瓦尔拉斯一般均衡。

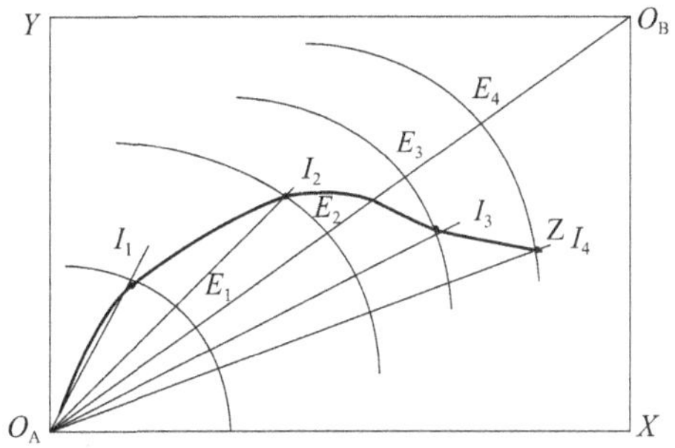

图 3-18 现实的产品市场瓦尔拉斯一般均衡的偏离

在以新古典经济学为主流的西方经济理论体系的均衡分析中，只涉及产品价格均衡问题，产品质量始终是一个“黑箱”，因为无从考察而被“价格”、“效用”与“偏好”取代。现实市场竞争中的厂商机会主义、信息不对称与监管失灵带来的直接结果就是提高市场交易成本。消费者的搜索成本和选择成本增加会降低市场交易的效率，产品质量降低产生的社会福利损失会引起新的补救投入，导致生产者均衡和消费者均衡出现偏离。所以，现实市场竞争下产品市场的生产与交换不能达到“价格—质量—数量”供需均衡的帕累托最优。

3.3.3 现实市场竞争下产品交易市场的社会福利损失

3.3.3.1 市场竞争不足情形下的社会福利分析

市场竞争不足阶段也称为过度垄断阶段。市场垄断性领域中，厂商有短期目标和长期目标，长期目标是效用最大化，包含利润、声誉、闲暇、流动性、控制力的多重效用函数。为了实现企业的长期目标(可持续发展)，需要进行标志化、品牌化经营，所以长期博弈的结果是维护市场，产品质量可以得到保证；为了实现垄断利润，实施垄断高价。因此，一方面，垄断性市场结构的结果是价格损害，得到“高于平均剩余价值率”的价值，造成社会总体福利损失。另一方面，为了维护自己在垄断市场中的地位，企业会考虑到信用和声誉带来的剩余价值，对产品质量做出承诺并实现承诺。

1954 年，美国经济学家 Harberger 开创性地建立了垄断的社会成本模型——哈伯格三角形，从帕累托最优标准出发，得出垄断会造成社会福利净损失的结论，如图 3-19 所示。假定一段时期内市场的参与者和行业是不变的，在完全竞争市场上，产出处于 Q_1 水平，MC 曲线与需求虚线 D 相交于 E。

假定市场上有一垄断者，他可以依靠垄断地位只生产 Q_2 的产量，按照价格 P 出售，从而获得最大利润，消费者的福利损失就可以用梯形 $ABCP$ 表示，由垄断造成的真正社会福利损失 $\triangle ABE$，既不为厂商占有，也不为消费者占有，被称为哈伯格三角形。

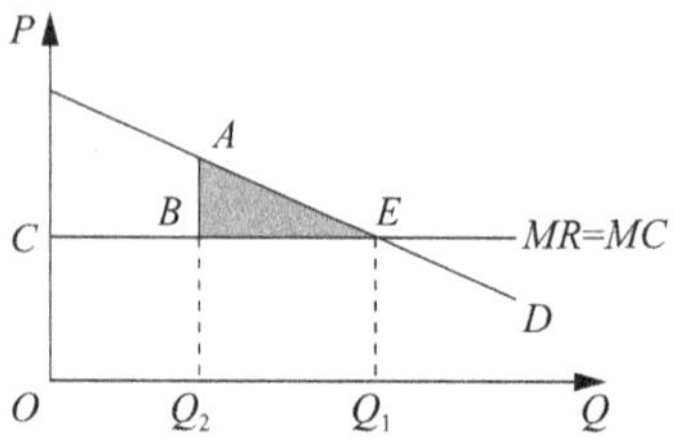

图 3-19　垄断的静态福利损失

哈伯格三角形一直是被用来说明垄断低效的工具。Harberger（1954）利用美国73个制造业在1924—1928年的平均数据，估算了垄断势力造成的社会福利损失。实际上，根据这一静态分析方法，所谓垄断的低效率只是一种静态的低效率。

在市场垄断情形下，市场竞争度较低，产品质量信息在厂商之间、生产者与消费者之间相对比较充分。一方面，厂商缺乏技术创新动力，导致产品厂商难以获得突破性提升，通过限制产量行为获得垄断高价，从而实现超额垄断利润；另一方面，厂商可以通过掠夺性定价行为将已有竞争对手驱逐出市场，从而扩大市场份额。所以，在低度竞争阶段，产品质量相对较低，此时产品质量较低的原因是垄断过度导致的技术创新不足，而非生产企业的主观故意。这是一种市场有效竞争的状态，即产品质量随着市场竞争的提升而改善。垄断性市场结构的福利效应与影响见表 3-3。

表 3-3　垄断性市场结构的福利效应与影响

市场结构种类	价格策略	福利效应	对技术进步的影响
垄断低价	掠夺性定价	产品质量较低，创新驱动不足	产生掠夺性行为，将已有竞争对手驱逐出市场，扩大市场份额
垄断高价	限制性定价	创新动力不足，产生价格损害	降低社会福利，减少消费者剩余，阻碍技术进步

3.3.3.2　现实市场竞争的社会福利分析

在新凯恩斯主义非均衡框架下，交易市场处于不完全竞争状态，其可分为竞争不足和竞争过度。本章注重对市场过度竞争情形下的负面影响进行分析以改善产品质量问题。市场过度竞争情形下，厂商的过度进入一方面刺激了技术创新，另一方面可能产生市场竞争破坏效应。信息不对称下，厂商实施降低成本与产品质量的机会主义行为，不但使消费者蒙受经济福利损失，而且降低社会总福利。如图 3-20 所示，U 表示消费者效用，U_x 和 U_L 分别表示高的效用和低的效用，社会预期的产品质量为 qp_H，厂商选择生产质量为 qp_x 的产品，且 $qp_x<qp_H$，最低质量标准是 qp_L，产生预期质量的偏离值 qp_H-qp_x，随着产品质量偏离值的增大，消费者所得效用反向减少，$qp_x<qp_L$ 时，消费者所得效用 $U\leqslant 0$。

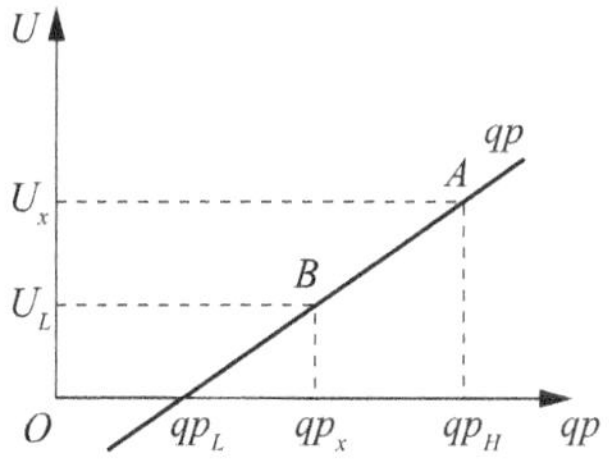

图 3-20　质量参数的偏离值与效用之间函数关系

在市场过度竞争情形下，厂商机会主义行为得到强化。为提高自身收益，厂商选择“压缩成本、降低质量”的策略，[①] 产品供给曲线右移到 $S'(Q)$。因该产品的市场需求曲线不变，仍为 $D(Q)$，所以该供给者面对的新的均衡点为 E'，其新的均衡状态如图 3-21 所示。

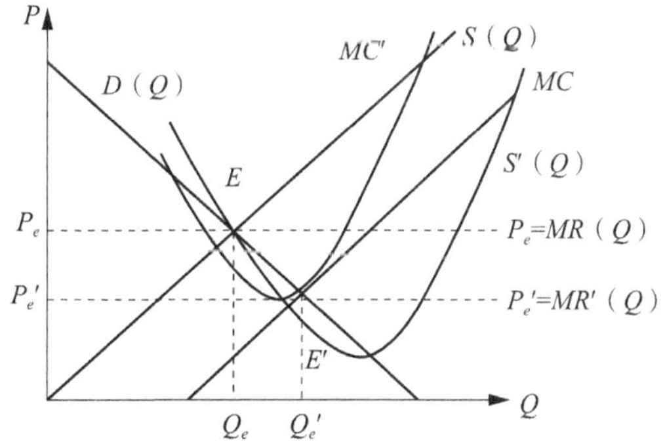

图 3-21　现实市场竞争下厂商采用“压缩成本、降低质量”策略行为分析

① 雷声芳，何忠伟，刘芳. 基于三方博弈的农产品价格质量博弈研究[J]. 农产品质量与安全，2012(2)：53-56.

（1）收益分析

当厂商采用“压缩成本、降低质量”策略时，新的均衡点对应均衡价格为 P_e'，对应的均衡数量为 Q_e'，同样曲线 P_e' 也是在压缩成本的新条件下该厂商面临的边际收益曲线 MR'。在新的均衡条件下，厂商总收益 $TR_1=P_e'\times Q_e'$。

（2）成本分析

竞争性市场下，厂商在选择“压缩成本、降低质量”策略后，面临的边际成本曲线由 MC 移动至 MC'，此时的产品总成本 $TC'(Q)=C_1(Q)+C_2+C_3$。在没有任何监管措施的条件下，违法成本、监督成本、投诉成本均为 0，即 $C_2=C_3=0$。由于厂商采取“压缩成本、降低质量”策略，所以 $C'_1(Q)<C_1(Q)$。

（3）成本收益分析

当 $MR=MC=P_e'$ 时，厂商实现利润最大化，此时只要利润满足下列理论最大化条件：

$$\pi'=TR'-TC'=P'_eQ'_e-[C'_1(Q)+C_2+C_3]\geqslant 0$$

厂商就会选择“投机”，实施“压缩成本、降低质量”的机会主义行为，做出降低产品质量的生产抉择。

在不完全竞争与不完全信息条件下，市场竞争不会达到市场出清，要么产品数量供不应求，要么产品数量供大于求，这两种情况都会降低社会福利。总之，有效竞争在一定程度上促进信号显示，提升交易产品质量；过度竞争会降低交易市场的产品质量，导致社会福利损失。

3.4 分析框架：市场竞争对产品质量的影响及逻辑路径

已有关于市场竞争和产品质量的研究多在新古典经济学和新增长理论框架下进行。新古典经济学理论注重价格理论分析，其研究假设偏离经济现实，产品质量理论短缺；新增长理论弥补了新古典经济学产品质量理论短缺的不足，分析了产品质量决定的技术因素，构建了一系列产品质量差异化模型，但没有考虑影响产品质量的行为与环境因素。

本书提出了更贴近现实的市场竞争研究假定：相对收益最大化目标、有限理性人、信息不对称、质量竞争工具与产品质量差异性。通过研究现实市场竞争条件下机会主义、信息不对称与有限理性对产品质量的影响，构建了更贴近现实的一般性理论分析框架。

3.4.1 市场竞争对产品质量的非线性影响

现实的市场竞争可以分为两种情形：垄断过度或竞争不足条件下的有效竞争情形Ⅰ与过度竞争情形Ⅱ。在图 3-22 中，*q* 表示产品质量，qp_{max}是产品质量的最大值；*com* 表示市场竞争，通常用行业集中度、*HHI*、市场化指数表示；*N* 表示市场参与厂商的个数。第Ⅰ种情形：过度垄断或竞争不足、市场参与者少、信息相对充分，但创新不足导致产品质量降低。在该情形下，鼓励市场竞争可以促进产品质量提升。随着市场参与者的过度进入，竞争主体为了在市场竞争中取胜，通过改进技术和加强研发提升产品质量投入。由于竞争主体数量相对较少，竞争主体为了在市场竞争中取胜，必须提供高质量产品以满足消费者需求。在此过程中，市场竞争能促进产品质量信息显示，抑制市场竞争中厂商"压缩成本、降低质量"的机会主义行为，进行有效的质量竞争，促进产品质量提升。

随着市场竞争加剧，市场竞争 *com* 继续上升，市场参与厂商数量 *N* 增加，引起市场的过度进入，市场进入过度竞争情形Ⅱ。竞争者的过度进入导致经济主体之间的信息不对称程度加剧，市场参与者众多，产品质量信息显示机制在众多市场参与者之间、生产者和消费者之间的有效性降低，提升了消费者的产品质量甄别成本。质量信息不对称降低了质量竞争的有效性，市场质量竞争方式转化为价格恶性竞争。由于市场经济的盲目性和滞后性等，市场过度竞争导致产品交易市场无序，市场机制失效。社会资源浪费严重，降低产品质量，损害消费者利益和社会福利，即生产与交换处于瓦尔拉斯均衡严重偏离状态。

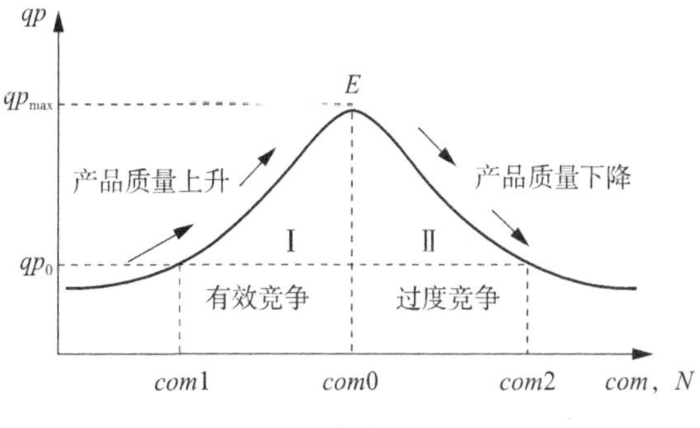

图 3-22 不同市场竞争情形下的产品质量

有效竞争是规模经济与竞争活力相协调的状态，可以刺激创新，发挥规模经济和品牌优势。一定程度的垄断有助于形成规模经济，提升产业竞争力，能在一定程度上改善生产与交换的非瓦尔拉斯均衡偏离。市场过度竞争情形下，不对称信息、机会主义和有限理性造成生产与交易的一般均衡偏离和社会福利损失。不正当竞争和低价策略造成的市场竞争扭曲已经成为导致产品质量下降的根本因素。本书重点关注情形Ⅱ，重点研究由市场过度竞争带来的负面影响，并提出有效治理的对策建议。

3.4.2 市场竞争对产品质量影响路径的经济学理论解释

3.4.2.1 机会主义理论的解释

厂商机会主义是市场竞争对产品质量影响的内在因素。作为产品质量的直接决定者，现实中的企业目标蕴含了寓意不同的双重特性：一方面，反映了现代社会经济协作系统的基本要求，是社会化大生产的基础；另一方面，是现实生产者被当作私人经济主体的客观牟利动机的基本诉求，即机会主义。Williamson O E(1975)将机会主义定义为“一种追求自我利益短期最大化的狡诈式策略行为”。[①] 张衔(2011)认为，厂商机会主义是企业追求短期收益最大化行为，即无约束的企业自发行为。产品质量决策中的厂商机会主义，主要包括欺骗(Cheating)、逃避责任(Shirking)、歪曲信息内容(Distorting Information)、误导消费者(Misleading Partners)、提供次品(Providing Substandard Products/Services)及占用合作伙伴的关键资源。

当企业之间存在竞争关系时，竞争主体之间更可能实施以次充好、假冒伪劣等的机会主义行为，进行不正当竞争，实现短期相对收益最大化，以在市场竞争中取胜；当竞争主体之间强调合作关系时，实施机会主义行为进行不正当竞争的可能性则比较小。如果竞争主体实施机会主义行为，产品质量就会面临风险。所以，竞争主体之间应尽量建立或维持正当竞争和合作的关系，从而降低企业间实施机会主义行为的可能性，其结果就像Coase(1937)指出的，厂商机会主义会降低企业的绩效水平。综合来看，厂商机会主义可能对市场竞争与产品质量的关系起到部分中介作用，对产品质量具有负向影响。

3.4.2.2 信息不对称理论的解释

信息不对称是市场竞争对产品质量影响的外部因素。放弃了新古典经济学的信息充分假设，信息不对称的解释更加贴近市场竞争现实。市场机制下

① Williamson O E. Markets and Hierarchies [M]. New York: The Free Press, 1975: 13-15.

的产品质量信息收集和甄别具有成本，契约执行过程中委托人可能存在道德问题，使市场机制的价格信号配置资源的效率大打折扣，导致市场机制不能完全合理地配置资源。生产者由于掌握信息比较充分，往往处于比较有利的地位。资本的逐利性和机会主义，很容易诱发信息优势方的"道德风险"；信息劣势方为了避免利益损失，往往会以"逆向选择"应对。

信息不对称导致产品质量存在不可观测性或不可鉴别性。[①] 作为信息优势方的厂商在利益驱动下，刻意降低质量安全水平，甚至以次充好、制假贩假，产生道德风险和逆向选择行为。[②] 李想和石磊（2014）从信息不对称的角度解释了以乳品为代表的食品类企业为何忽视产品质量控制而热衷于销量扩张。[③] 交易市场上消费者对低价格的过度偏好，导致部分依赖上乘原料生产、秉承高质量产品发展理念的企业，难以获得竞争优势。由于客观存在的价格黏性，高质量企业的原材料和相关成本费用超过其他竞争市场上同类质量较低产品的企业，引起该商品的市场销售价格偏离交易市场的"质—价"对称的均衡价格。为了维系既定的市场份额，高质量厂商会逐渐放弃对优质产品的追求，转向生产低质量产品。这种利用资产专用性违反生产契约，采取欺诈扭曲的方式，取得相对收益最大化的行为直接使交易市场陷入低质量陷阱。所以，从外部环境层面，信息不对称对产品质量具有负向影响。

3.4.2.3 有限理性理论的解释

多元化监管有效性是市场竞争对产品质量影响的制度因素。政府监管是由法律授权的政府监管机构，依照一定的法律法规对被监管企业采取的行政管理和监督行为，目的在于矫正产品生产和市场交易中经济主体行为的负外部性、信息不对称等市场失灵现象。政府监管是传统监管工具的一种，是有效的监管实践工具之一。[④] 政府监管行为有两种结果：监管有效和监管失灵。

在信息非对称条件下，多元化监管主体认知和行为具有有限理性。政府监管往往因为寻租而失灵，发挥社会和市场的作用，实施激励性监管成为监

---

① 聂辉华．契约不完全一定导致投资无效率吗：个带有不对称信息的敲竹杠模型[J]．经济研究，2008(2)：132-143.

② Schwartz A，Scott R E. Contract Theory and the Limits of Contract Law [J]. Yale Law Journal，2003，113(3)：541-619.

③ 李想，石磊．行业信任危机的一个经济学解释：以食品安全为例[J]．经济研究，2014(1)：169-181.

④ 赵晓旭．产品质量安全与产品责任保险[J]．财经论丛，2010(6)：60-67.

管新思路。激励性监管的主要工具是设定契约或合同，克服信息不对称问题。[①] 此外，产品第三方认证、信誉工具、产品追溯工具也是降低监管成本、提高监管效率的手段。[②]

“政企合谋”和监管俘获在产品质量决定中有一定的负面作用，市场过度竞争条件下的政府监管失灵，往往需要社会组织或第三方机构的介入来监管。政府、第三方监管机构和厂商在产品质量安全监管中有密切联系，三者之间的目标不同。厂商生产不同质量的产品，由政府和第三方监管机构进行监管，形成政府、第三方认证机构与企业之间的关系（简称 GPE）。如图 3-23 所示，市场竞争条件下 GPE 之间的监管相互制衡，能在一定程度上提高监管效率，对产品质量具有正向影响。但是，由于经济主体的有限理性，多元化监管可能出现监管失灵。监管失灵的具体表现为：腐败、保护不力、政企合谋、寻租等，会造成资源配置性效率低下和适应性效率机制难以实现。[③]

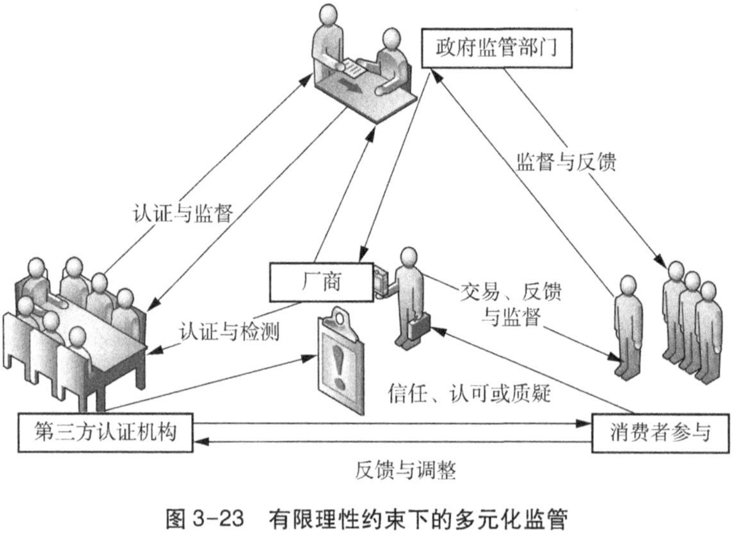

图 3-23　有限理性约束下的多元化监管

3.4.3　三条影响路径的提出

基于现实市场竞争的非均衡分析可知，市场竞争对产品质量的“倒 U 形”

① 拉丰，梯若尔．政府采购与监管中的激励理论[M]．石磊，王永钦，译．上海：上海三联书店，2004.

② 程启智．政府社会性管制理论的比较研究[J]．中南财经政法大学学报，2004(5)：3-8.

③ 诺斯．制度、制度变迁与经济绩效[M]．杭行，译．上海：上海三联书店，1994：150.

影响路径是非常复杂的，可能通过中介变量或调节变量对产品质量产生双重影响。[①] 按照有关理论的解释，可将市场竞争对产品质量的影响逻辑归纳为三条影响路径（见图 3-24）。

第一，作为产品质量决策的内部因素，厂商机会主义行为可能对市场竞争和产品质量的关系产生部分中介效应。在信息不对称条件下的生产和交易环节，市场竞争会强化厂商压低成本、降低质量的机会主义行为，厂商机会主义会降低市场竞争中的产品质量，降低消费者利益和社会福利，使交易市场的一般均衡发生偏离。所以，厂商机会主义对产品质量具有负向影响。

第二，作为产品质量决策的外部因素，产品质量信息是否对称可能对产品质量水平起调节效应。具体来说，在交易和消费环节，有效的市场竞争会激励高质量企业的信号显示，市场过度竞争会提升竞争主体之间的信息不对称性，激发市场竞争的负面效应。信息不对称通过两种路径调节产品质量：一是调节市场竞争与产品质量的关系；二是调节厂商机会主义与产品质量的关系。这两种情况都负向调节了市场竞争与产品质量之间的库兹涅茨"倒 U 形"曲线关系，即随着市场竞争上升，产品质量先上升后下降。

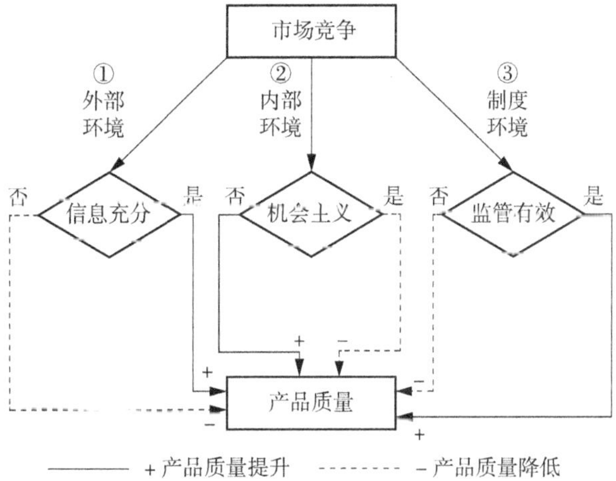

图 3-24　市场竞争对产品质量影响的三条路径

第三，作为产品质量决策的制度因素，多元化监管可能对产品质量产生双重滞后影响。具体来说，在监管有效的市场竞争条件下，多元化监管会对

① 本章研究的影响路径，主要是针对"倒 U 形"曲线的右半段，即过度竞争条件下的产品质量的影响路径。

产品质量产生正向影响；在监管失灵的市场过度竞争条件下，市场竞争会提升卖方的寻租动机，导致监管机构被收买和“政企合谋”，规制俘获会导致市场竞争扭曲效应，降低交易市场上的产品质量。这种效应强化了产品质量与市场竞争之间的“倒U形”曲线关系，即随着市场竞争上升，产品质量先上升后下降。

三条路径具有明显区别。如图3-24所示，从产生影响的通道看，路径1主要通过厂商自身的生产质量决策行为直接影响产品质量，厂商机会主义行为在市场竞争与产品质量的关系中起到部分中介作用，而路径2和路径3通过外部信息环境和外部制度环境间接影响产品质量，起到多重调节作用。从产生影响的条件看，路径1发生在厂商参与市场竞争的生产和交易过程中，而路径2发生在整个生产、流通、交换、消费过程中，路径3则发生在消费过程以及之后的信息反馈与调整过程中，且对产品质量决策的后期产生动态影响。从产生影响的时空维度看，路径1属于空间维度，其产生的直接影响在短期内就能完成，而路径2和路径3属于时间维度，其影响作用于后期的产品质量再生产周期中。三条路径共同作用，最终对产品质量产生双重影响。其中，“+”表示正向影响，“-”表示负向影响。需要注意的是，本书研究重点是三条影响渠道的负面影响。接下来的第六至第八章将对三条影响路径进行理论分析和实证检验。

3.5 小结

本章以新制度经济学理论为基础，汲取马克思主义经济学和西方经济学中关于市场竞争和产品质量思想，对现实市场竞争内涵的再认识，对现实市场竞争特征进行重新解读，提出更贴近现实竞争的研究假设。以新制度经济学核心理论为基础，从非瓦尔拉斯均衡分析视角，构建了一个引入机会主义、信息不对称与有限理性的市场竞争对产品质量影响的一般性理论分析框架。

本章的主要贡献有：①对新古典经济学的完全竞争假设进行了修正，对现实市场竞争进行再界定，汲取新制度经济学的核心思想，提出了贴近现实的研究假设，使市场竞争的基本假设更具有现实意义；②把机会主义、信息不对称与有限理性等现实市场竞争假设纳入分析框架，得出了现实市场竞争导致的交易市场瓦尔拉斯均衡“偏离”和社会福利损失的基本结论；③基于新制度经济学的机会主义、信息不对称与有限理性理论，提出了市场竞争对产品质量非线性影响的基本假说，并探索了可能的三条影响路径，以此构建了本书的一般性理论分析框架。

4 市场竞争对中国产品质量的影响：历史回顾、现状及特征

在第三章一般性理论研究框架的基础上，分析现实市场竞争对中国产品质量影响的历史演进和现状，总结市场竞争对产品质量影响的特征，并进一步探索市场竞争对中国产品质量影响的成因。

4.1 市场竞争对中国产品质量影响的历史回顾

市场竞争具有动态性，中华人民共和国成立以来自由交易市场逐步发育，市场机制在资源配置中的调节范围不断扩大，产品交易价格逐步由市场供求决定。中国的市场化进程经过了竞争不足和竞争过度的过程，标志着政府与市场关系的不断调整(朱富强，2019)。随着中国社会由传统计划经济体制向市场经济体制转轨，市场竞争形态处于不竞争经济体制向高度竞争经济体制的摸索和演化过程之中。王韶光(2009)把中华人民共和国成立以来的经济发展阶段分为传统社会阶段、起飞准备阶段、自我持续增长阶段、高数量群众消费阶段和追求生活质量阶段。[①] 基于以上研究，本节将对中国市场化进程以来各时期市场竞争对产品质量的影响进行归纳。根据我国市场经济进程中不同的竞争阶段进行划分，并对该阶段的产品质量问题进行历史回顾。1978 年中国市场化进程起步、1997 年中国市场经济制度全面确立、2012 年经济高质量发展新时代等都是中国市场化进程中有重大意义的时间节点。所以，本章研究从 1978 年中国市场化进程开始，将市场竞争划分为三个阶段：1978—1997 年，市场经济初步发展阶段的市场竞争初级阶段；1997—2012 年，市场竞争中级阶段；2012 年至今，市场竞争逐步成熟阶段。

---

① 王韶光．坚守方向、探索道路：中国特色社会主义实践六十年[J]．中国社会科学，2009(9)：11.

4.1.1 市场竞争初级阶段(1978—1997年)

1978—1997年是我国市场经济发展的探索时期。1978年是个富有历史意义的转折点，也是我国工业化、现代化进程的起始点。1997年市场经济全面确立。在此期间，中国经济体制改革的基本方向是逐步重视和发挥市场在资源配置中的基础性作用。1992年，中国确定了建立社会主义市场经济体制的改革目标，提出了建立社会主义市场经济体制的基本框架。

在此过程中，市场从计划经济转向实行有计划的商品经济再到商品经济，市场竞争程度不断增强，竞争性领域的企业数目不断扩大，全国工农业总产值快速增加，由1978年的2773.6亿元增长到1997年的51810.2亿元。市场上交易的产品数量呈现大规模增长的趋势，产品市场的供给由数量短缺向数量过剩转变，个体、私营、外资企业等一批真正意义上的市场竞争主体逐步形成和发展起来，农业、食品、药品、家电行业成为竞争性领域，市场环境在生产规模、所有制结构、技术手段、经营规模等方面呈现初级竞争特点。如图4-1所示。

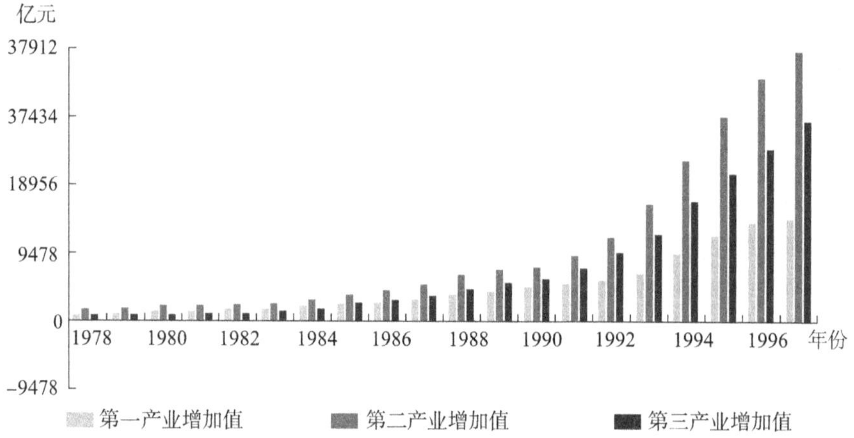

图4-1 1978—1997年我国三次产业增加值的变化

改革开放后市场竞争初级阶段，市场竞争主体最主要的经营目标是追求经济利润，该阶段生产技术较为薄弱，竞争不足与竞争过度两种情形并存。在食品行业，食品卫生和食物中毒事件的数量呈现上升趋势。例如，广东省广州市1979年发生食物中毒事件46起、中毒人数为302人，而1982年发生的食物中毒事件则上升至52起、中毒人数飙升至1097人；浙江省1979年发生食物中毒事件132起、中毒人数为3464人、病死率为0.49%，而1982年中毒事件的数量则上升至273件、中毒人数为3946人、病死率上升至0.71%。以食品质量为例，在食品、饮料、酒类生产中，非法添加食品添加剂、微生物污染的机会主义行为等非常多见。1980—1990年的彩电价格战、化妆品价格战等，都是行业内市场竞争主体过度进入导致的过度竞争行为。企业为了打压竞争对手，在市场竞争中获胜，采用价格竞争策略。这种通过竞相降低产品价格打压竞争对手的行为，目的是占领更多市场份额、消化库存等。

在市场竞争初级阶段，市场经济初步实行，各种市场秩序尚未完全建立，交易市场充斥着过度竞争的无序性和不规范性特点。该阶段除了金融、电信、石油、交通等行业归国家所有外，竞争性领域还不断扩大到关系国计民生的食品、药品、电子电器、建筑建材等行业，这一时期社会产品质量的主要风险已经从技术风险转变为市场风险，即大部分的食品风险都是由市场经济趋利性所引发的机会主义风险。该时期国有经济控制下的竞争不足领域，如金融、电信、石油、交通等行业的产品质量损害事件很少。在竞争领域，特别是过度竞争领域产品质量问题较多。表4-1列举了1978—1997年部分产品质量事件，进一步说明该阶段的产品质量问题主要发生在过度竞争市场情形下的生产与交易环节。面对无序的过度竞争，国家颁布了一系列法律法规，如1979年的《食品卫生管理条例》、1982年的《中华人民共和国食品卫生法》、1993年的《中华人民共和国产品质量法》《中华人民共和国产品质量安全法》等，在一定程度上起到了整顿市场竞争秩序、改善产品质量的作用。

表4-1 1978 1997年部分产品质量事件

序号	产品质量事件	行业	影响	年份	领域
1	不合格热水器致人死亡	小家电	直接	1992	过度竞争
2	火锅爆炸	小家电	直接	1992	过度竞争
3	青饲料切碎机	制造业	直接	1993	过度竞争
4	公共建筑质量问题	建筑业	直接	1993	过度竞争
5	药品抗生素	药品业	潜在	1994	过度竞争
6	电梯“吃人”	制造业	直接	1994	过度竞争
7	汞超标化妆品	化妆品	间接	1995	过度竞争
8	抗癌“神药”	药品业	潜在	1995	过度竞争
9	有毒涂料	建材业	潜在	1996	过度竞争
10	胶水大桥	建筑业	直接	1996	过度竞争
11	地沟油	食品业	潜在	1997	过度竞争

在市场竞争初级阶段，产品质量问题的基本特点是：竞争不足与竞争过

度两种情形并存；在过度竞争领域，并没有相应的产品质量规范。竞争领域的产品数量需求大于数量供给，社会消费对产品“量的需求”的重视大于对“质的需求”，产品质量总体较低。竞争主体为追求相对收益最大化而违规造假、偷工减料，仿冒假冒事件频繁发生，产品质量问题多发生在生产交易环节。除了技术条件限制外，大多由于制假造假的机会主义主观故意增加。市场竞争对产品质量的影响蕴含着厂商机会主义和政府监管失灵的逻辑。

4.1.2 市场竞争中级阶段(1997—2012 年)

从 1997 年市场经济全面确立到 2012 年，中国逐步进入市场经济成熟阶段。中国加入 WTO(世界贸易组织)当年(2000 年)，GDP 就达到了 1.08 万亿美元，居世界第六位。我国的市场经济也快速发展，国有企业成为自主经营、自负盈亏、自我发展、自我约束的独立市场主体，个体、私营、外资企业等一批真正意义上的市场竞争主体不断发展和壮大，行业市场上竞争不足与竞争过度并存，商品生产交易活动更加频繁，产品质量信息不对称更加深化。在市场竞争中级阶段，政府监管制度日益完善，无序的市场竞争得到一定规范，交易市场过度竞争与有效竞争并存，管理有效的市场领域的产品质量得到了一定程度的提升。

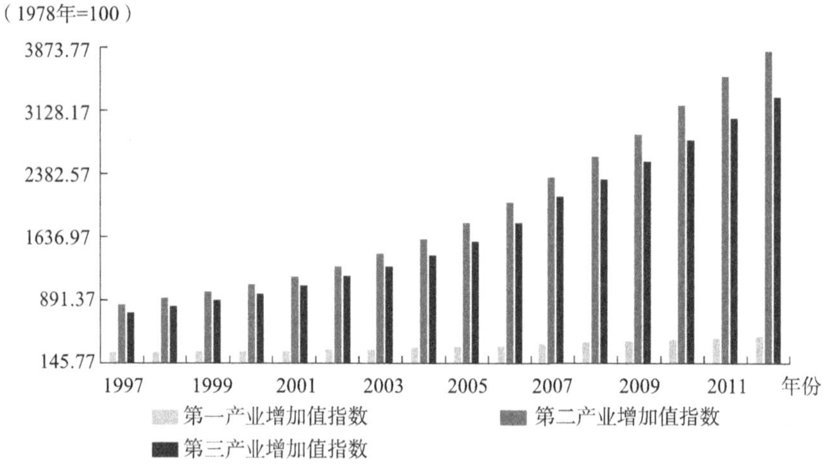

图 4-2　1997—2012 年我国三次产业增加值的变化

随之而来的是，市场过度竞争条件下的产品质量问题日益严重。1997 年云南曲靖散装酒超标事件导致 255 人食物中毒，思茅蘑菇中毒事件导致 255 人食物中毒；1998 年江西省油漆桶猪油事件导致 200 人中毒；1998 年山西假酒中毒事件导致200多人中毒；1999年广东肇庆蔬菜农药残留事件导致34人食物中毒；1999年的有毒大米事件，2001年的南京冠生园陈馅月饼事件，暴露了食品行业的安全风险；2003年的安徽阜阳毒奶粉事件导致189名婴儿营养不良、12名婴儿死亡；2008年3月15日中央电视台曝光我国17种不合格奶粉、13种砷明显超标净水器事件，都蕴含着产品质量问题越来越集中于食品、家电、建筑材料等市场集中度较低的过度竞争领域。2008—2012年的部分产品质量事件如表4-2所示。

表4-2 2008—2012年的部分产品质量事件

序号	产品质量事件	行业	影响	年份	领域
1	河北三鹿毒奶粉	食品业	潜在	2008	过度竞争
2	砷明显超标净水器	家电业	潜在	2009	过度竞争
3	上海染色馒头	食品业	潜在	2010	过度竞争
4	锦湖轮胎的原料掺假	制造业	直接	2010	过度竞争
5	瘦肉精	食品业	潜在	2011	过度竞争
6	染色花椒、毒毛血旺、毒豆芽	食品业	潜在	2011	过度竞争
7	依云矿泉水亚硝酸盐超标	食品业	潜在	2011	过度竞争
8	楼房外墙保温偷工减料	建筑业	直接	2011	过度竞争
9	江淮同悦车身劣质钢板	制造业	直接	2011	过度竞争
10	上海“楼脆脆”	建筑业	直接	2011	过度竞争
11	新型地沟油	食品业	潜在	2012	过度竞争

在市场竞争中级阶段，中国产品质量问题的基本特征是：我国经济总体上进入供过于求的过剩阶段，产品质量总体提升。在一些过度竞争领域，产品质量问题仍然存在。竞争主体为获得竞争优势，除了加强技术创新和质量投入外，还在生产和交易环节违规造假、偷工减料、仿冒假冒以降低成本，为追求利润制假造假的机会主义主观故意增加，这些现象蕴含着厂商机会主义和监管失灵。

4.1.3 市场竞争逐步成熟阶段(2012年至今)

2012年，随着中国经济进入“新常态”，市场经济走向成熟，城乡人民生活需要已经逐步从“低质量”到“高质量”需求转型，产品质量国家抽检的合格率从2001年的75.8%上升到2017年的91.5%。[①] 在此背景下，市场中产品质量问题仍然时有发生，说明中国产品质量问题没有得到彻底治理，并呈现隐蔽性、动态性、非平衡性的特征，产品质量总体向好并不稳定，存在较大的维稳空间。

2012年以来，中国的市场结构特征总的来说是过度竞争，[②] 产品数量供过于求。行业市场的过度进入，使竞争主体之间、生产者和消费者之间的产品质量信息显示机制有效性降低。为了实现在市场竞争中收益最大化，竞争主体更易于产生机会主义行为，采用不规范生产、偷工减料、以次充好、压低成本等不正当竞争手段追求相对收益最大化；采用虚假广告宣传、不对称技术信息等手段提高商品价格，生产假冒伪劣商品等。在诸多过度竞争领域，竞争主体进行价格恶性竞争，破坏了交易市场秩序。根据历年“3·15”晚会曝光的名单，地沟油事件、食品塑化剂事件、儿童玩具铅汞超标事件、三聚氰胺事件、医疗广告[③]在数十年中频繁发生（见表4-3）。各种恶性价格竞争都说明了市场经济盲目性和滞后性等，导致资源浪费，严重损害经济效率，降低产品质量和社会福利。为了进一步提升产品质量，我国于2015年修订了《中华人民共和国食品安全法》，2018年修订了《中华人民共和国产品质量法》，2019年修订了《中华人民共和国农产品质量安全法》等，形成了以政府为主导、市场为主体、社会为辅助的产品质量多元化监管机制。

表4-3　2012—2021年的部分产品质量事件

序号	产品质量事件	行业	影响	年份	领域
1	次木家具	日用品	潜在	2012	过度竞争
2	铝合金型材	建筑业	潜在	2017	过度竞争
3	儿童玩具	日用品	潜在	2017	过度竞争
4	长生毒疫苗	药品业	潜在	2018	过度竞争
5	铅汞超标化妆品	日用品	潜在	2018	过度竞争
6	莆田系医院	服务业	潜在	2018	过度竞争

① 国家质量监督检验检疫总局．中国质量监督检验检疫年鉴2017[M]．北京：中国统计出版社，2018.

② 朱富强．自发市场中的过度竞争及其问题：欲求膨胀、策略性行为和社会资源浪费[J]．云南大学学报（社会科学版），2019（2）：107-115.

③ 中央电视台曝光中国的奶粉产品质量不合格，从2008年曝光的17种毒奶粉开始，2018年“3·15晚会”曝光22种不合格奶粉，说明奶粉的产品质量并没有明显提升。

续表

序号	产品质量事件	行业	影响	年份	领域
7	含有强致癌物的麻辣烫	食品业	潜在	2018	过度竞争
8	汽车变速箱故障	制造业	直接	2018	过度竞争
9	含甲缩醛的调和汽油	制造业	直接	2018	过度竞争
10	甲醛、偶氮超标的服装	纺织业	潜在	2018	过度竞争
11	易爆炸的暖手宝	日用品	潜在	2018	过度竞争
12	不合格奶粉	食品业	潜在	2018	过度竞争
13	细菌超标的一次性餐具	日用品	潜在	2018	过度竞争
14	不合格口罩	日用品	潜在	2020	过度竞争
15	海参整箱掺入敌敌畏	食品业	潜在	2020	过度竞争
16	汉堡王过期鸡块	食品业	潜在	2020	过度竞争
17	汽车质量	制造业	潜在	2020	过度竞争
18	知名房产劣质精装修	建筑业	潜在	2020	过度竞争
19	手机插件窃取客户隐私	信息业	潜在	2020	过度竞争
20	瘦肉精羊肉	食品业	潜在	2021	过度竞争

在市场竞争逐步成熟阶段，中国产品质量问题的基本特征是：产品质量总体提升，产品质量事件仍然存在且集中在过度竞争领域；企业竞争主体为追求相对收益最大化损害消费者权益的行为，在政府监管下得到了一定程度的规范；基于信息不对称的违规造假、假冒伪劣、仿冒假冒事件仍然频繁发生，但更加隐蔽。新的生物技术、新的化学手段催生了新产品，同时造成了创新的破坏性效应；新的交易手段、新的交易平台提升了产品交易的效率，但由于交易过程的时空隔离，加大了市场竞争对产品质量影响的隐蔽性和监管难度。所以，市场竞争对产品质量的负向影响并没有彻底得到解决，蕴含着厂商机会主义、信息不对称和多元化监管失灵。

4.2 市场竞争对中国产品质量影响的现状考察

在回顾我国市场竞争对产品质量影响的历史演进基础上，本节对我国市场竞争下产品质量安全问题的现状进行分析。

4.2.1 市场竞争对产品质量影响的总体考察

武汉大学宏观质量研究中心认为，地方政府使用的宏观质量统计指标包括：监督检查合格率、产品质量等级品率、质量损失率、产销率、质量指数、批次合格率、一次检验合格率等。① 程虹、李丹丹等构建了产品质量分析指标体系，其中的产品质量指标包括食品、药品、日用品、家用电器、汽车、农业生产资料等，对中国的产品质量状况进行了等距抽样调查，估计了分区域的产品质量。②

在中国统计年鉴中，产品质量等级品率是我国全国工业产品质量指标体系中的一个主导指标，反映工业产品质量水平及其变化情况，以便可以在行业、地区和企业之间进行横向和纵向对比。根据实物质量原则上的产品质量标准不同，可以将工业产品质量划分为三个等级：产品质量优质品率、产品质量一等品率和产品质量合格品率。另外，还提出了产品质量的反向指标，即产品质量产值损失率。

图 4-3 显示了 1995—2018 年中国产品质量优质品率，从 1995 年的 17.8%上升到 2014 年的 68.2%，之后下降到 2018 年的 51.3%，产品质量随时间呈现先上升后下降“倒 U 形”变化趋势，且在统计上呈左偏分布。

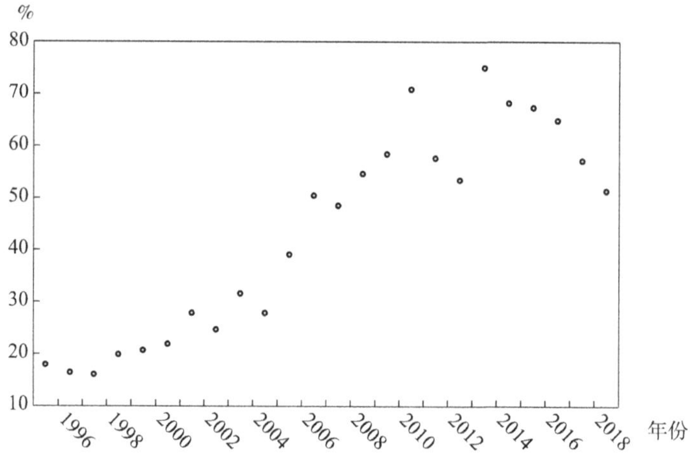

图 4-3 1995—2018 年中国产品质量优等品率

数据来源：国家统计局．中国统计年鉴 2018[M]．北京：中国统计出版社，2019.

---

① 武汉大学质量发展战略研究院中国质量观测课题组，程虹，李丹丹．2012 年中国质量发展观测报告[J]．宏观质量研究，2012(1)：1-32.

② 程虹，李丹丹，范寒冰．宏观质量统计与分析[M]．北京：北京大学出版社，2011：8-9.

产品质量产值损失率是指产品质量成本的内部损失和外部损失成本之和与工业总产值之比，① 作为国家质量指标体系中一个重要的经济指标，产品质量损失率可以为国民经济的宏观决策提供科学依据，是产品质量测度的反向指标。产品质量损失率的计算公式为：

$$F=\frac{C_i+C_e}{P_c}\times 100\%$$

其中，F 为质量损失率，C_i 为内部损失成本（现行价，万元），C_e 为外部损失成本（现行价，万元），P_c 为工业总产值（现行价，万元）。

产品质量损失率 F 包括内部损失成本 C_i 和外部损失成本 C_e，其中内部损失成本是指产品交货前因不满足规定的质量要求所损失的费用，外部损失成本是指产品交货后因不满足规定的质量要求，导致索赔、修理、更换或信誉损失等所损失的费用。② 工业总产值 P_c 是以货币表现的工业企业在一定时期内生产经营活动的总成果，包括成品价值、工业性作业价值和自制半成品、在制品期末期初差额价值。1995—2018 年中国产品质量产值损失率如图 4-4 所示，可以看出产品质量产值损失率从 1995 年的 1%降低到 2014 年的 0.2%，之后上升到 2018 年的 2.1%，产品质量产值损失率随时间呈现先下降后上升的"U 形"变化趋势。

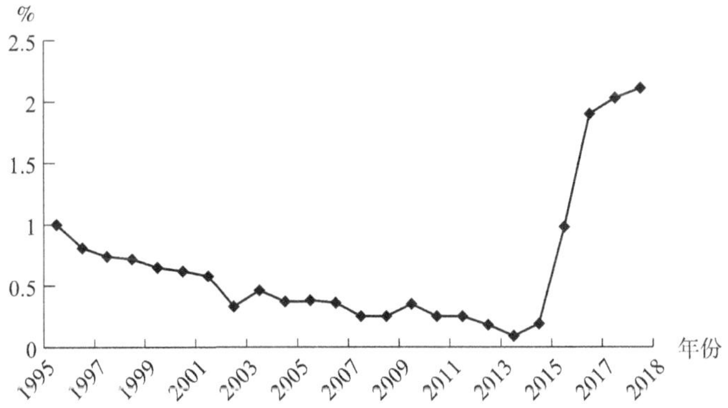

图 4-4　1995—2017 年中国产品质量产值损失率

数据来源：国家统计局．中国统计年鉴 2018[M]．北京：中国统计出版社，2019.

4.2.2 市场竞争对产品质量影响的行业考察

武汉大学质量发展战略研究院中国质量观测课题组自 2012 年起，对中

① 国家统计局．中国统计年鉴 2019[M]．北京：中国统计出版社，2019.

② 国家统计局．中国统计年鉴 2019[M]．北京：中国统计出版社，2019.

国的行业质量状况进行了等距抽样调查，发布了历年《中国质量发展观测报告》。

报告涉及食品、药品、日用消费品、家用电器、住房汽车、公共设施、农业生产资料等多行业的质量指标，从2012—2014年中国产品质量得分情况看，我国市场竞争中的主要产品得分在60~70分，其中以食品行业得分最低。2013年的消费者质量安全风险感受统计结果显示，消费者对食品质量安全的评价仅有57.97分，[①] 说明消费者对食品质量非常敏感；给药品(64.07分)、日用消费品(64.86分)、家用电器(67.33分)、汽车(64.04分)的评分说明，市场竞争对我国产品质量可能具有非线性影响。[②]

图4-5是2014年我国主要行业的市场竞争与产品质量评分的关系图，由该图的回归曲线可以看出，市场竞争对产品质量可能具有某种非线性影响。2020年南京市产品质量报告的数据也表明，在建材、家用电器、食品、儿童玩具、涂料、装修材料、汽车及配件等厂商竞争比较激烈的行业，产品质量问题导致的违法行为和处罚案件的数量比较多。

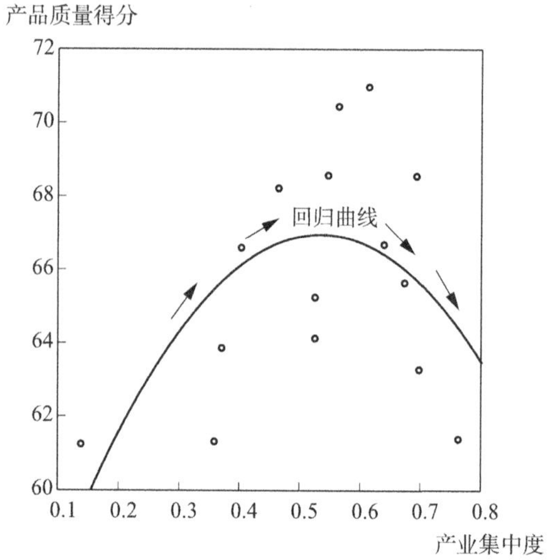

图4-5 2014年我国主要行业的市场竞争与产品质量评分的关系[③]

① 武汉大学质量发展战略研究院中国质量观测课题组，程虹，李丹丹.2012年中国质量发展观测报告[J]. 宏观质量研究，2013(1)：1-32.

② 武汉大学质量发展战略研究院中国质量观测课题组，程虹，李丹丹.2014年中国质量发展观测报告[M]. 北京：中国社会科学文献出版社，2015：46-47.

③ 数据来源于国家宏观产品质量发展报告。

除了食品加工行业之外，药品、保健品、建材、家用电器、儿童用品、农资、汽车及配件、电子产品等竞争性领域也是产品质量问题频发的领域，2017 年南京市产品质量报告显示了这一点。2019 年中国市场监管总局抽查 687 批次产品，共涉及 5468 家企业生产的 5594 批次产品，不合格率为 12.3%。从产品质量问题的特点看，食品、服装、消费品、机械产品的主要问题有违法添加、假冒伪劣、虚假标签、生产不规范等。

2021 年 3 月，国家市场监督管理总局在对"双 11"期间网上销量较多的产品质量抽查中，发现天猫、拼多多、淘宝网、网易严选、京东商城、1 号店、当当网、国美电器、蘑菇街、唯品会、抖音、苏宁易购等 12 家电子商务平台均有不合格产品存在。① 由表 4-4 可以看出，电子商务平台的商家面临着激烈的市场竞争，有明确生产规范和质量标准的产品不合格品发现率较低；新产品的不合格品发现率较高，产品质量总体水平比较低。

表 4-4　2021 年网购产品质量不合格发现率

不合格产品发现率/%	产品种类
0~10	电压力锅(7.3%)、电热暖手器(3.8%)、智能坐便器(8.0%)
10~20	儿童玩具(15.1%)、室内加热器(15.8%)、自动电饭锅(14.6%)、插头插座(13.8%)、电热毯(10.8%)、电源适配器(18.3%)
20~30	婴幼儿服装(21.1%)、童鞋(28.8%)
30~40	旅行箱包(34.5%)、空气净化器(30.2%)
40~50	移动电源(41.0%)

以产品质量合格率代替产品质量，以行业销售前 100 名的店铺销售额代替市场集中度 CR_{100}，则市场竞争指数 $com=1-CR_{100}$，市场竞争与产品质量之间的关系如图 4-6 所示。

在市场竞争度较低和较高的行业，如旅行箱包、电热毯，产品抽查合格率相对较低；市场竞争度表现为中度竞争的文具行业，产品抽查合格率相对较高。行业市场考察结果表明，市场竞争对产品质量具有一定的非线性影响。

① 国家市场监督管理总局通报 16 种网售产品质量国家监督专项抽查情况[EB/OL]. [2020-3-24]. http://www.cqn.com.cn/ms/content/2020-03/20/content_8406824.htm.

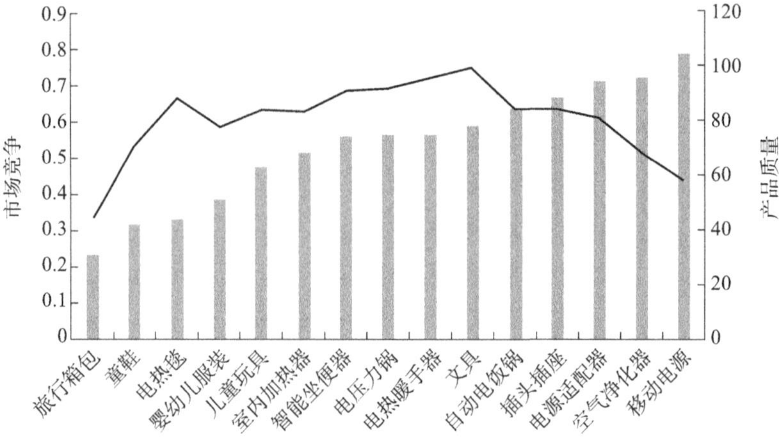

图 4-6　2020 年“双 11”期间中国网络平台销售市场竞争与产品质量的关系

4.2.3　市场竞争对产品质量影响的空间考察

市场竞争对产品质量的影响虽然可以从空间范围内考察，但是不同国家、不同地区有不同的经济环境、生活习俗和历史传统，针对产品质量实施了差异性的监管政策，形成了有效性不同的市场竞争条件，因此综合影响了空间产品质量。考虑以上因素，对全国层面和世界层面的产品质量进行如下考察。

4.2.3.1　全国层面

市场竞争对空间产品质量具有一定影响。从我国区域上看，产品质量存在区域差异性的特征。在我国市场化程度越高，市场竞争越激烈的东中部地区，食品质量事件相对集中；除了云南外，在我国市场化程度相对较低、市场竞争程度相对弱的中西部地区，食品质量事件的发生数量相对较少。

4.2.3.2　世界范围考察

从世界范围看，中国出口整体产品质量相对于主要的贸易国家较低，产品质量得分处于 0.4~0.7。表 4-5 列出了 1998—2016 年中国和主要国家的总体出口产品质量对比(数据来自 CEPII-BACI 数据库全球贸易数据 HS92 版)。结果表明，市场竞争适度、治理有效的经济体，如日本、德国、美国等，出口产品质量相对较高；经济转型的国家或经济体，如拉美国家、亚洲新兴市场和中国，市场过度竞争带来的负面效应还没有得到有效治理。

表 4-5 1998—2016 年中国与主要出口竞争者的总体出口质量

年份	日本	美国	德国	欧盟成员国	亚洲新兴市场	拉美国家	东盟国家	中国
1998	0.85	0.72	0.67	0.7	0.64	0.77	0.58	0.57
1999	0.87	0.72	0.64	0.54	0.64	0.89	0.54	0.62
2000	100	0.89	0.95	0.68	0.7	0.67	0.65	0.58
2001	1.03	0.98	0.89	0.68	0.65	0.64	0.97	0.58
2002	1.02	0.99	1.02	0.70	0.68	0.66	1.37	0.53
2003	0.98	0.95	1.03	0.80	0.71	0.68	0.99	0.52
2004	1.10	0.88	100	0.88	0.72	0.70	0.83	0.49
2005	1.11	0.79	1.07	0.96	0.71	0.72	0.89	0.54
2006	1.06	1.03	0.85	0.89	0.72	0.71	0.76	0.51
2007	0.97	1.10	0.88	0.88	0.67	0.70	1.88	0.46
2008	1.03	0.98	0.87	0.87	0.67	0.69	0.90	0.48
2009	1.15	1.04	0.88	0.83	0.69	0.68	0.85	0.49
2010	1.15	0.97	0.88	1.13	0.69	0.67	0.80	0.45
2011	1.15	0.89	0.87	0.86	0.81	0.6	0.84	0.48
2012	1.16	0.9	0.88	0.90	0.79	0.65	0.81	0.47
2013	1.17	0.91	0.86	0.92	0.77	0.56	0.78	0.46
2014	1.15	0.82	0.87	0.88	0.75	0.63	0.75	0.45
2015	1.19	0.85	0.85	0.83	0.73	0.66	0.77	0.48
2016	1.12	0.86	0.86	0.87	0.71	0.61	0.79	0.47

数据来源：根据 CEPII-BACI 数据库全球贸易数据 HS92 版计算得到。

4.3 市场竞争对中国产品质量影响的基本特征与成因分析

基于市场竞争对我国产品质量影响的现状考察，归纳出基本特征，能够更清晰地把握市场竞争与产品质量之间的关系及影响机制，为市场竞争对产品质量影响的研究打下基础。现实市场竞争对产品质量的影响具有频发性、隐蔽性、动态性、差异性等特征。

4.3.1 市场竞争对中国产品质量影响的基本特征

4.3.1.1 频发性

在中国市场化进程中，诸多的产品质量事件如地沟油、塑化剂、铅汞超标、不合格儿童玩具、化妆品重金属超标等在数十年中仍然存在，食品安全、汽车投诉、网络购物投诉、假冒伪劣投诉在每年的“3·15晚会”上被屡次曝光，在全国多地区频繁发生。这种频发性蕴含市场过度竞争造成的社会福利损失与消费者均衡偏离。过度竞争条件下，企业为了追求相对收益最大化，不惜采用降低成本、假冒伪劣、掺假使假等机会主义行为获得短期竞争优势，市场竞争主体之间、市场竞争主体与社会之间的信息不对称，导致市场竞争行为扭曲；频繁发生的产品质量问题没有得到彻底的治理，蕴含着产品质量监管失灵。

4.3.1.2 隐蔽性

在现代社会，互联网、云计算、大数据、物联网、移动通信等现代信息技术实现了产品交易的时空隔离。新的产品、技术、原料添加的应用，强化了生产者、消费者、监管机构对新产品认知的不完全性。市场交易前消费者难以感知产品质量，监管部门没有临时标准和技术测定新产品质量，甚至生产者无法确定新产品质量的优劣。这种无机会主义但有限理性的市场环境加大了市场竞争对产品质量影响的隐蔽性。在生产者存在机会主义的过度市场竞争条件下，由于企业造假、超范围和超限量使用添加剂、生产加工工艺不规范、假冒伪劣等人为机会主义因素导致的产品质量危机越来越隐蔽。这种产品质量信息的隐蔽性叠加企业机会主义和市场竞争诸多复杂因素，对产品质量产生负向影响，蕴含了信息不对称对市场竞争和产品质量关系的某种负向调节效应。

4.3.1.3 动态性

从市场竞争对产品质量影响三个阶段的特征，可以归纳出市场竞争对产品质量影响的动态性。当经济处于短缺阶段，市场面临的主要约束是产品数量约束和技术约束而非质量约束时，产品质量问题主要来自技术限制和自然风险而非逐利动机；随着某些行业市场进入过度竞争状态，行业产品数量供给过剩，市场经济进入供大于求阶段，竞争主体之间信息不对称和生产者机会主义动机造成的产品质量损害随着市场竞争强度、信息不对称程度、政府监管的有效性动态变化。为了在市场竞争中取胜，竞争主体参与市场交易过程中的掺假使假、假冒伪劣等机会主义行为一方面得到缓解；另一方面又得到一定加强。例如，为了增加农产品产量，使用对人体有害的 DDT；为了增加销售量，在食品制造中使用食品添加剂和色素；通过广告和直销片面扩大宣传保健品和药品的使用效果等。市场竞争对产品质量的影响具有动态性特征，这种动态性蕴含了信息不对称下屡禁不止的厂商机会主义行为和监管失灵。

4.3.1.4 差异性

市场竞争对产品质量的影响具有差异性。首先，在竞争不足的国有垄断性行业，如石油、天然气、煤炭、电信等，产品生产有较为规范的标准和规范，产品质量相对较高、损害较少；在进入门槛较低的市场过度竞争的行业，如食品、药品、建材、电器、儿童玩具等的产品质量投诉事件较多，产品质量损害也较多；而在市场适度竞争情形下，国有垄断领域如石油、电信、天然气行业具有相对严格的产品质量标准，产品质量投诉事件较少，产品质量相对稳定。其次，同一市场竞争条件下的产品，其质量具有差异性，在电商平台、农贸市场、小商品市场等过度竞争领域，产品质量投诉、差评、伤害事件屡禁不止。中国质量协会发布的历年数据，以及第六、第七章中的电商中心问卷调查结果也证明了这一点。市场竞争对产品质量影响的差异性特征，蕴含了不同程度的产品质量信息不对称、机会主义行为和监管失灵。

4.3.2 市场竞争对产品质量影响的成因分析

4.3.2.1 厂商机会主义是市场竞争对产品质量影响的内部原因

在新制度经济学分析框架下，厂商机会主义是市场竞争对产品质量影响的内部原因，即市场竞争主体层面原因。自由放任的市场经济中的厂商主体基于对相对收益最大化的追求，可能会带来厂商机会主义和诚信缺失等问题，降低交易市场的产品质量。作为产品质量决策的“人的行为”因素，厂商机会主义行为发生在产品的生产、流通和交易环节，可能对市场竞争和产品质量的关系产生负向中介影响。具体来说，市场竞争会强化厂商机会主义行为，厂商机会主义行为又会降低产品质量。这种机会主义中介效应导致市场竞争对产品质量影响的“倒 U 形”曲线关系，即随着市场竞争度的上升，产品质量先上升后下降。

厂商机会主义的典型表现是 2008 年三鹿的三聚氰胺牛奶事件。在机会主义驱动下，牛奶养殖户和供应商为了提升牛奶产量和收入，通过添加 Malamine 提升蛋白质检测含量，[①] 产生经济驱动型的产品质量安全危机（EMA）。该事件中生产者的机会主义行为造成 29.6 万名婴幼儿受害（截至 2009 年 1 月 12 日），企业资不抵债达 11.03 亿元（截至 2008 年 10 月 31 日），其中用于支付患病婴幼儿的治疗、赔偿费用高达 9.02 亿元，最终不得不宣布破产。[②] 根据李学荣（2017）[③]和吴林海、尹世久（2018）[④]的调查，在农产品安全生产中，被调查农户为了提升农作物产量，大量使用化肥和剧毒农药；养殖户、肉类加工厂为了提高肉制品产量，大量采用激素类的饲料和瘦肉精等工业添加剂，造成食品的化学污染和物理污染。在 2017 年发生的食品安全事件中，由于厂商机会主义行为导致的食品质量安全事件占全年事件总数的 51.21%。[⑤]

如图 4-7 所示，作者对收集的 401 个国内外产品质量事件数据的分析也表明，除了原有消费环节、生物污染导致的产品质量安全问题外，其他 86.28%的产品质量问题是由生产者的主观恶意非法添加（33.17%）、过期食品（14.46%）、违禁产品（7.98%）、生产加工不规范（30.67%）导致的，其原因在于追求高额利润导致的企业经营道德缺失、无视行业利益和自身长期发展等机会主义行为（经济驱动型损害 EMA）。厂商机会主义行为可能因市场竞争对产品质量具有中介效应。因此，本书研究的第一个逻辑路径是厂商机会主义对产品质量的影响。

4.3.2.2 信息不对称是产品质量问题的外部原因

在新制度经济学的分析框架下，信息不对称是市场竞争对产品质量影响的外部原因，也是环境层面原因。在交易环节，买卖双方是信息不对称的，并由此产生“认知的有限理性”。在激烈的市场竞争中，厂商为了获得相对收

① Malamine 的添加可以提升蛋白质检测含量而非实际蛋白质含量的提升，低蛋白牛奶、牛奶制品被食用后会导致消费者胃部不适，甚至引发疾病或致死。

② 张衔，肖斌．企业社会责任的依据与维度[J]．四川大学学报（哲学社会科学版），2010（2）：85-90.

③ 李学荣．食用农产品生产农户道德风险行为发生机理及防范机制研究[D]．南昌：江西财经大学，2017.

④ 吴林海，尹世久．中国食品安全发展报告（2017）[M]．北京：北京大学出版社，2018.

⑤ 根据吴林海、尹世久（2018）的数据，相对而言，自然特征的食品安全风险因素导致的食品安全事件相对较少，占事件总数的 48.79%。食品厂商机会主义的表现是造假或欺诈、质量不符合标准、超范围和超限量使用食品添加剂、违法添加使用非食用物质等追求自身相对收益最大化对他人造成伤害的行为。

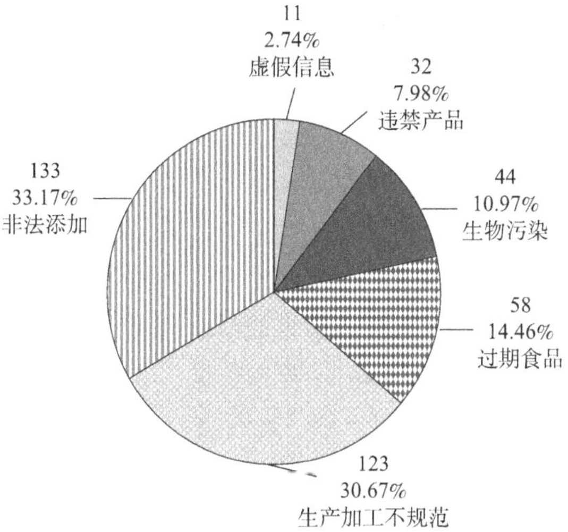

图 4-7 厂商机会主义行为造成的产品质量问题

益最大化，一方面会尽可能地隐藏私人信息，另一方面会努力获取其他经济主体的私人信息。为了获得这种博弈优势，各利益相关方都会不惜代价地投入，导致内生交易费用的不断攀升和产品质量下降。例如，在加多宝和王老吉的市场竞争中，加多宝一年的广告费就超过 10 亿元，王老吉也随后开展竞争性广告营销投入，以获得相对竞争优势。在此过程中，信息不对称的交易成本提升，生产者和消费者市场的价格上升，质量不变或下降，导致交易市场的一般均衡产生偏离。

作为市场竞争对产品质量影响的外部因素，产品信息是否对称可能对市场竞争与产品质量的关系起到某种程度的调节效应。具体来说，有效的市场竞争会提升经济主体之间的信息不对称性，过度的市场竞争也会提升经济主体之间的信息不对称性，信息不对称会激发市场过度竞争的负面效应，还会强化机会主义中介效应，通过两种调节路径负向调节市场竞争对产品质量的影响。这种双重调节效应可能会强化市场竞争对产品质量影响的“倒 U 形”曲线关系，即随着市场竞争的上升，产品质量先上升后下降。

4.3.2.3 监管失灵是市场竞争对产品质量影响的制度原因

从制度经济学来看，利益相关者的有限理性会导致消费者、生产者与监管者的有限认知，这种有限认知必然导致产品质量的多元化监管失灵。所以，监管失灵是市场竞争对产品质量影响的制度原因。从现象来看，伴随着中国市场化进程的推进，中国的市场开放程度日趋提升，但与此同时却存在一个令人迷思的经济现实——中国拥有庞大的市场竞争体系，却未能在市场竞争条件下有效提升产品质量，消除产品质量隐患。实质上，中国的产品质量提升的瓶颈恰恰在于对市场竞争监管的有效性不足。监管有效的市场竞争有助于产品质量提升，但监管多具有滞后性。由于产品质量发现的滞后性和消费者反映的滞后性，上一期监管强弱和有效性可能下一期才能反映出来，导致政府监管、消费者参与等监管方式具有滞后效应。这种滞后效应依赖于政府相机抉择的事前监管介入。

监管失灵则导致市场竞争对产品质量影响的滞后效应。产品质量监管失灵的具体表现为：腐败、保护不力、政企合谋、寻租等，会造成资源配置性效率低下和适应性效率机制难以形成。地方监管机构基于 GDP 政绩、税收或监管成本考虑，可能会掩饰真实产品质量，保护中小企业成长，甚至庇护坏的企业与之结成同盟，[①] 放松对地方企业产品质量监管。消费者群体由于有限理性而难以集体行动，第三方认证机构容易被俘获收买可能导致产品质量认证结果的不公正。多元化监管效果一般并不在当期作用于市场竞争对产品质量的影响，而是具备一定的滞后性，这种滞后效应可能会强化市场竞争对产品质量影响的“倒 U 形”曲线关系。所以，在产品质量监管方面，科斯式的纯市场竞争模式虽然可以实现产品质量的改进，但容易陷入市场失灵的泥沼，而阿罗主张的政府与市场混合监管模式更适用于提升产品质量。

4.4 小结

本章基于市场竞争对中国产品质量影响的历史回顾，总结了市场竞争对中国产品质量影响的基本特征，从内部层面、外部层面、制度层面分析市场竞争对中国产品质量影响的成因。

本章的主要贡献有：一是基于市场竞争对中国产品质量影响动态变化的历史回顾，总结了市场竞争各阶段产品质量问题的特点；二是初步考察了关于市场竞争对中国产品质量影响的总体情况、行业情况、区域情况；三是总结了市场竞争对产品质量影响的特征，进一步提出这些特征蕴含的三条影响路径。

---

① 龚强，雷丽衡，袁燕. 政策性负担、规制俘获与食品安全[J]. 经济研究，2015(8)：4-15.

5 市场竞争对产品质量影响的实证分析

第四章基于市场竞争对中国产品质量影响的历史回顾和现状描述，总结了市场竞争对中国产品质量影响的特征。本章基于中国 1997—2020 年关于市场竞争与产品质量的省际面板数据进行实证分析，提出并验证市场竞争对产品质量影响的“倒 U 形”假说。

5.1 理论回顾与研究假说

5.1.1 理论回顾

改革开放 40 多年来，中国经济快速增长，2010 年经济总量已跃升到世界第 2 位，2019 年更是达到 99 万亿元，2021 年达到 114.4 万亿元。市场竞争刺激了企业技术创新和质量投入，不断满足着市场消费者的产品数量需求与不同层次质量需求，极大地增进了社会福利。但不可忽视的是，在我国市场化快速推进和经济快速发展的同时，产品质量损害的社会成本不断上升，由于市场过度竞争导致的“创造性破坏”不容忽视。市场竞争下的产品质量问题带来了恶劣的经济和社会后果，[①] 使消费者利益和社会福利蒙受损失，严重制约了我国经济社会的可持续发展。“十三五”时期，习近平总书记明确要求，“必须要用最严谨的标准、最严格的监管、最严厉的处罚、最严肃的问责，确保广大人民群众‘舌尖上的安全’”。党的十九大报告更是明确提出，“质量第一，效益优先”。面对经济发展模式转换、技术进步、交易模式转变等不稳定

---

① 周开国，杨海生，伍颖华．食品安全监督机制研究：媒体、资本市场与政府协同治理[J]．经济研究，2016(9)：58-72.

因素，产品质量不确定性增大，甚至有恶化的可能。① 第三章的一般性理论分析表明，市场竞争与产品质量有着密切联系，从第四章历史回顾和现实情况中也观察到这种现象。但是，在现实中，市场竞争与产品质量之间是否真正存在因果关系？前者对后者的影响有多大？

本章借鉴美国经济学家 Kuznets(1955)在研究经济增长与收入分配时所采用的“库兹涅茨曲线假说”模型。这一模型最初旨在说明：发达国家的历史经济发展数据表明，收入分配不平等与经济增长之间的关系呈“倒 U 形”曲线变化，即收入分配差距随着经济增长先逐步增大，当经济增长到一定程度(拐点)后开始减少。经多年发展，诸多学者将环境污染和经济增长之间的关系也采用库兹涅茨“倒 U 形”曲线表示，形成了环境库兹涅茨“倒 U 形”曲线，② 即 EKC(Environmental Kuznets Curve)。也有学者在研究食品质量安全时，提出经济增长对食品质量安全影响的库兹涅茨曲线假说 FKC(Food Kuznets Curve)，其计量模型的一般表达式为：

$$Y_t=\lambda_0+\lambda_1 \cdot X_t+\lambda_2 X_t^2+\delta_t$$

本书在其基础上进行扩展，对各变量取对数，并加入市场竞争的二次项，更好地判断市场竞争和产品质量之间的“倒 U 形”曲线拟合关系。

回顾世界经济的发展历程，人们对产品质量需求、偏好随着市场环境的变化而变化。这种变化影响着产品供给方式和竞争程度，也影响着产品质量问题出现和扩散方式。将中国和美国的经济增长与产品质量管制历程相比较，中国改革开放至今的经济增长与美国 1920—1950 年的社会经济水平相当。③ 中国改革开放 40 多年的产品质量发展历程，相当于浓缩了美国产品质量 100 年的历史，两者颇有相似之处，又因新技术应用不同而呈现一些新特点。当一个地区的人均 GDP 在 1000~4000 美元时，由于经济增长水平低，厂商的机会主义行为，产品质量信息不对称，企业参与市场竞争中的掺杂使假、假冒伪劣难以被有效监管，导致产品质量问题；当一个地区的人均 GDP 在 4000~10000 美元时，社会生产规模化、规范化程度日益提高，科技创新对产

---

① 姜翰，金占明，焦捷．不稳定环境下的创业企业社会资本与企业“原罪”：基于管理者社会资本视角的创业企业机会主义行为实证分析[J]．管理世界，2009(6)：102-114.

② 韩玉军，陆旸．经济增长与环境的关系：基于对 CO_2 环境库兹涅茨曲线的实证研究[J]．经济理论与经济管理，2009(3)：5-11.

③ 张红凤，姜琪，吕杰．经济增长与食品安全：食品安全库兹涅茨曲线假说检验与政策启示[J]．经济研究，2019(11)：180-194.

品质量的影响迅速加大，添加剂、农药等技术性因素带来产品质量损害。① 中国产业经过改革开放 40 多年快速发展，其产品质量不仅包括美国市场化过程的某些技术因素，还包括中国快速市场化过程中市场竞争因素的影响。

人类社会的发展和产品生产、流通、消费规律显示，一个社会的产品质量问题的主要诱因与产品质量信息不对称下的厂商行为和监管失效相关，但现有关于市场竞争与产品质量的研究多为博弈理论分析，缺乏实证检验，尤其对市场竞争通过这样的路径影响产品质量，有待于进一步的探索，结论说服力有待提高。

Timothy J 等(2009)认为，经济增长与食品安全之间的关系可能会是一种非线性关系。② 中国快速推进的市场化进程伴随着产品质量损害频发的经验证据表明，市场竞争和产品质量之间存在某种相关关系。所以，本章尝试提出产品质量库兹涅茨“倒 U 形”曲线假说(Product-quality Kuznets Curve，PKC)，即市场竞争度与产品质量之间的库兹涅茨“倒 U 形”曲线关系，通过“提出假说—实证分析—验证假说”，说明市场竞争对产品质量的影响逻辑，无疑对经济高质量发展背景下的中国产品质量监管具有重要的政策启示。值得注意的是，市场竞争对产品质量的影响有正有负，这里重点论述的是市场竞争给产品质量带来的负面影响。

5.1.2 PKC 二次拟合与理论假说

5.1.2.1 PKC 二次拟合

为检验市场竞争对产品质量是否具有“倒 U 形”影响，用两组历史经验数据观察二者的拟合线，其中一组是 1995—2020 年中国市场化时间序列数据和产品质量收益率数据，另一组是 2017 年全球 50 个国家的截面数据，用以验证产品质量库兹涅茨曲线的存在。

首先，选取时间序列数据对中国市场竞争与产品质量之间的关系进行拟合分析，图 5-1 显示市场竞争与产品质量之间的确存在“倒 U 形”曲线关系，在“倒 U 形”曲线中的拐点到达之前，产品质量随着市场竞争的上升而上升，而在到达拐点(5.697)之后，产品质量又会随着市场竞争而逐渐下降，这初步印证了产品质量库兹涅茨曲线 PKC 的存在。

---

① 旭日干，庞国芳．中国食品安全现状、问题及对策战略研究[M]．北京：科学出版社，2015.

② Timothy J，Richards，et al. Public Goods，Hysteresis，and Underinvestment in Food Safety[J]. Journal of Agricultural and Resource Economics，2009，34(3)：464-482.

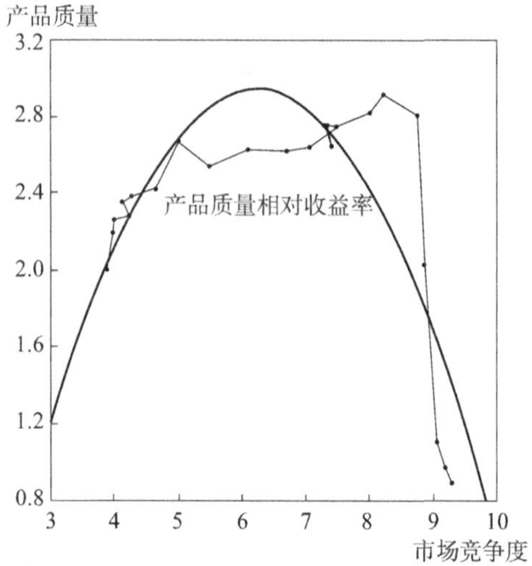

图 5-1　1995—2020 年中国市场竞争与产品质量的关系①

通过图 5-1 的拟合曲线可以发现，市场竞争和产品质量关系曲线的拐点出现在市场指数在 5.697 的位置。

根据 1995—2016 年美国、日本、东盟国家、欧盟成员国、亚洲新兴市场拉美国家、德国、中国的产品出口质量时间序列数据的变化，表明市场竞争与产品质量关系可能是存在的，如图 5-2 所示，横轴表示年份，纵轴表示产品质量。各曲线表示各经济体历年出口产品质量，数据来源于 CEPII-BACI 数据库全球贸易数据 HS92 版。由于绘图空间的限制，只对美国、日本、中国三国出口的产品质量进行了趋势回归，发现市场竞争与产品质量之间呈“倒 U 形”曲线关系，另外几个经济体的趋势回归也证明了这一点。通过对中国竞争性市场的时间序列和国际面板数据的拟合，可以发现，产品质量库兹涅茨“倒 U 形”曲线可能是存在的。

由于上述拟合结果只是相关关系，并非一定就是因果关系，因此在进行实证分析之前，不能武断地认为“产品质量库兹涅茨‘倒 U 形’曲线(PKC)存在”，所以只是“可能存在”。本书实证分析市场竞争与产品质量之间的关系，以解释二者之间的因果关系。

① 注：CR_4(%)数据来自国泰安数据库，产品质量得分来自武汉大学质量发展战略研究院中国质量观测课题组，程虹，李丹丹．2014 年中国质量发展观测报告[M]．北京：中国社会科学文献出版社，2015.

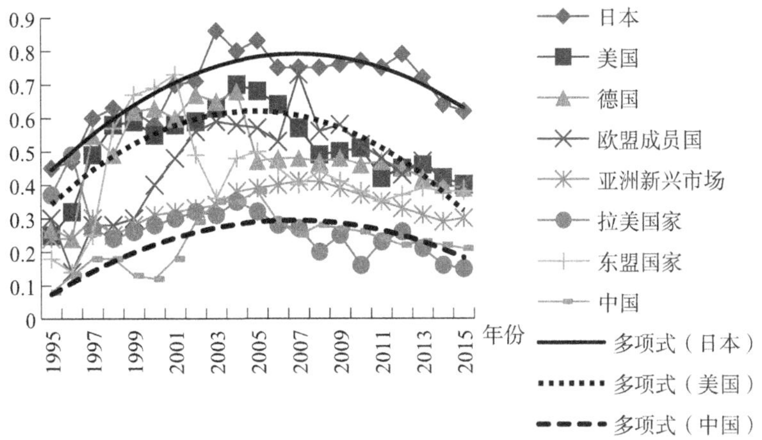

图 5-2　1995—2016 年中国与主要出口竞争者的出口产品质量拟合

数据来源：CEPII-BACI 数据库。

5.1.2.2　理论假说

自由放任的市场经济可能会带来厂商机会主义和诚信缺失等问题，这是产品质量问题产生的内因。小微企业“小、散、乱”的现状会加大市场的无序竞争，竞争主体监管的成本和难度提升，也会增加产品质量风险度。① 产品质量信息的缺失和不完善，可能会对一个国家或地区的产品质量产生负向影响（姜琪，2014；费威，2019）。在制度约束良好、监督有效的条件下，企业家具有社会责任感而克服机会主义，厂商将负外部性主动内部化，有效竞争会提升产品质量；反之，在制度约束缺失的条件下，企业为了短期竞争目标实施对他人有害的机会主义行为，利用信息不对称降低产品质量（张红凤，2014；张肇中，2015）。近年来，在解决了产品供需缺口的前提下，仍有生产厂商和企业过量使用添加剂、工业原料、国家禁用药品等掺假使假现象发生，这是社会道德诚信体系出现了问题，也是深层次的因素（龚强等，2015）。

由此，提出假说 H5.1：市场竞争对产品质量的影响呈现显著的“倒 U 形”曲线关系。

在市场竞争不足条件下，随着市场竞争程度提高，企业为了取得竞争优势不断加大投入，提升产品质量；在市场过度竞争条件下，由于信息不对称和监管困难，企业会因为进入壁垒低而降低产品质量。

① 谢康，刘意，肖静华．政府支持型自组织构建：基于深圳食品安全社会共治的案例研究[J]．管理世界，2017(8)．

市场竞争给产品质量提升带来负面影响的同时，也会产生积极影响。市场竞争会直接提升企业实力，刺激企业提升研发能力，采用新技术生产高质量产品，获得市场竞争优势。随着经济增长和人们整体生活水平的提高，产品质量意识和高质量需求将在城乡居民和生产厂商中得到强化和普及，从而形成一个有利于提升宏观产品质量的社会环境（张红凤、李萍，2017）。厂商参与市场竞争过程中，产业结构升级会促进产业集中度提高和规模经济实现，这不但能从企业内部激励角度提高产品质量，也能从外部政府监管效率提高中促进产品质量提升，产业集中度提高会直接导致产品质量风险度降低。

所以，提出假说 H5.2：市场竞争对产品质量影响的“倒 U 形”曲线上存在两种情形：“有效竞争”与“过度竞争”。在有效竞争状态下，市场竞争有利于提升产品质量，同时实现规模经济与资源最优配置；在过度竞争状态下，市场过度进入造成市场竞争效应扭曲，降低产品质量。

从以上分析可总结出市场过度竞争影响产品质量的三条路径：一是市场竞争→产品供给厂商增加→厂商机会主义→利益驱动→压低成本→降低产品质量；二是市场竞争→产品供给厂商增加→质量信息不对称→实施道德风险→生产低质量产品→消费者逆向选择→进一步降低产品质量；三是竞争加剧→产品供给厂商增加→制度约束不完善→利益相关者有限理性→监督失灵→降低产品质量。最终，三条路径会合导致了目前中国的产品质量问题。

5.2 模型建立与数据说明

在理论分析的基础上，本书通过研究设计、变量选择检验产品质量库兹涅茨“倒 U 形”曲线（PKC）的存在。

5.2.1 模型建立

本节构建面板数据模型，检验市场竞争对产品质量的影响。面板数据模型对其有两种传统模型估计方法：固定效应模型（FE 模型）和随机效应模型（RE 模型）。不过，这两种模型均未考虑到产品质量由某种历史惯性导致的序列自相关问题，而且由于所采用的宏观变量指标之间可能存在的多重共线性，本书采用了动态面板数据（GMM）分析方法，构建计量模型如下：

$$\ln qp_{it}=\alpha\ln com_{it}+\gamma\ln qp_{it-1}+\beta\ln x_{it}+\mu_i+\xi_{it}$$

其中，下标 i 表示地区，t 表示时间，μ_i 为个体效应或者随机效应，ξ_{it} 为误差项，$\ln qp_{it}$表示产品质量取对数的变量，$\ln com_{it}$表示市场竞争变量，$\ln qp_{it-1}$表示产品质量取对数滞后1期的变量，$\ln x_{it}$表示影响产品质量的其他宏观经济变量。

本章采用系统广义矩估计模型(system-GMM)。使用这种方法的好处是，计量分析中不仅能控制被解释变量(*com*)的前期值与残差(u_{it})之间存在的相关性，还控制了其他解释变量与残差(u_{it})之间的相关性，从而兼顾了市场竞争和产品质量变量可能存在的多重共线性和序列相关问题，以及相关自变量和因变量之间可能存在的内生性问题。需要指出，由于GMM方法使用的工具变量数目比较多，这可能在一定程度上会影响GMM回归结果的显著性。[①]

5.2.2 数据说明

5.2.2.1 变量定义

(1)因变量

考虑到数据的可获得性，本书采用产品质量相对收益率来衡量产品质量。其原因是产品质量越高，产品质量损失率越低，产品质量损失率所决定的相对收益率越高。也有文献采用产品质量优质品率(李志德，2013)，根据出口情况测算产品质量水平。在食品行业，已有研究在选择食品安全度衡量指标时大多从食品质量的反向角度出发，选择以食品安全风险度作为食品安全的衡量指标，食品安全风险度越高，食品安全状况越差，反之亦然。也有研究大多以食物中毒事件数、食物中毒死亡人数等指标作为食品安全风险度的衡量指标(张红凤，2019)。李志德(2013)采用产品质量损失率作为产品质量的替代指标，产品质量损失率数据来源于中国统计年鉴中的科技指标。数据删选的原则如下：一是数据时限为1997—2016年30个省份的面板数据；二是省份选择中剔除了统计年鉴中不包含的港澳台地区，剔除了数据短缺的西藏自治区；三是参考已有研究。本书选取由1997—2020年产品质量损失率的逆指标——产品质量相对收益率作为产品质量的替代指标，以符号qp表示，[②] 换算公式为：

$$\text{产品质量相对收益率}=\text{基准最低收益率}-\text{产品质量损失率}=$$
$$[\text{基准最低收益率}-(\text{内部损失}+\text{外部损失})]\times 100\%/\text{工业总产值}$$

① 张衔，蒙长玉．功能性与规模性收入分配关系的实证分析：马克思经济学视角[J]．社会科学战线，2017(6)：62-71.

② 选取产品质量损失率作为产品质量衡量指标的理由有两个：一是从产品质量损失的统计范围来看，该指标包含了生产损失和非生产损失，能够在很大程度上反映中国的产品质量；二是从数据的可获得性来看，中国统计年鉴的科技项目所提供的产品质量损失率比较完整。

（2）自变量

市场竞争，即区域层面的市场竞争指数。2000—2020年市场化指数来源于历年《中国市场化发展报告》。为了保持面板数据的完整性，1997—1999年、2017—2020年的市场化指数是基于马连福等（2015）发表在《中国工业经济》上的方法推算出来的。①

（3）控制变量

在产品质量影响因素指标的选取上，本书首先选择经济增长水平（ln*gdp*）变量作为影响因素指标。Linder S B（1961）提出了收入水平影响产品质量偏好的思想，② Hallak进行了实证检验，支持了该理论。张衔、蒙长玉（2017）认为收入水平较高的国家或地区，对高质量产品有更强偏好，③ 因此本书预期收入对产品质量的影响系数为正。本书对人均GDP进行了取对数处理。国内外学者研究了对外国际贸易的发展会显著影响出口产品质量。理论基础包括内生增长理论、异质性企业理论以及波特效应。在开放经济条件下，贸易开放度越高，一个地区的企业为了在市场竞争中获利，提升出口数量会促进产品质量提高，贸易开放带来产品质量的升级。因此，本书预期此系数为正。除此之外，一个地区如果有良好的教育体系、职业技能培训体系，就能培养出高技能的、熟练的劳动力，对于其生产的产品质量的作用是非常重要的。因此，本书预期此系数为正。研究表明，经济增长水平、工业总产值、城镇化水平、人均受教育年限、产业集中度等因素会对产品质量产生影响（殷德生，2011）。生产高质量产品，首先要有一定的投入，包括资本、劳动及研发的投入。从企业本身看，生产高质量产品与R&D投入水平的高低有关。因此，R&D投入是影响产品质量水平的重要指标，本书预期此系数为正。变量的定义如表5-1所示。

表5-1　变量的定义

变量名称	变量名称	变量符号	变量说明
被解释变量	产品质量损失率	qp_0	产品质量损失率=（内部损失+外部损失）×100%/工业总产值
	产品质量	qp	*N*-产品质量损失率

① 马连福，王丽丽，张琦．混合所有制的优序选择：市场的逻辑［J］．中国工业经济，2015（7）：5-20.

② Linder S B. An Essay on Trade and Transformation［M］. New York：Wiley，1961.

③ 张衔，蒙长玉．功能性与规模性收入分配关系的实证分析：马克思经济学视角［J］．社会科学战线，2017（6）：62-71.

续表

变量名称	变量名称	变量符号	变量说明
解释变量	市场竞争指数	*com*	代表市场竞争程度行为
控制变量	经济增长水平	*gdp*	代表经济因素
	研发投入	*rd*	代表科技投入
	城镇化水平	*urban*	代表社会因素
	人均受教育年限	*edu*	代表人力资本投入
	对外贸易	*ex*	代表产品质量

5.2.2.2 数据说明

本书选取我国1997—2020年的省级面板数据。由于西藏自治区的相关年份数据缺失较多，故剔除西藏自治区的相关数据，港澳台地区的相关数据也同样因缺失太多而没有采用。选取产品质量为解释变量，数据来源于《中国统计年鉴》(科技部分)。中国市场竞争程度指数来源于《中国分省份市场化指数报告》。[①] 人均可支配收入数据来自 National Data，工业企业研发支出、产品出口量数据来源于《中国经济统计年鉴》，城镇化水平按照城市人口数比各地区总人口数得到，参考袁毅军(2016)、张红凤(2019)的测量方法，人均受教育年限按照如下公式测算：

$$edu_{it}=(x_{i1}\times 0+x_{i2}\times 6+x_{i3}\times 9+x_{i4}\times 12+x_{i5}\times 16)\div x$$

其中，x_{i1}、x_{i2}、x_{i3}、x_{i4}、x_{i5}分别表示第i省份教育程度为文盲、小学、初中、高中、大专及以上的就业人口数，相应受教育年限为0年、6年、9年、12年、16年；x为总就业人数，数据来源于国家统计局网站。

表5-2显示了所有变量的描述性统计结果。无论是解释变量还是被解释变量，均值均大于标准差，说明数据离散程度不高，可以进行进一步的分析。

表5-2 变量的描述性统计

变量名称	标识	样本量	均值	标准差	最大值	最小值
产品质量	ln*qp*	720	2.417	324.574	2.99	0.510
市场竞争指数	ln*com*	720	1.695	74.744	2.460	0.255
经济增长水平	ln*gdp*	720	8.709	822.614	11.300	5.312

① 王小鲁，樊纲，胡李鹏．中国分省份市场化指数报告[M]．社会科学文献出版社，2019.

续表

变量名称	标识	样本量	均值	标准差	最大值	最小值
人均可支配收入	ln*dpi*	720	9.404	245.910	10.956	8.187
研发投入	ln*rd*	720	10.467	4010.306	16.035	1.792
对外贸易	ln*ex*	720	13.597	1987.203	17.984	7.169
城镇化水平	ln*urban*	720	0.485	14.166	0.896	0.230
人均受教育年限	ln*edu*	720	2.110	9.814	2.510	1.708

5.3 实证分析

5.3.1 单位根检验

实际经济数据中，面板数据往往是非平稳的，有必要先对时间序列数据进行平稳性检验。为了防止出现序列伪回归，在进行回归分析之前必须对各地区的时间序列平稳性进行初步检验，而检查序列平稳性的一般方法是单位根检验。非平稳时间序列如果存在单位根，一般可以通过差分的方法消除单位根，得到平稳序列。对于存在单位根的时间序列，一般都显示出明显的记忆性和波动的持续性，因此单位根检验是有关协整关系存在性检验的基础。具体如表 5-3 所示。

表 5-3　面板数据原始变量单位根检验结果

变量	检验类型	LLC	BT	IPS	ADF-Fisher	PP-Fisher
ln*qp*	常数项和趋势项	19.956 (1.000)	13.131 (1.000)	10.302 (1.000)	18.268 (1.000)	40.452 (1.000)
ln*com*	常数项和趋势项	0.100 (0.539)	-3.702 (0.001)	0.968 (0.833)	37.352 (0.990)	29.863 (0.999)
ln*gdp*	常数项和趋势项	-4.636 (0.000)	0.661 (0.747)	-0.257 (0.398)	67.257 (0.243)	93.284 (0.003)
ln*dpi*	常数项和趋势项	1.777 (0.962)	4.044 (1.000)	1.183 (0.881)	38.508 (0.986)	72.548 (0.128)

续表

变量	检验类型	LLC	BT	IPS	ADF-Fisher	PP-Fisher
ln*rd*	常数项和趋势项	-2.555 (0.005)	-4.410 (0.000)	-2.597 (0.004)	86.179 (0.015)	170.256 (0.000)
ln*ex*	常数项和趋势项	0.881 (0.811)	0.178 (0.570)	0.928 (0.823)	45.670 (0.915)	63.989 (0.338)
ln*urban*	常数项和趋势项	-2.879 (0.000)	-5.146 (0.000)	-3.937 (0.000)	109.022 (0.000)	242.752 (0.000)
ln*edu*	常数项和趋势项	-2.073 (0.019)	-1.878 (0.030)	-1.124 (0.036)	70.49 (0.016)	81.058 (0.036)

注：检验类型(c，t，q)，c、t、q 分别表示常数项、事件趋势和滞后阶数。滞后阶数按照 SIC 原则获取。

本书首先对各地区产品质量 *qp*、经济增长水平 *gdp*、人均可支配收入 *dpi*、研发投入 *rd*、对外贸易 *ex*、城镇化水平 *urban*、人均受教育年限 *edu* 进行面板数据单位根检验，以确定其平稳性。该检验使用了五种常用的检验方法，包括 LLC 检验、BT 检验、IPS 检验、ADF-Fisher 检验、PP-Fisher 检验。

由表 5-3 可知，各地区产品质量 ln*qp*、市场竞争 ln*com*、经济增长水平 ln*gdp*、人均可支配收入 ln*dpi*、对外贸易 ln*ex*，均不能拒绝“存在单位根”的原假设，即各变量均是非平稳的。城镇化水平 ln*urban*、人均受教育年限 ln*edu*、研发投入 ln*rd* 原序列平稳，不存在单位根。

将非平稳面板数据进行一阶差分后，对各地区产品质量 ln*qp*、市场竞争 ln*com*、经济增长水平 ln*gdp*、人均可支配收入 ln*dpi*、对外贸易 ln*ex*，重新进行单位根检验的结果报告在表 5-4 中。

表 5-4 面板数据一阶差分后单位根检验结果

变量	检验类型	LLC	BT	IPS	ADF-Fisher	PP-Fisher
ln*qp*	常数项和趋势项	3.714* (0.011)	9.577 (0.010)	0.113** (0.081)	90.152 (0.007)	274.567 (0.000)
ln*com*	常数项和趋势项	-2.938 (0.002)	-8.697 (0.000)	-2.602 (0.005)	83.061 (0.026)	197.709 (0.000)
ln*gdp*	常数项和趋势项	-3.732 (0.000)	0.661 (0.047)	-1.793 (0.036)	69.763** (0.082)	94.479 (0.003)
ln*dpi*	常数项和趋势项	-5.715 (0.000)	-0.235 (0.046)	-0.673 (0.025)	-58.613 (0.052)	-121.737 (0.000)

续表

变量	检验类型	LLC	BT	IPS	ADF-Fisher	PP-Fisher
ln*rd*	常数项和趋势项	-2.879 (0.000)	-5.146 (0.000)	-3.938 (0.000)	109.022 (0.000)	-242.752 (0.000)
ln*ex*	常数项和趋势项	-4.980 (0.000)	-0.536** (0.095)	-5.864 (0.000)	135.650 (0.000)	274.558 (0.000)

注：**表示5%水平上显著，*表示10%水平上显著，下同。

5.3.2 格兰杰因果关系检验

在进行单位根检验之后，为了进一步分析所选取的市场竞争和产品质量变量是否存在相关关系，需要进一步对变量进行格兰杰因果关系检验。格兰杰因果关系检验(Granger Causal Relation Test)是指在一系列时间序列中，若在包含了所有变量的过去信息的前提下，对因变量 Y 的预测效果要比单独由 Y 的过去信息对 Y 进行预测的效果好，即自变量 X 有助于因变量 Y 的将来变化，则从统计意义上认为变量 X 是因变量 Y 的格兰杰原因。

面板数据的格兰杰因果关系检验的结果如表5-5所示。结果表明，在5%的显著性水平上，市场竞争是产品质量的格兰杰原因，反之不能成立。在10%的显著性水平上其他变量与 *qp* 的因果关系显示，*com*、*gdp*、*dpi*、*rd*、*ex*、*urban*、*edu* 是产品质量 *qp* 的格兰杰原因。格兰杰因果关系检验结果表明，所选取的因变量是自变量的格兰杰原因，解释变量的变化会引起被解释变量的变化。

表5-5 格兰杰因果关系检验结果

原假设	F统计量	*p* 值	是否接受原假设
qp 不是 *com* 的 Granger 原因	0.103	0.956	接受
com 不是 *qp* 的 Granger 原因	1.198	0.046	拒绝
gdp 不是 *qp* 的 Granger 原因	27.587	0.004	拒绝
qp 不是 *gdp* 的 Granger 原因	0.519	0.595	接受
dpi 不是 *qp* 的 Granger 原因	20.478	0.000	拒绝
qp 不是 *dpi* 的 Granger 原因	4.288	0.015	拒绝
rd 不是 *qp* 的 Granger 原因	3.287	0.038	拒绝
qp 不是 *rd* 的 Granger 原因	1.755	0.175	接受
ex 不是 *qp* 的 Granger 原因	4.805	0.008	拒绝

续表

原假设	F统计量	p 值	是否接受原假设
qp 不是 ex 的 Granger 原因	3. 306	0. 037	拒绝
$urban$ 不是 qp 的 Granger 原因	2. 108	0. 012	拒绝
qp 不是 $urban$ 的 Granger 原因	1. 659	0. 170	接受
edu 不是 qp 的 Granger 原因	2. 108	0. 082	拒绝
qp 不是 edu 的 Granger 原因	1. 659	0. 175	接受

5. 3. 3 PKC 存在性检验

5. 3. 3. 1 模型建立

本书在借鉴环境库兹涅茨“倒 U 形”曲线逻辑分析思路的基础上，提出市场竞争与产品质量之间的库兹涅茨曲线（PKC）“倒 U 形”曲线，以期对市场竞争与产品质量以及其他相关变量之间的关系进行分析。参考张红凤等（2009）对环境库兹涅茨“倒 U 形”曲线（EKC）、对食品质量安全库兹涅茨“倒 U 形”曲线（FKC）的分析思路，为了消除异方差影响，提高参数估计精确度，本书选择取自然对数形式对模型进行回归分析，非线性回归模型的基本形式如下：

$$\ln qp_t=\beta_0+\beta_1\ln com_{it}+\beta_2(\ln com_{it})^2+\beta_3(\ln com_{it})^3+\mu_{it}$$

其中，qp_t 为第 t 年的产品质量相对收益率，com_{it} 为第 t 年的市场竞争指数，ε_{it} 为随机误差项。基于上述回归模型，分别考察市场竞争一次项、二次项和三次项与产品质量之间是否存在非线性关系。为了消除异方差的影响，本书对所有变量进行了取自然对数处理。

5. 3. 3. 2 回归结果

本书利用 1997—2021 年国家层面的省际面板数据，对上述模型进行了回归分析。在对包括市场竞争自变量二次项、三次项的方程进行估计时，如果三次项的回归系数不显著，那么将三次项剔除后重新进行回归估计，结果中三次项系数并不显著，故回归估计结果不包含三次项。

表 5-6 中模型（1）为包括三次项的回归结果，模型（2）为剔除三次项的回归结果，因为模型（2）的拟合程度相对较好，本部分以模型（2）的估计结果为分析依据。所以，从全国层面看，市场竞争与产品质量之间的回归关系式为：

$$\ln qp=-9.668+12.438\ln com_{it}-3.568(\ln com_{it})^2+\mu_{it}$$

通过引入市场竞争的二次项，可以看出，市场竞争度指标的一次项系数为正，二次项系数为负，都在1%的显著性水平下显著，市场竞争对产品质量的影响存在“倒U形”关系。

表5-6　市场竞争与产品质量具体关系估计结果

系数	市场竞争	
	模型(1)	模型(2)
常数项	-96.095 (-2.0985)	-9.668 (-4.098)
一次项	176.725 (2.273)	12.4385 (4.589)
二次项	-106.858 (-2.465)	-3.568 (-4.706)
三次项	21.078 (2.650)	
调整后的 R^2	0.512	0.506
F统计量	9.057 (0.005)	12.820 (0.002)

注：括号内表示在5%的显著性水平下，变量估计结果的t值。F统计量中括号内为伴随概率的 p 值。表中数据均在5%的显著性水平下显著。

该曲线正好将市场竞争与产品质量的关系分为两部分，在未达到“倒U形”曲线拐点前，即曲线的“左半段”，市场竞争度区域的产品质量之间呈正相关关系，随着市场竞争提升，产品质量提高；但当市场竞争度达到一定的高水平之后，即集聚水平达到曲线的“右半段”，两者之间的关系就会出现负相关。市场过度竞争会对产品质量提升起到抑制作用，即市场竞争度数越高，越能够降低产品质量。

根据市场竞争对产品质量影响的“倒U形”曲线，结合市场竞争和产品质量二者的关系拟合图(见图5-3)。由样本推算可知，市场竞争抑制产品质量的拐点值为 $com=5.697$（$\ln com=1.74$），对应的产品质量为3.228（$\ln qp=1.172$）。在拐点之前产品质量随着市场竞争程度的增加而提升，本书称之为有效竞争阶段，随着市场竞争提升，产品质量提高。当市场化指数上升到5.697的拐点处时，逐步突破有效竞争区域，随着市场竞争的不断提升，产品质量下降，进入过度竞争阶段。

市场竞争对产品质量影响的“倒U形”曲线拐点的理由如下：在市场竞争度较低时，交易市场的市场竞争主体相对较少，社会资源配置也并未达到最优状态，竞争主体之间、竞争主体与社会公众之间的信息相对完全，政府对少数企业也容易监管，不具有明显的规制俘获效应，此时企业之间具有提升相对收益的市场竞争激励，企业可以通过采用新技术、加强研发投入提升产品质量，增强自身竞争优势，此时的市场竞争总体上是有效竞争。

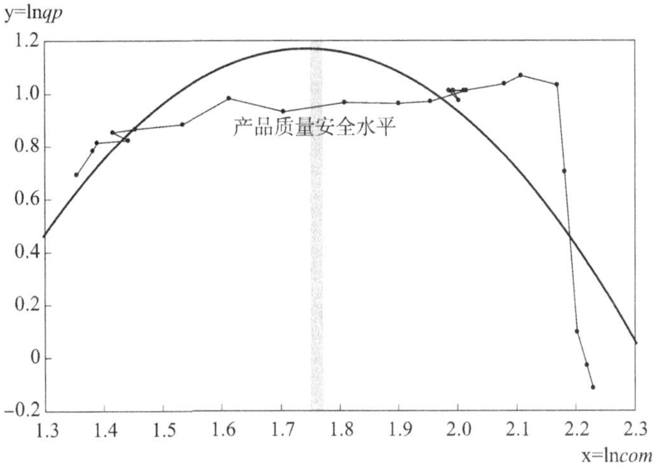

图 5-3　市场竞争对产品质量影响的“倒 U 形”关系

拐点过后，市场进入过度竞争阶段，交易市场产品质量不断下降，可能的理由如下：其一，随着过度竞争情形的持续，企业生产规模效益逐步降低，厂商更倾向于实施机会主义行为，降低生产成本，减少技术研发投入，维持既定利润，以便参与后期的市场竞争；其二，信息不对称程度增加，“小、散、乱”的市场交易关系使厂商的道德风险和消费者的逆向选择成为可能，柠檬市场效应加剧；其三，政府监管难度增加。面对“小、散、乱”的市场交易关系，经济主体面临有限理性约束，政府、消费者、第三方认证机构和竞争性厂商之间的委托代理关系更趋复杂化，可能造成监管俘获或监管失灵，进一步强化了产品质量降低的概率。

5.3.4　稳健性检验

本部分基于 1997—2020 年 30 个省（区、市）相关变量的面板数据，加入控制变量，对市场竞争对产品质量影响的库兹涅茨“倒 U 形”曲线关系的存在进行稳健性检验，并进一步检验本章研究假设 H5.1、H5.2 的合理性。

5.3.4.1　控制变量选取

本书的解释变量选取经济增长水平（*gdp*）、贸易开放度（*ex*）、城镇化水平（*urban*）、人均受教育年限（*edu*）、研发投入（*rd*）作为产品质量的解释指标。

有效的工具变量需要符合以下两个条件：一是与模型中的内生变量高度相关，二是与模型中的随机扰动项无关。本章工具变量选取滞后 1 期的解释变量 $\ln com(-1)$，以及$[\ln com(-1)]^2$。通过 Hansen J 检验判断工具变量是否符合有效工具变量的选取标准。

综合以上因素，构建计量模型：

$$\ln Qp_{it}=\beta_0+\beta_1\ln com_{it}+\beta_2(\ln com_{it})^2+\beta_3\ln gdp_{it}+\beta_4\ln rd_{it}+\beta_5\ln urban_{it}+\beta_5\ln edu_{it}+\mu_i+e_{it}$$

式中 i 为地区，取值范围是中国的 31 个省份；t 为年份，范围是 2007—2016 年，因为中国分省份的价格指数统计始于 2003 年；Qp_{it}为 i 地区 t 年 k 产品质量（产品质量相对收益率）；gdp 为省份经济增长水平；com 为各地区市场化指数，表示市场竞争程度；rd 为地区投入 R&D 的人数和支出；$perinc$ 为人均可支配收入；ex 为出口；μ_i 为反映地区特征的扰动项；e_{it}为随机扰动项。

5.3.4.2 全国层次分析

参考 Meyer 等（2010）、辛讯和苗文涛（2018）、张红凤（2019）的方法，采用层级回归法（HLM）分析检验市场竞争对产品质量的影响。经验数据表明，产品质量是随着经济增长、收入水平、城镇化水平提升而不断变化的。因而，本书将市场竞争作为核心解释变量，其他解释变量作为控制变量，分析这些变量对产品质量的影响。同时，本书加入市场竞争度的二次项，采用动态面板模型（GMM）进行回归分析，进一步验证市场竞争与产品质量的“倒 U 形”曲线关系。构建计量模型如下：

$$\ln qp_{it}=\alpha\ln com_{it}+\gamma\ln qp_{it-1}+\beta\ln x_{it}+\mu_i+\xi_{it}$$

式中，下标 i 表示地区，t 表示时间，μ_i 为个体效应或者随机效应，ξ_{it}为误差项。$\ln qp_{it}$表示产品质量取对数的变量，$\ln com_{it}$表示市场竞争变量，$\ln qp_{it-1}$表示产品质量取对数滞后 1 期的变量，$\ln x_{it}$表示影响产品质量水平的其他宏观经济变量。回归结果见表 5-7。

表 5-7 中，方程（1）未控制省份和时间固定效应，估计结果显示市场竞争度二次项估计系数显著为负，J 统计量大于 0.05，Sargan 检验通过；方程（2）在控制省份和时间固定效应的基础上，市场竞争二次项系数虽然下降，但依旧为负。这说明，市场竞争对产品质量的影响存在“倒 U 形”曲线关系，假设 H5.1 得到经验数据支持。在各模型中，区域产品质量大多通过显著性检验。方程（2）至方程（6）依次加入了经济增长水平、研发投入、贸易开放度、城镇化水平、人均受教育年限等变量，回归估计结果依然稳健，说明市场竞争与产品质量水平之间存在“倒 U 形”曲线关系且是稳健的、可靠的。并且，

受教育年限、城镇化水平、研发投入与产品质量水平之间呈正相关关系，从而印证了市场竞争对产品质量影响的库兹涅茨“倒 U 形”曲线假说的合理性。

表 5-7 基准回归结果

变量	方程(1)	方程(2)	方程(3)	方程(4)	方程(5)	方程(6)
	随机效应	加入变量 ln*gdp*	加入变量 ln*rd*	加入变量 ln*ex*	加入变量 ln*urban*	加入变量 ln*edu*
ln*com*	2.772	3.255* (0.302)	4.054* (0.370)	3.967* (0.418)	2.439* (0.400)	3.794* (0.336)
(ln*com*)^2	-0.860	-0.912* (0.098)	-1.236* (0.123)	-1.261* (0.150)	0.345* (0.021)	-1.232* (0.146)
ln*gdp*		-0.125* (0.040)	0.303* (0.118)	-0.115* (0.109)	0.441* (0.218)	0.198* (0.186)
ln*rd*			-0.135* (0.012)	0.0288* (0.0154)	0.0288* (0.015)	-0.036* (0.012)
ln*ex*				-0.317** (0.0415)	0.308* (0.070)	0.368* (0.012)
ln*urban*					-10.430** (0.720)	-3.793* (0.225)
ln*edu*						1.447* (0.104)
样本量	720	720	720	720	720	720
省区市数量	30	30	30	30	30	30
J 统计量	0.450	0.5973	0.6549	0.4861	0.0406	0.2267

注：**表示 5%水平上显著，*表示 10%水平上显著。

5.3.4.3 区域层次分析

中国的市场化进程是以差序格局为基本特征的，对产品质量也会产生差序的影响。

(1) 区域异质性分析

考虑到各地区经济发展状况和市场化程度不同，产品质量受市场竞争度的影响不同。为了检验我国产品质量水平的区域异质性，本书将总样本划分为东部地区、中部地区、西部地区三类子样本组,[①] 并将地区的动态面板数据做 GMM 回归分析。首先将东部地区的面板数据做 GMM 回归分析，因变量为产品质量相对收益率 ln*qp*，自变量 ln*com*，工具变量选择 ln*urban*、ln*edu*、ln*ex*、ln*gdp*、ln*rd*，可以得到下列方程。

$$\ln qp_{i_t}=\beta_0+\beta_1\ln com_{it}+\beta_2(\ln com_{it})^2+\beta_3\ln gdp_{i_t}+\beta_4\ln rd_{it}+\beta_5\ln urban_{it}+$$
$$\beta_6\ln ex_{it}+\beta_7\ln edu_{i_t}+\varepsilon_{it}+\mu_i$$

式中 i 为地区，取值范围是中国的 31 个省份；t 为年份，范围是 2007—2021 年，因为中国分省份的价格指数统计始于 2003 年；qp_{it} 为 i 地区 t 年 k 产品质量；*gdp* 为区域经济增长水平；*com* 为各地区市场化指数，表示市场竞争程度；*rd* 为地区投入 R&D 的支出；*perinc* 为人均可支配收入；*ex* 为出口；*edu* 为人均受教育年限；μ_i 为反映地区特征的扰动项；ε_{it} 为随机扰动项。

分别对中部地区和西部地区的面板数据做 GMM 分析，可以得到以下地区异质性分析的结果，结果报告在表 5-8 中。在东部地区、中部地区子样本中，市场竞争二次估计系数显著为负，表明市场竞争与产品质量之间存在“倒 U 形”曲线关系。

在东部、西部、中部地区子样本中，市场竞争指数二次项回归系数显著为负，表明市场竞争与产品质量之间存在“倒 U 形”曲线关系。控制变量中，表明城镇化水平、人均受教育年限、对外贸易水平与产品质量呈正相关关系。

表 5-8 异质性分析结果

变量	东部 (1)	中部 (2)	西部 (3)
ln*com*	3. 807 * (1. 067)	19. 48 * (7. 200)	1. 747 * (0. 537)
(ln*com*)²	-1. 018 * (0. 295)	-5. 700 * (2. 299)	-0. 538 * (0. 210)
ln*gdp*	0. 150 * (0. 730)	0. 920 * * (0. 666)	1. 520 * * (1. 632)
ln*ex*	0. 098 * (0. 014)	0. 095 * * (0. 040)	1. 352 * * (1. 032)

① 东部地区包括北京、天津、河北、辽宁、上海、江苏、浙江、福建、山东、广东和海南等 11 个省份；中部地区包括山西、吉林、黑龙江、安徽、江西、河南、湖北、湖南等 8 个省份；西部地区包括四川、重庆、贵州、云南、陕西、甘肃、青海、宁夏、新疆、广西、内蒙古等 11 个省份；西藏数据不全，故删去。

续表

变量	东部 (1)	中部 (2)	西部 (3)
ln*urban*	-1.933* (0.368)	-3.848* (1.399)	-0.267* (0.099)
ln*rd*	0.032* (0.038)	0.036** (0.019)	0.056* (0.060)
ln*edu*	0.126** (0.450)	7.742* (2.577)	6.742** (3.588)
样本量	275	200	275
省区市数量	11	8	11
J统计量	0.225	0.996	0.386

注：括号内为省级层面聚类误差。**表示5%水平上显著，*表示10%水平上显著。

(2)区域聚类分析

前面用省际面板数据证明了市场竞争与产品质量之间的“倒U形”曲线关系，但是省际“倒U形”曲线的拐点是不是有时间差异性呢？根据程虹、李丹丹等(2013)的研究，省际市场产品质量存在层次性特征。本节使用SPSS 24.0软件中的系统分层聚类法，对省际“倒U形”曲线的拐点差异性进行分析。本研究采用Q型聚类分析，对全国30个省、自治区、直辖市的产品质量和市场竞争度进行聚类，类别数为3，聚类方法采用离差平方和法(Ward's Method)，并对变量选取了标准化处理。

如果将市场竞争对产品质量影响“倒U形”曲线的拐点出现的时间分为三个次序t_1、t_2、t_3，对应的库兹涅茨“倒U形”曲线的拐点分别为$k_{1\max}$、$k_{2\max}$、$k_{3\max}$，根据1997—2020年的省级面板观测数据，可以将全国各省、自治区、直辖市分别归为不同次序。t_1是第一次序省份的库兹涅茨“倒U形”曲线拐点，t_2是第二次序省份的库兹涅茨“倒U形”曲线拐点，t_3是第三次序省份的库兹涅茨“倒U形”曲线拐点。由于各个省份最适市场竞争曲线拐点到来的时间不同，所以对各省份的产品质量制定有针对性的差异化监管策略是有必要的。

由聚类分析结果可以看出，第一类省份有8个，分别是北京市、天津市、上海市、江苏省、浙江省、福建省、广东省、重庆市，市场化程度最高，市场竞争对产品质量影响“倒U形”曲线关系的拐点最先到达；第二类省份有12个，分别是河北省、辽宁省、吉林省、安徽省、江西省、山东省、河南省、湖北省、湖南省、广西壮族自治区、四川省、陕西省，这些省份的市场化程度也比较高，市场竞争对产品质量影响“倒 U 形”曲线关系的拐点第二次序到达；第三类省份有 10 个，分别是海南省、贵州省、山西省、内蒙古自治区、黑龙江省、云南省、青海省、甘肃省、宁夏回族自治区、新疆维吾尔自治区，市场化程度比较低，市场竞争度与产品质量水平之间存在“倒 U 形”曲线关系的拐点出现比较晚(见表 5-9)。

表 5-9　各省份市场竞争对产品质量影响“倒 U 形”曲线拐点出现次序预测

第一次序(8 个)	第二次序(12 个)	第三次序(10 个)
北京市	河北省	海南省
天津市	辽宁省	贵州省
上海市	吉林省	山西省
江苏省	安徽省	内蒙古自治区
浙江省	江西省	黑龙江省
福建省	山东省	云南省
广东省	河南省	青海省
重庆市	湖北省	甘肃省
	湖南省	宁夏回族自治区
	广西壮族自治区	新疆维吾尔自治区
	四川省	
	陕西省	

5.4　实证结果讨论

经济高质量发展是现阶段中国追求的经济增长模式，产品质量是经济高质量发展的微观基础。本书基于 1997—2020 年的省际面板数据，采用广义矩估计(GMM)和分位数回归的实证方法初步考察了市场竞争对产品质量影响的“倒 U 形”曲线关系。实证结果报告如下。

第一，市场竞争与产品质量具有先上升后下降的“倒 U 形”影响。回归结果表明，市场竞争对产品质量影响的“倒 U 形”曲线关系，在 PKC 曲线的拐点处产品质量最高，样本数据的拐点在 com_0 = 5.697 位置。通过对中国市场竞争和产品质量时间序列回归拟合发现，市场竞争对产品质量影响的库兹涅茨“倒 U 形”曲线是存在的。

如图 5-4 所示，在市场垄断过度、竞争不足条件下，降低制度性壁垒，提升市场“可竞争”程度，有利于产品质量提升，形成“倒 U 形”曲线的左半段。市场过度竞争会降低交易市场的产品质量，减少消费者剩余，造成社会福利损失，形成“倒 U 形”曲线的右半段。这一结果为市场竞争对产品质量的影响先增加后减小“倒 U 形”曲线关系的存在提供了实证依据，从而验证了本章假说 H5. 1。

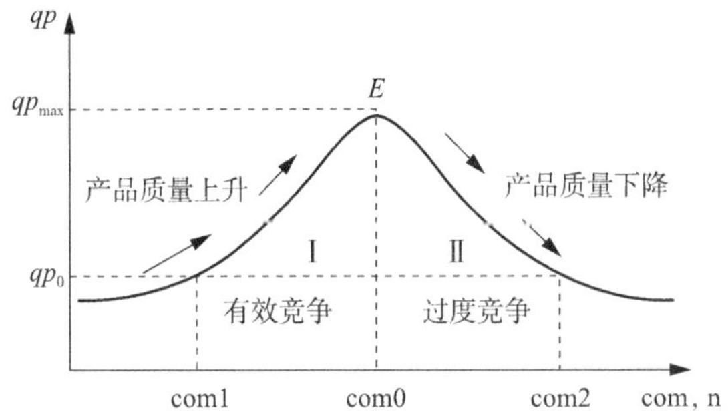

图 5-4 市场竞争的与产品质量

第二，稳健性检验中，采用了省级面板数据，控制了经济增长、人均收入、人均受教育年限等变量，假设 H5. 1、假设 H5. 2 仍然可以得到验证，说明本节的实证结果是稳健、可靠的，即市场竞争与产品质量之间存在“倒 U 形”曲线关系。

第三，控制变量收入水平、受教育年限、研发投入、出口与产品质量之间呈正相关关系，从而印证了市场竞争对产品质量影响的“倒 U 形”曲线假说的稳健性。但是，城镇化水平对产品质量的影响与预期相反，这可能是样本数据多少所致。所以，竞争不足不利于激发市场竞争主体的活力和创新，从而不利于产品质量提升；市场有效竞争能使产品质量保持较高水平，这是一种理想的混合经济状态；市场过度竞争对产品质量有一定负向影响。该结论和本书第三章现实市场竞争导致瓦尔拉斯均衡偏离、第四章市场竞争对产品质量影响的历史回顾和现状考察的观点比较吻合。

实证结果表明，科斯式的纯市场竞争模式虽然可以在一定程度上实现产品质量改进，但容易陷入市场失灵的泥沼，而一定程度的垄断有助于形成规模经济，提升产品质量和企业竞争力。阿罗主张的政府与市场混合调节模式更适用于推进产品质量提升。所以，本书重点关注“倒 U 形”曲线的右半段，即市场过度竞争对产品质量的负面影响，探讨其形成逻辑，并提出有效治理的对策建议。

5.5 小结

本书基于1997—2020年的中国省际面板数据，采用广义矩估计(GMM)的实证方法初步考察了市场竞争对产品质量影响的“倒U形”关系的存在性。

主要结论：广义矩估计(GMM)回归结果得出，市场竞争对产品质量的影响呈先升后降的“倒U形”曲线关系。根据本书样本推算，“倒U形”曲线的拐点位置位于$com_0=5.697$的位置。“倒U形”曲线拐点左半段的竞争不足和竞争过度都会使交易市场发生瓦尔拉斯均衡偏离，市场交易不能维持产品高质量水平，造成消费者利益和社会福利最大化不能实现。借鉴新制度经济学的机会主义和有限理性思想，在竞争过度情形下，市场竞争对产品质量负向影响的可能路径有三条：内部层面的厂商机会主义行为、外部层面的信息不对称和制度层面的监管失灵。

研究启示：要化解中国市场化进程中的产品质量困境，应该从顶层设计入手，充分考虑市场竞争动态性和行业差异性，实施有效的市场竞争政策。既要预防市场竞争不足，又要防止竞争过度，从而使交易市场处于适度竞争状态。在竞争不足领域，可以降低企业进入壁垒、鼓励有效竞争，着眼于培育企业的创新能力、技术水平、信誉等非价格竞争优势，从而削弱垄断，引导企业提高自主创新能力，提升产品质量；在竞争过度领域，通过改善产品质量监管，实施一系列有利于产品质量升级的激励性政策体系，抑制厂商机会主义约束，缓解产品质量信息不对称，改变企业诉诸恶性价格竞争的局面，提升产品质量。

6 市场竞争、厂商机会主义与产品质量

第五章基于 1997—2020 年的省际面板数据，实证研究了市场竞争对产品质量的影响，提出并验证了市场竞争对产品质量影响的“倒 U 形”曲线关系假说。那么，市场竞争对产品质量影响的“倒 U 形”曲线关系的逻辑路径是什么，是哪些因素影响了该逻辑的形成？第六章至第七章研究该假说形成的三种逻辑路径：内部层面的厂商机会主义、外部层面的信息不对称和制度层面的多元化监管。

6.1 理论分析

市场竞争条件下，竞争主体相对收益需求膨胀会带来一个重要结果，就是对短期收益和市场地位的争夺，[①] 即厂商机会主义。厂商机会主义是指企业基于自利性的生产动机和短期利益目的，以压低成本、假冒伪劣等不正当竞争手段，达到在市场竞争中胜出的目的，同时对消费者和社会福利产生损害的行为。以三聚氰胺奶粉为例，2004 年安徽阜阳毒奶粉事件（俗称“大头娃娃”事件），2008 年三鹿奶粉事件，2010 年青海、河北三聚氰胺奶粉事件，说明了产品质量问题的频发性与监管困难性。在三聚氰胺奶粉事件中，2007 年三鹿奶粉已经接到来自消费者的投诉；2008 年 7 月，中国卫生管理部门接到了甘肃消费者因食用三鹿奶粉致病的二次投诉，8 月社会媒体和公众开始关注三聚氰胺奶粉事件。2008 年 9 月，新西兰政府将从中国 22 个公司进口的三鹿奶粉三聚氰胺超标事件通知中国政府。国内外屡禁不止的产品质量损害除了技术因素外，常常伴随着厂商机会主义行为。本节基于市场竞争下厂商机会主义行为对产品质量的影响进行分析，从理论上验证影响路径之一：厂商机

---

① 朱富强．自发市场中的过度竞争及其问题：欲求膨胀、策略性行为和社会资源浪费[J]．云南大学学报（社会科学版），2019(2)：107-115.

会主义对市场竞争与产品质量关系的负向中介效应。

6.1.1 理论回顾

厂商机会主义行为是指生产者基于自利性的生产动机和短期利益的目的，以不正当竞争手段，恶意损害消费者利益和社会福利的行为。现实市场竞争的目的不再是满足获得绝对收益本身，而是因竞争胜利获得市场地位和高于同行的收益。① 厂商机会主义行为有三方面含义②：一是在手段上，采用恶意欺诈的方式，利用“专用型准租”在生产经营中以次充好、降低投入成本、生产劣质品而达到相对收益最大化的“即时性目的”；二是在动机上，追求“短期内、局部的相对收益最大化”，忽视企业长远利益和长期竞争优势，类似“杀鸡取卵”“竭泽而渔”，不顾企业可持续发展的行为；三是在结果上，违反合同约束，损害消费者利益和社会福利，是一种“捞一把就走”的“敲竹杠”行为。③

面对我国经济发展模式转换、技术进步等不稳定的市场环境，过度竞争下的厂商作为社会经济系统的信息强势群体，有着自我利益欲求，有能力跨出企业社会责任的利益边界，实施一系列机会主义行为，违规削减成本生产劣质品，④ 以达到相对收益最大化的“即时性目的”，同时对社会造成负外部性影响。

根据尹世久、吴林海（2017）的调查，2017 年中国食品交易市场上 68.2% 的食品质量损害源于追求“即时性目的”的机会主义行为。从国外看，2000—2015 年 EMA 数据库的 642 例食品质量安全时间数据表明，利益驱动型的机会主义是食品质量安全问题的主要原因。其主要的欺诈形式分别是虚假标识、人工色素非法添加、假冒伪劣、食品假冒、添加非食品添加剂、以次充好、产品仿制、蓄意售卖污染食品、以工业品替代食品、废弃食品回收再出售等机会主义行为，具体事件数如图 6-1 所示。

---

① 朱富强．自发市场中的过度竞争及其问题：欲求膨胀、策略性行为和社会资源浪费[J]．云南大学学报（社会科学版），2019(2)：107-115.

② Williamson O E. Corporate Control and Business Behavior：An Inquiry into the Effects of Organization Form on Enterprise Behavior [M]. New York：Prentice-Hall Englewood Cliffs，1970.

③ 聂辉华．契约不完全一定导致投资无效率吗：一个带有不对称信息的敲竹杠模型[J]．经济研究，2008(2)：132-143.

④ 张衔，谭克诚．企业社会责任：基于马克思经济学的思考[J]．教学与研究，2014(1).

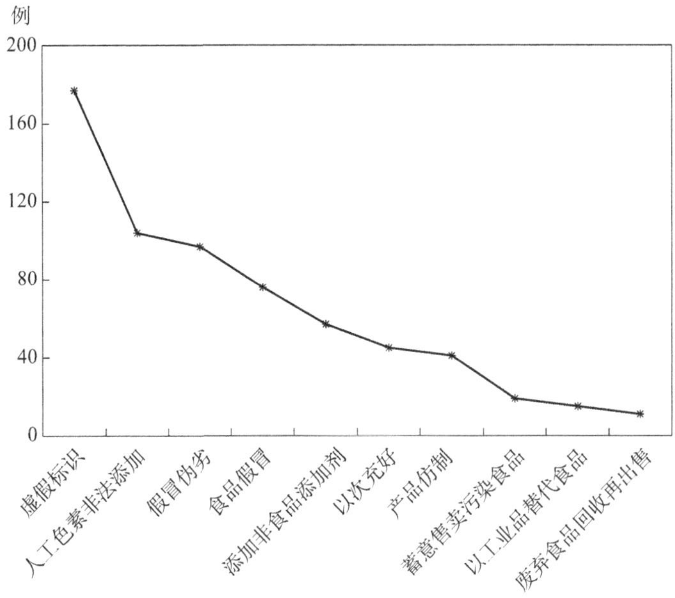

图 6-1 2000—2015 年美国经济驱动型的食品质量安全事件

数据来源：EMA 数据库。

根据作者收集的 401 个国内外产品质量事件数据的分析也表明，除了原有消费环节、生物污染导致的产品质量安全问题外，其他 86.28%的产品质量问题是生产者的主观恶意如非法添加(33.17%)、过期食品(14.46%)、违禁产品(7.98%)、生产加工不规范(30.67%)导致的，原因在于追求高额利润导致的企业经营道德缺失、无视行业利益和自身长期发展等机会主义行为(经济驱动型损害 EMA)。因此，本书研究产品质量安全问题的第一个视角选择是厂商机会主义行为。

厂商机会主义行为弱化了市场交易关系，影响市场交易效率，提升了消费者质量搜索成本、甄别成本和选择成本，不仅导致行业市场同类产品声誉损失，削弱企业竞争优势，而且影响行业的健康发展。所以，必须对厂商机会主义进行约束、甄别、惩罚和预防，提升交易市场的产品质量。

6.1.2 厂商机会主义行为对产品质量影响的动态博弈分析

6.1.2.1 模型假定

假定有多个厂商和经营者提供符合消费者需求的产品，第一个厂商(以下称厂商 1)提供质量产品安全方面的信息给消费者带来的收益为 X_1，按照以上原则，消费者会考虑第二个厂商（以下称厂商 2）传递的产品质量方面的信息给消费者带来的收益为 X_2，假设厂商 2 提供更高收益（更高信息质量）的概率为 P，则只要消费者可能获得的边际质量效用超过寻求厂商 2 的产品质量信息过程中所付出的边际成本 MC（边际成本由时间、金钱、机会成本等构成），即满足如下条件：

$$P(X_1-X_2)>MC$$

消费者就会寻找提供更优质产品的厂商 2。同理，市场竞争中存在众多同类产品生产厂商 n，消费者会一直进行信息搜寻：

$$P(X_{n-1}-X_n)>MC_n$$

消费者就会寻找提供更优质产品的厂商 n，直到满足如下条件：

$$MR=P(X_{n-1}-X_n)<MC_n$$

此时，消费者根据获得的较为完美的质量信息做出最优理性决策，实现自己的效用最大化。然而，在现实生活中，信息搜寻和获得都是非常困难的，信息搜寻和信息甄别成本都比较高，做出的购买决策常常是有限理性的。原因在于：第一，产品质量信息具有不可观察性，甚至不可验证性，很多产品质量信息具有很长的滞后期，要经过很长时间才能被感知和察觉。在对厂商 1 和厂商 2 生产的产品进行选择的时候，需要反复比较才能做出权衡，信息甄别成本很高。第二，新获得的产品质量信息所增加的边际收益 MR 很难衡量，考虑到潜在收益、机会成本、沉没成本时的购买决策更为困难，当消费者对某产品的选择由厂商 1、厂商 2，转向厂商 n 时，产品质量的搜索成本、甄别成本、选择成本更高。

以下借助 Robert J Barro（1983）提出的信息不对称下的声誉模型，[①] 分析市场竞争下厂商机会主义行为对产品质量的影响。

第一，假定市场竞争条件下某些企业生产的产品具有经验性或信任性特征，需求方在购买前不能观察到产品质量的真实信息。

第二，消费者不能观察到厂商是短期经营还是长期经营，不能观察到企业生产经营状况和所有权的转移，也不能观察到厂商的生产动机。

第三，市场竞争中的中小企业（SMEs）有两种类型：优质品供给厂商和劣质品供给厂商，后者存在追求短期利益的机会主义行为。优质品生产厂商占市场上厂商的比例是 r，劣质品生产厂商占市场上厂商的比例是 $1-r$。优质品

① Robert J Barro. Reputation in a model of monetary policy with incomplete information[J]. 1983, 17(1): 3-20.

生产厂商在市场上获得成功的概率是 y_1，且 $0<y_1<1$；坏的厂商生产低质量产品的成功概率为 y_2，且 $y_2 \in (0, 1)$；在市场竞争中，两个厂商成功的概率为 $y_2<y_1$。

第四，在两期的市场竞争中，厂商数量保持不变，且存在较低的进出壁垒，劣质品生产厂商被投诉后可以通过购买品牌、商誉或者创建新企业进入市场。

6.1.2.2　模型分析

该交易市场中假定有一个 2 期的市场竞争过程，厂商的数量在 2 期内保持不变。第一期结束后就有一部分厂商被逐出市场，另一部分厂商因竞争成功而被继续留在市场中。在竞争性条件下，由于竞争性市场的进入壁垒比较低，第二期会有相同数量的厂商进入市场，好的厂商与坏的厂商之比始终是 $r/(1-r)$。

在 2 期市场竞争中，厂商可分为三代。为了抽象掉厂商质量策略选择中的道德风险问题，假定优质品生产厂商不能改变生产质量(始终选择生产优质品)。消费者是否进行重复购买，是依据消费经验即厂商前期表现，判定产品的质量优劣和进行消费决策。

在市场竞争中，存在多个厂商和消费者，价格是决定竞争成败的重要因素，市场价格是市场竞争的结果。好的厂商与坏的厂商以同样的价格生产外观相同的产品，在消费者购买前，产品质量差异无法显现。消费者偏好购买高质量的产品，而拒绝购买低质量产品。

在 $t=0$ 时，厂商会为企业选择类型，即选择生产不同种类的产品(N_H，N_L)消费者购买商品时，事先并不了解厂商的类型，他们将对所有厂商的不同质量产品支付同样的价格。这一价格等于消费者期望从产品的消费中得到的价值。

$$P_c=r[y_1\times1+(1-y_1)\times0]+(1-r)\times0=ry_1>0$$

在 $t=1$ 时，消费者会面对两种类型的厂商，一种有产品质量历史记录，另一种没有。在第一期经营成功的厂商有两个选择，继续经营或退出市场，把公司商标、商誉卖给新进入的厂商。新进入的厂商有两种选择，建立新公司或者购买一家在第一期中经营成功的公司。第一期经营失败的企业也有两种选择，购买一家在第一期中经营成功的公司(购买商誉)，或者改变公司名称。

如果用 S 代表在 t_0-t_1 时期经营成功的企业，F 代表在 t_0-t_1 时期经营失败的企业，N 代表没有历史的新进入厂商(创业者)，用 $P_c(h)$ 代表消费者第二期支付的价格，$h\in(S, F, N)$，$V(S)$、$V(F)$ 代表厂商在第二期商誉的价值，

用 $P_c(G|h)$ 表示好的厂商生产高质量产品的概率。我们得到以下结论。

结论 1：从市场竞争的第二阶段开始，到以后的多期，存在质量差异性下，就存在一个含有厂商机会主义行为的信誉市场。

证明：假设厂商信誉的市场不存在，在第二期初 t_1 时刻，对成功企业（不存在机会主义行为的厂商）信誉的供给为 $ry_1>0$；厂商信誉的市场价格必然为 0。然而，如果不存在信誉的交易，且 $y_1=0$ 可得 $P_c(G|S)=1$。

由于 $(1-r)>0$，$P_c(G|N)<1$，在均衡条件下，由 $Uc(h)=P_c(G|h)P_1$，可得：

$$Pc(S)>Pc(N)$$

该式与假设矛盾。所以，在市场信息非对称、消费者不能观察到厂商商誉所有权转移的竞争性市场条件下，必然会产生一种信誉效应。在一个多阶段市场竞争中，厂商的信誉机制把产品质量和生产厂商类型加以区分，但这种区分质量的信息是不完全和不完美的。因为劣质品生产厂商也可能产生机会主义行为购买一个信誉好的厂商商誉，把本企业生产的劣质品与优质品的信誉混同起来。

结论 2：在市场竞争条件下，新加入的企业和第一期经营失败但通过购买一个成功企业，从而继续留在市场的企业对于消费者的信誉是无差异的。

在市场竞争条件下，在第一期 t_0-t_1 经营失败的厂商可以通过购买商誉比较好的企业，或者改变企业名称再次进入交易市场。这就是一个比较完善的竞争性市场总是存在大量坏的厂商生产劣质品的原因。当存在厂商机会主义行为时：

$$V(S)=P_c(S)-P_c(N)$$

证明：如果 $V(S)>P_c(S)-P_c(N)$，所有厂商将倾向于购买一个信誉良好的成功企业，以获得商誉带来的价值。这与结论 1 矛盾。

如果 $V(S)<P_c(S)-P_c(N)$，所有厂商将不会倾向购买企业，这与结论 2 矛盾。

根据理性预期理论，在市场均衡条件下，消费者对厂商所生产的产品质量有较为全面的认识，在 $t=1$ 时，假定有 θ 比例的好的厂商购买在上一期经营成功的企业，∂ 比例的坏的厂商购买在上一期经营成功的企业。在产品信誉市场均衡时，(θ, ∂) 应该满足市场出清条件如下：

$$ry_1=\theta r+\partial(1-r)$$

当该博弈模型扩展到 3 期以上时，在最后一期的每个阶段都会有坏的厂商购买成功的公司，市场上劣质品生产厂商比例增加，导致交易市场的产品质量下降，偏离生产与交易的瓦尔拉斯均衡。

6.1.3 理论分析结果讨论

以上利用信誉模型对一个存在产品质量差异的市场做了动态分析，描述了一个多期市场竞争条件下的厂商机会主义行为。信誉机制在多期竞争性市场的应用，为理解产品质量的非均衡决定机制，提供了一个全新视角。

6.1.3.1 市场竞争易强化厂商机会主义行为

在市场竞争不足情形下，竞争性厂商实施机会主义的可能性很小，为了在市场竞争中取胜，厂商以高质量投入获得竞争优势，从而使厂商机会主义得到抑制；在市场过度竞争情形下，竞争企业之间存在多重竞争关系时，竞争主体更可能实施以次充好、假冒伪劣等机会主义行为以降低生产成本，获得竞争优势。① 因为竞争性市场门槛进入较低，劣质品生产厂商在前期市场竞争失败后，还可以通过新创企业、变换公司名称、购买其他企业的品牌和商誉留在交易市场上，从而强化厂商机会主义行为。

因而提出本章研究假说 H6.1：市场竞争对产品质量具有“倒 U 形”影响关系。

同时提出本章假说 H6.2：在有效竞争条件下，随着市场竞争提高，厂商机会主义倾向下降；市场过度竞争会强化厂商机会主义行为，即市场竞争对厂商机会主义有“U 形”影响。

6.1.3.2 厂商机会主义负向影响产品质量

如果厂商实施机会主义行为，产品质量就会面临产品质量危机。一轮接一轮过度的恶性价格竞争，将促使交易市场跌入一个产品“低质量的恶性陷阱”，降低交易市场的产品质量。

基于此，提出本章假说 H6.3：市场竞争下机会主义中介对产品质量具有负向影响，本章的理论模型如图 6-2 所示。

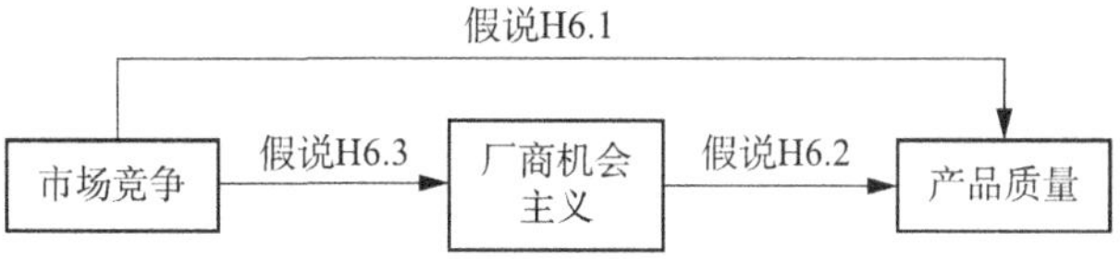

图 6-2 理论模型

① Seung Ho Park, Michael V Russo. When Competition Eclipses Cooperation: An Event History Analysis of Joint Venture Failure[J]. Management Science, 42(6): 875-890.

6.2 模型构建与数据说明

第一节详细梳理了厂商机会主义对产品质量的作用机理，并针对厂商机会主义产生的负面影响对厂商行为进行了两阶段博弈分析，从理论上分析了厂商机会主义对产品质量的影响过程。本节将对厂商机会主义中介市场竞争与产品质量的关系进行实证分析。

6.2.1 模型构建

中介变量(Mediator)是联系两个变量之间关系的纽带，在理论上，中介变量意味着某种内部机制(MacKinnon，2008)。中介效应的概念最早来自心理学领域的实证研究，用于计量变量 X 通过中介变量 M，间接作用于变量 Y 的影响程度，如解释某外部环境因素通过影响青少年心理间接影响其成年后的行为，具体方法可参考四步法(Four-Step Procedure)的经典文献。随着中介效应检验方法的成熟，这一计量方法也逐渐在经济学领域得到一定程度的应用。

本节采用逐步检验法进行中介效应检验，图 6-3 为中介效应的因果检验步骤。图 6-3 中，如果系数 a 显著，则变量 X 对变量 M 的影响是显著的；如果系数 c 显著，则总体来看变量 X 对 Y 的影响是显著的；在额外控制住变量 M 后，系数 b 显著，则认为变量 X 对变量 Y 的影响存在中介效应，即变量 X 至少是通过影响变量 M 间接影响变量 Y 的；此时如果变量 X 变得不再显著，则称存在完全中介效应，即变量 X 完全是通过影响变量 M 间接影响变量 Y 的。

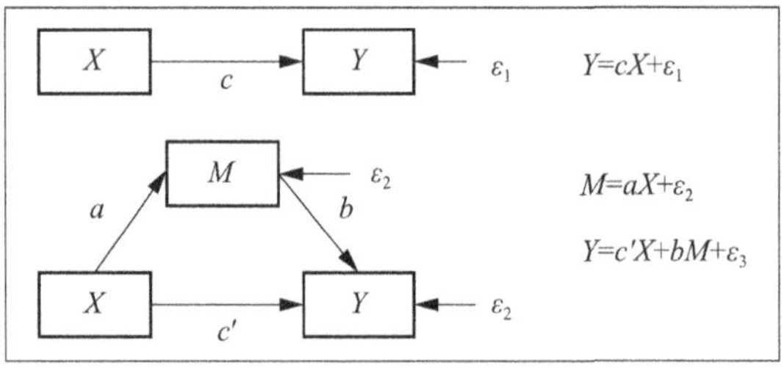

图 6-3 中介效应检验步骤

本节按照中介效应检验流程，设计实证分析为三个步骤[①]：①在不控制中

① 方杰，张敏强，邱皓政．中介效应的检验方法和效果量测量：回顾与展望[J]．心理发展与教育，2012(1)：105-111.

介变量(厂商机会主义)的情况下，检验自变量(市场竞争指数)对最终被解释变量(产品质量指数)的回归系数(主效应)是否显著，如果显著则假说 H6.1 成立，进行下一步骤；否则就失去了检验的价值，即停止检验。②检验自变量(市场竞争指数)对中介变量(厂商机会主义)的回归系数是否显著。如果显著则进行下一步骤，否则停止检验。③在控制住中介变量(厂商机会主义)的情况下，检验中介变量(厂商机会主义)和自变量(市场竞争)对最终被解释变量(产品质量)的回归系数是否显著。如果中介变量回归系数显著，而自变量回归系数变小，甚至不显著，则表示通过了中介效应检验流程，表示厂商机会主义行为具有通过厂商市场竞争行为，最终降低产品质量的效应。[①] 若 β_1 和 β_2 至少有一个不显著，那么需通过 Sobel Test 检验继续验证中介作用是否成立。若存在中介效应则假说 H6.2 成立，反之不成立。

本节将实证分析市场竞争通过改变厂商机会主义的强度，降低产品质量的效应。厂商机会主义行为作为内生变量，发挥中介效应的作用。因此，本节将使用中介效应检验流程展开实证分析。

6.2.2 研究设计

本书的实证研究，旨在证明理论模型提出的假设，厂商机会主义对市场竞争与产品质量关系的中介效应，而市场竞争与产品质量呈先增大、后减小的“倒 U 形”曲线关系。所以，本书采用多元二次回归模型和中介效应模型进行分析。模型的基本形式如下：

$$qp=\beta_0+\beta_1 com+\beta_2(com)^2+\beta_3 inc+\beta_4 edu+\beta_5 age+\varepsilon_i$$

其中，qp 为产品质量评分，com 为市场竞争指数，$(com)^2$ 为市场竞争指数的二次方。本书的被解释变量为 qp，解释变量为 com，中介变量为厂商机会主义行为 $oppo$，控制变量选择收入水平为 inc，受教育程度为 edu，年龄为 age，ε_i 为随机误差项。

6.2.3 样本与数据说明

6.2.3.1 样本说明

根据中国互联网络信息中心(CNNIC)在京发布的第 44 次《中国互联网络发展状况统计报告》，截至 2019 年 6 月，我国网民规模达 8.54 亿，较 2018 年

---

① 按照温忠麟等改良的中介检验流程，这里即使不显著，也可进一步使用 sobel 检验进行讨论，但本章实证研究并未用到，因此关于改良的中介检验流程和 sobel 检验不进行介绍。

底增长 2598 万，互联网普及率达 61.2%，较 2018 年底提升 1.6 个百分点。[①] 在强大的用户基础之上，涌现出形形色色的购物平台和店铺，由于网络购物中交易双方空间隔离，消费者不能像传统购物中接触或体验商品，使得感知质量的不确定性增多。由于信息不对称引起的消费者对产品或服务质量的不确定性已经成为电子商务发展的一个主要的障碍，因此本节提出以下问题：信息不对称条件下市场竞争会对消费者感知质量产生怎样的影响？厂商机会主义行为对市场竞争条件下顾客感知质量是否具有中介效应？

本次调查由中部地区电商孵化中心课题组于 2019 年 7—8 月展开，被调查的消费者所处地区、行业、职业范围较广，在展开全面调研之前，选取大型商业区的 23 名消费者进行预调研。这些问卷调查的结果从最终的调研问卷中剔除。根据这 23 份调查问卷反馈的结果，对问卷内容进行了修改和完善。问卷的发放线上部分使用问卷星和问道网两个在线问卷网站进行，共回收 1295 份问卷，线下部分问卷收集采用 3 种形式，主要形式为上门访问，指导被调查者进行问卷的填写并及时回收；整个调研过程共发出问卷 1455 份，共回收问卷 1325 份，剔除不合格问卷 30 份，得到有效问卷 1295 份。问卷回收率达到了较高的水平。调查样本的特征：女性所占比例为 62%，男性所占比例为 38%；高中及以下所占比例为 23%，本科占 61%，研究生占 10%；平均年龄为 32.56 岁。被调研者主要是公务员、教师、工人和在校学生。

在正式收集的 1295 份问卷样本里，采用 SPSS 软件进行数据分析。经过探索性因子分析、验证性因子分析、量表的信度和效度检验，最终确定了 11 个问题项，它们能有效地测量产品质量和市场竞争，并最终确定了市场竞争、机会主义、信息不对称、多元化监管等作为自变量的四个维度，能比较好地阐述产品质量的变动情况。

6.2.3.2 变量说明

为研究厂商机会主义行为在市场竞争与产品质量之间关系的作用机理，本书选取了以下变量。

(1)因变量

产品质量。参考相关研究，产品质量的直接感受者是消费者，所以消费者是评价产品质量的主体，产品质量是被消费者所感知的。本节采用消费者感知质量，即产品质量得分、好评率、重复购买率代表产品质量。

---

① 中国互联网络信息中心(CNNIC). 第 44 次《中国互联网络发展状况统计报告》[EB/OL]. [2019-8-30]. 中国网信网，http：//www. cac. gov. cn/2019zt/44/index. htm.

(2)自变量

市场竞争。对于市场竞争指标的选取，学术界并未形成一致的结论。学者们最早在哈佛学派提出的 SCP 范式(Structure-Conduct-Performance Model，结构—行为—绩效模型)下，用赫芬达尔指数(HHI)刻画市场结构。在本书中，参考章永奎等(2019)的研究方法,[①] 对赫希曼指数进行无量纲标准化处理，采用极值标准化方法，用变换后的赫芬达尔—赫希曼指数。[②] 该值越大，表示市场垄断程度越高。

市场竞争用 *com* 表示。*com* 代表了市场势力(market power)的反面，即市场竞争指数。指标的处理公式如下：

$$HHI_n=\frac{HHI_{max}-HHI}{HHI_{max}-HHI_{min}} \quad com=1-HHI_n$$

其中，HHI_n 为变换后的赫芬达尔指数，HHI_{max} 为赫芬达尔指数的最大值，HHI_{min} 为赫芬达尔指数的最小值，HHI 为赫芬达尔指数的某一变量值。

(3)中介变量

厂商机会主义行为揭示了一个企业想尽可能多地从市场竞争中获益，而尽可能降低成本、提升相对收益的情形。本书选取由 John(1984)最早开发使用的量表，测量厂商是否存在机会主义。

(4)控制变量

消费者的个体特征(性别、年龄、受教育程度、收入水平)会影响消费者的产品质量决策行为，国内外学者均把消费者个体特征纳入实证模型分析。一般来说，收入越高、受教育程度越高，购买高质量产品的意愿越高；[③] 年龄越低，消费高质量产品的意愿越强。[④] 原因是消费者收入和受教育程度越高，对产品质量信息的搜集能力和认知理解能力越强，同时较高的收入使消费者对于高质量产品的消费不会受到财力约束；年龄越低，越愿意购买高质量产品，而性别对产品质量购买的选择影响不明显。变量定义及符号说明如表 6-1 所示。

---

① 章永奎，赖少娟，杜兴强. 学者型独立董事、产品市场竞争与公司创新投入学者型独立董事、产品市场竞争与公司创新投入[J]. 经济管理，2019(10)：123-142.

② 赫芬达尔—赫希曼指数(HHI)，是一种测量产业集中度的综合指数。HHI 越大，表示市场集中程度越高，垄断程度越高，市场竞争度越低。由于 HHI 指数通常较小，本书用变换后的赫芬达尔—赫希曼指数表征市场竞争，具体数据采用 2018 年 12 月的行业 HHI 指数，数据来自国泰安数据库。

③ Ghorbani M，Hamraz S. A Survey on Factors Affecting on Consumer's Potential Willingness to Pay for Organic Products in Iran (A Case Study)[J]. Trends in Agricultural Economics，2009，2(1)：10-15.

④ Jun-Yi Shen. Understanding the Determinants of Consumers' Willingness to Pay for Eco-Labeled Products：An Empirical Analysis of the China Environmental Label[J]. Journal of Service Science & Management，2012，5(1)：87-94.

表 6-1　变量的定义

类别	变量	符号	说明
因变量	产品质量	qp	产品质量评分
自变量	市场竞争	com	2018 年 12 月行业赫芬达尔指数的反向指标 $HHI_n=\frac{HHI_{max}-HHI}{HHI_{max}-HHI_{min}}$　$com=1-HHI_n$
	市场竞争的平方	com^2	市场竞争指数的二次项
中介变量	机会主义	$oppo$	质量描述相符程度
控制变量	收入水平	inc	月收入水平：1=2000 元以下；2=2000~5000 元；3=5000~10000 元；4=10000~20000 元；5=20000 元以上
	受教育程度	edu	1=小学及以下；2=初中；3=高中；4=大学；5=研究生及以上
	居住地	$urban$	0=农村；1=城市(包括县城)
	年龄	age	1=22 岁以下；2=23~35 岁；3=36~50 岁；4=51~65 岁；5=65 岁以上
	性别	sex	被调查人性别 1=男；2=女

6.3　实证结果与分析

本节在对数据的信度和效度进行可靠性检验的基础上，对数据中介效应进行分析，并对中介效应的结果进行稳健性检验，探究厂商机会主义中介市场竞争对产品质量影响的稳健性。

6.3.1　信度与效度

本节的数据分析采用 SPSS 24.0 和 EVIEWS 8.0 软件。如表 6-2 所示，所有变量都显示出良好的信度和效度。可靠性统计量中的 Cronbach's Alpha 值就是内部一致性系数。聚合效度用于测度变量的同一性，可以用因子载荷加以判别。市场竞争、机会主义和产品质量的得分和好评率 5 个因子的因子载荷都高于 0.60，并且所有变量的 t 值均具有较强的统计显著性，说明测量模型具有很好的内部一致性，所以这 5 个因子都通过了聚合效度的检验。

表 6-2 信度和效度检验

概念/指标	Cronbach's Alpha	因子载荷	Variance Extracted
产品质量	0.851		0.713
产品质量得分		0.697	
产品质量好评率		0.656	
机会主义	0.827		0.695
是否红包返现		0.488	
描述是否相符		0.646	
商品差评率		0.654	
市场竞争			0.644
行业赫芬达尔指数		0.980	

在测量量表的效度(Construct Validity)方面，本研究通过理论驱动构建各个测量题项，然后向本领域的研究学者和管理人员进行多次访谈，反复进行修改，力求测量题项符合现实需要和理论可行。因此，本量表具有良好的效度。

检验统计调查的 15 个题项的基本结构，对 1295 个样本的 KMO 值和 Bartlett 测试结果显示，KMO=0.607，表示原始数据适合做因子分析，Bartlett 测试结果 $\chi^2=3054.64$，吴明隆(2010)认为取舍题项时因子载荷量最好在 0.45 以上，① 表明确定性因子分析(CFA)是适用的，对应的显著性概率 $p=0.010<0.05$，为高度显著。因此，该数据适合因子分析方法。

6.3.2 描述性统计分析

描述性统计分析是对调查总体的所有变量进行统计性描述，描述结果主要包括数据的频数分析、集中趋势、离散程度、偏度和峰度。本书选择个案数(频数分析)、平均值(集中趋势分析)、最大值、最小值、标准差(离散程度分析)初步考察调查数据。表 6-3 是对主要变量的描述性统计分析结果。

表 6-3 描述性统计分析结果

概念/指标	样本数	最大值	最小值	均值	标准差
1. 年龄	1295	5.000	1.000	3.437	1.044
2. 受教育程度	1295	5.000	1.000	3.224	1.258

① 吴明隆．问卷统计分析实务-SPSS 操作与应用[M]．重庆：重庆大学出版社，2010.

续表

概念/指标	样本数	最大值	最小值	均值	标准差
3. 收入	1295	12. 500	2. 600	6. 506	2. 124
4. 产品质量	1295	4. 890	1. 144	3. 388	0. 721
5. 机会主义	1295	3. 761	0. 000	1. 673	0. 942
6. 市场竞争	1295	0. 850	0. 150	0. 590	0. 154

从表 6-4 变量之间的相关系数看，中介效应模型中不存在多重共线性的问题。根据方差膨胀因子(VIF)的检验结果，进一步证明变量没有多重共线性的问题，所有变量的方差膨胀因子(VIF)值均不大于 5，远远小于统计上 VIF<10 的标准。

表 6-4　相关系数矩阵

概念/指标	1	2	3	4	5	6
1. 年龄	1. 000	0. 055	0. 188	0. 091	-0. 080	-0. 564
2. 受教育程度	0. 054	1. 000	0. 323	0. 372	-0. 190	-0. 041
3. 收入	0. 188	0. 323	1. 000	0. 484	-0. 349	-0. 118
4. 产品质量	0. 091	0. 373	0. 484	1. 000	-0. 770	0. 173
5. 机会主义	-0. 080	-0. 190	-0. 349	-0. 770	1. 000	-0. 217
6. 市场竞争	-0. 564	-0. 041	-0. 118	0. 173	-0. 217	1. 000

6. 3. 3　中介效应检验

6. 3. 3. 1　市场竞争对产品质量的影响分析

中介效应检验市场竞争对产品质量影响的总效应系数是否显著，即自变量与因变量之间是否存在显著关系。如果影响显著则继续进行自变量与中介变量关系的分析，如果不显著中介效应分析便因失去意义而终止。本节在第四章提出市场竞争对产品质量库兹涅茨曲线(PKC)的基础上，对市场竞争对产品质量影响与其他相关变量之间的关系进行分析。参考相关分析思路，为了消除异方差影响，提高估计的准确度，本书选择取自然对数形式的非线性回归方程进行分析，市场竞争对产品质量影响的总效应模型的基本形式如下：

$$qp=\beta_0+\beta_1 com+\beta_2(com)^2+\beta_3 inc+\beta_4 edu+\beta_5 age+\varepsilon_i$$

其中，qp 为产品质量，com 为市场竞争指数，$(com)^2$ 为市场竞争指数的二次方，控制变量 inc 为收入水平，edu 为受教育程度，age 为年龄，ε_i 为随机误差项。回归结果报告如表 6-5 中方程(1)所示。

表 6-5 回归分析结果

变量	方程(1)	方程(2)	方程(3)
因变量	*qp* 测定直接效应	*oppo* 测定中介效应	*qp* 测定总效应
C	1.202 (0.280)	6.955 (0.441)	1.539 (0.299)
com	13.15 (1.014)	-14.918 (0.599)	7.268 (0.908)
$(com)^2$	-11.683 (1.000)	12.654 (1.579)	-6.693 (0.868)
oppo			-0.394** (0.029)
inc	0.098 (0.015)	0.098 (0.023)	0.059 (0.012)
Edu	0.098 (0.023)	0.022** (0.037)	0.089 (0.019)
age	-0.064 (0.033)	-0.137 (0.052)	0.010** (0.026)
R^2	0.568	0.472	0.735
F-statistic	76.192	34.26	133.43
样本量	1295	1295	1295
AIC	1.37	2.29	0.899
DW	1.79	1.72	1.459

注：表中数据***表示1%水平上显著，**表示5%水平上显著，*表示10%水平上显著。

首先，从方程(1)的回归结果可知：市场竞争指数的平方(com^2)的系数在5%的显著性水平上显著为负($\beta_2=-11.683$，$p<0.05$)，市场竞争指数(com)的系数在5%的显著性水平上显著为正($\beta_1=13.15$，$p<0.05$)。说明市场竞争对产品质量的影响存在“倒 U 形”曲线关系，“倒 U 形”曲线拐点位于 $com=0.556$ 处。

6.3.3.2 市场竞争对机会主义的影响分析

以市场竞争 com 为自变量，以机会主义 $oppo$ 为因变量，探讨自变量对中介变量的影响。[1] 根据中介效应模型，构建以下回归模型：

$$oppo=\beta_0+\beta_1 com+\beta_2(com)^2+\beta_3 inc+\beta_4 edu+\beta_5 age+\varepsilon_i$$

回归结果报告如表 6-5 中方程(2)所示。从方程(2)的回归结果可知：市场竞争指数的平方(com^2)的系数在 5%的显著性水平上显著为正($\beta_2=12.654$，$p<0.05$)，市场竞争指数(com)的系数在 5%的显著性水平上显著为负($\beta_1=-14.918$，$p<0.05$)。说明市场竞争与机会主义之间存在着“U 形”曲线关系，即随着市场竞争的提高，卖方机会主义倾向下降，到达“U 形”曲线顶点($com_0=0.589$)后，厂商机会主义倾向上升，验证了研究假说 H6.2，市场竞争对厂商机会主义具有先降后升的“U 形”影响。

6.3.3.3 市场竞争、机会主义对产品质量的影响分析

以市场竞争(com)、机会主义($oppo$)为自变量，以产品质量为因变量，探讨自变量和中介变量对因变量的影响。根据中介效应模型，构建以下回归模型：

$$qp=\beta_0+\beta_1 com+\beta_2(com)^2+\beta_3 inc+\beta_4 edu+\beta_5 age+\beta_6 oppo+\varepsilon_i$$

回归结果报告如表 6-5 中方程(3)所示。从方程(3)的回归结果可知：市场竞争指数的平方(com^2)的系数在 5%的显著性水平上显著为负($\beta_2=-6.693$，$p<0.05$)，市场竞争指数(com)的系数在 5%的显著性水平上显著为正($\beta_1=7.268$，$p<0.05$)。说明市场竞争与产品质量之间存在着“倒 U 形”曲线关系，即随着市场竞争的提高，产品质量下降，到达“倒 U 形”曲线顶点($com_0=0.460$)后，产品质量下降，本章假说 H6.1 成立。厂商机会主义中介效应为-0.164，标准差为 0.032，在 5%的显著性水平上置信区间为[-0.158，-0.170]，说明机会主义中介调节市场竞争对产品质量影响的假说 H6.3 成立。

从表 6-6 的假说检验结果来看，市场竞争和厂商机会主义行为有显著的非线性关系，这也与以前的研究结果相吻合。

表 6-6 假说检验的结果

概念/指标	路径描述	方向	回归系数	t-statistic
控制变量	收入水平	+	0.053	5.044
	城乡差异	+	0.056	0.485
	年龄	-	-0.005	-0.222
	受教育程度	+	0.068	4.222

① 检验自变量作用于中介变量效应 a 是否显著，如果 a 显著则继续进行随后检验，否则终止分析，中介效应不存在。

续表

概念/指标	路径描述	方向	回归系数	t-statistic
因变量	市场竞争二次方→产品质量	∩	-0.693	1.000
	市场竞争→产品质量	+	5.607	-6.402
	市场竞争→机会主义	∪	12.654	-0.510
	机会主义→产品质量	-	-0.394	-0.008

6.3.4 稳健性检验

为了得到一致的估计量，本书加入控制变量人均受教育程度(*edu*)、个人收入(*inc*)、被调查者年龄(*age*)，对机会主义、市场竞争对产品质量影响的库兹涅茨"倒U形"曲线的中介效应进行稳健性检验。回归结果表明，除了方程(3)的年龄(*age*)变量对产品质量的影响统计不显著外，其他变量在5%的显著性水平上均显著。

中介效应分析结果表明，市场竞争对产品质量的影响具有显著的"倒U形"关系($\beta_2=-6.693$，$p<0.05$)。市场竞争和机会主义之间存在正相关的关系，机会主义和产品质量之间有显著的负相关关系($\beta=-0.394$，$p<0.001$)。因此，理论模型中提出的假说H6.1、假说H6.2与假说H6.3都得到了数据支持。

稳健性检验结果说明，加入了控制变量后，其他因素对产品质量具有影响。受教育程度、收入水平对产品质量有显著的正向影响，对厂商机会主义行为有负面影响；而年龄对产品质量和机会主义行为有较为显著的负向影响，性别变量对产品质量影响并不显著。

稳健性检验的回归结果与本书主体部分的结论基本保持一致，即：市场竞争对产品质量存在明显的"倒U形"关系，并且机会主义在这一关系中发挥了明显的部分中介作用，产生了负向影响。厂商机会主义对市场竞争与产品质量关系的中介影响效应如图6-4所示，横轴是市场竞争指数(*com*)，纵轴是产品质量(*qp*)，其中*qp*是不存在中介效应的产品质量曲线，*oppo-com*表示加上机会主义中介效应的产品质量曲线。由此可见，机会主义对市场竞争与产品质量的关系具有负向中介影响，因此能够说明本节回归结果是稳健可靠的。

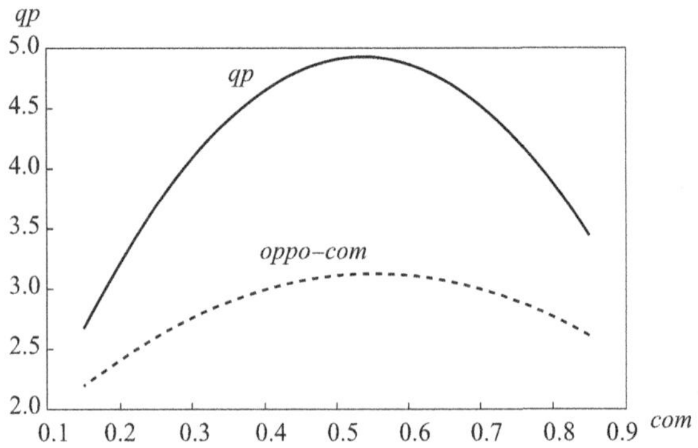

图 6-4　机会主义对市场竞争与产品质量关系中介影响效应

6.3.5　实证分析结果讨论

本节在问卷调查与文献回顾的基础上，从市场竞争、机会主义和产品质量 3 个方面选取多个指标构建市场竞争指数，检验市场竞争对产品质量的影响；进一步以厂商机会主义为切入点，构建了“市场竞争—厂商机会主义—产品质量”的中介效应检验模型，讨论了市场竞争是通过何种路径对产品质量产生影响的。实证回归结果证明了本章假说 H6. 1、假说 H6. 2 与假说 H6. 3，并通过了稳健性检验。结果表明：厂商机会主义在市场竞争与产品质量的关系中起到显著的部分中介作用，中介系数是-0. 164。

从以上分析可总结出，机会主义中介市场竞争对产品质量影响的两个方面：一方面是有效竞争，竞争不足→市场化程度提升→产品供给厂商增加→为了在竞争中胜出→改进技术→提升产品质量；另一方面是过度竞争，过度竞争→交易市场厂商增加→机会主义→假冒伪劣→生产低质量产品→降低产品质量，说明厂商机会主义对产品质量起负向中介作用。

6.4　案例分析

上节基于实证分析验证了厂商机会主义行为对市场竞争与产品质量关系的负向中介效应，本节通过案例分析，进一步验证厂商机会主义对产品质量的负向影响。

6.4.1　研究方法与研究设计

根据研究需要，遵循典型性原则，本书选择 2012 年曝光的双汇“瘦肉精”

事件和2019年前中央电视台曝光引发的权健保健品事件为案例分析对象。选择该案例的理由如下。

第一，研究对象和研究目的的匹配性。食品加工和保健品行业市场都是典型的竞争性市场结构，市场上有多家生产者和交易者，存在激烈的市场竞争。第二，资料的可获得性和可验证性。该事件经由多家媒体报道，在互联网上广泛传播，引起政府监管机构、投资者、消费者、第三方认证机构、行业协会等广泛关注，数据比较全面、客观，不仅有利于收集这两家企业相关实践中的各种信息，也可以通过多边比对进行“三角验证”。第三，“瘦肉精”事件发生历经8年，市场竞争和机会主义对产品质量的效应已经体现出来，[①] 研究时机基本成熟。案例企业的基本情况如表6-7所示。

表6-7 案例的基本情况

产品质量案例	双汇“瘦肉精”事件	权健保健品事件
特征	低价品	高价劣质品
案例企业	河南双汇集团	天津权健集团
质量损害	短期内不可验证性	短期内不可验证性
发现类型	媒体曝光	消费者参与、媒体曝光
问题类型	非法添加	虚假信息、虚假广告
市场结构	竞争性市场结构	竞争性市场结构
时间节点	2011年	2019年
规制效果	规制有效	效果未定

6.4.2 资料来源与数据整理

为构建完整的数据库，提高调查数据的效度，本书通过多种渠道收集相关资料，资料主要来自：①《人民日报》《光明日报》等数据库中自2011年3月15日到2021年6月31日对中国猪肉“瘦肉精”事件的全部报道。②双汇集团官网。③Wind数据库、同花顺数据库中关于双汇发展的相关数据。④百度、网易、东方财富网的相关报道。此外，为了尽可能减少数据资料在用于案例研究时的数据信息失真，本书对关于“瘦肉精”事件的资料收集采取了“三角验证法”进行多边比对。

① 牛枫，张铭芯．媒体参与公司治理的作用机理：基于双汇“瘦肉精”事件的案例研究[J]．河南理工大学学报（社会科学版），2018（3）：32-40.

数据的收集和整理分三个阶段进行：第一阶段是广泛收集研究数据，得到更多的数据信息并进行分类；第二阶段是处理研究数据的逻辑错误、缺失、遗漏问题；第三阶段是对数据的逻辑性矛盾和偏差进行审视，探寻数据的差异性原因。

6.4.3 案例情况

6.4.3.1 “低价劣质品”案例

河南双汇集团是肉类加工食品企业，总部位于河南省漯河市，在全国18个省份建有加工基地和配套产业，农业产业化重点龙头企业，形成了生猪养殖、屠宰、生产、加工、冷链物流、连锁商业网点等较为完善的食品加工产业链，年销售肉类300多万吨。

2011年3月15日，中央电视台《“健美猪”真相》节目披露在河南孟州、获嘉、温县等地的生猪养殖场使用违禁添加剂——“瘦肉精”。[①] 用含有违禁添加剂“瘦肉精”饲养的生猪，进入双汇下属公司生产加工过程并逐步流入市场。由“瘦肉精”添加引起的产品质量问题经媒体曝光后，双汇猪肉产品产业链的下游经销商、专卖店、超市拒绝售卖双汇猪肉产品以避免成本损失。据统计，事件曝光后10天内，双汇集团的肉制品销售收入损失超过10亿元。2011年3月底，河南省地方政府部门就“瘦肉精”事件向社会传递产品质量信息(信息传递)，称河南“瘦肉精”的食品质量损害是个别现象，主要由少数分散的生猪养殖户虽明知添加剂禁用但仍违法销售和使用“瘦肉精”添加剂所致。[②] 3月16日，双汇集团向公众道歉，承认了集团在产品质量方面把控不严的过失，并承诺公司停止生产此类问题产品。同日，双汇集团通知各大零售商，检测过的熟肉产品都可以正常销售(信号显示)。如果有质量问题，公司将承担全部责任(产品承诺)。7月22日，双汇集团将涉案的3769吨“瘦肉”销毁，共造成约6200万元的亏损，当月市值蒸发13亿元(有形损失)，[③] 对集团所占市场份额及企业风险等诸多方面产生影响。

---

① “瘦肉精”学名“盐酸克伦特罗”，俗称“肥猪宝”，最早于20世纪80年代在美国使用。用于喂养的生猪，可以提高瘦肉率。但含有这种添加剂的肉类被人食用后，会出现呼吸困难、心跳加速等症状。

② 牛枫，张铭芯．媒体参与公司治理的作用机理：基于双汇“瘦肉精”事件的案例研究[J]．河南理工大学学报(社会科学版)，2018，19(03)：32-40.

③ 央视网．河南济源双汇公司被曝使用“瘦肉精”猪肉[EB/OL]．http：//news.163.com/11/0315/09/6V67PHMS0001124J.html.

6.4.3.2 “高价劣质品”案例

天津权健集团是我国最大的保健品公司之一，成立于2004年，生产总部位于天津市，注册资本超过17亿元，核心企业和关联企业超过30家，该品牌市场辐射范围涉及国内20多个省、自治区、直辖市，并在北京、天津、河北、山东、江苏、浙江、湖南、广东等省份建立了直营店(见图6-5)，形成了集火疗、营养、美容、化妆品、中草药、金融、机械、体育、产品直营店为一体的产业链，主要产品有“负离子卫生巾”“骨正基鞋垫”“KA爱心工程礼盒”等“包治百病”的高价保健品(质—价不对称)。2017年，该集团销售业绩176亿元(机会主义)，号称“百亿保健帝国”。

2018年12月25日，丁香医生公众号发表了题为《百亿保健帝国权健和它阴影下的中国家庭》的文章，以小女孩周洋之死控诉权健“在帝国的食物链里，参与者不仅搭上钱财，更有人烧伤、致残，甚至致死”。[①] 仅2017—2018年，权健火疗被告上法庭的案件就有7起，其中有2例意外死亡事故(社会福利损失)。2018年12月28日，天猫、京东、苏宁、唯品会各大电商全线下架权健产品。2019年1月1日，权健集团就其产品质量损害犯罪行为、虚假广告行为被立案侦查(政府监管)。

6.4.4 案例分析与研究发现

通过对“瘦肉精”事件和权健保健品事件的分析，可以梳理出市场竞争对产品质量的影响逻辑。

6.4.4.1 市场竞争对产品质量的“倒U形”影响

双汇集团是我国肉类加工食品企业，在全国18个省份建有加工基地和配套产业，是国家农业产业化重点龙头企业，肉类加工市场集中度较高，在实现规模经济、提升产品质量方面有显著成效。以肉制品出口为例，2019年双汇集团出口美国的肉制品占54.6%，欧洲占9.1%，中国占36.3%，[②] 说明有效竞争的肉类加工市场有利于肉类产品质量提升。

双汇集团的产业链涵盖饲料加工、养殖、屠宰分割等市场过度竞争领域的生产。2008年双汇“瘦肉精”事件发生在生猪养殖环节，在过度竞争的“小、散、乱”生猪养殖市场，具有大量的饲料供应者、生猪养殖户和分散农户等，

---

① 张光辉．权健事件大起底[J]．企业观察家，2019(2)：80-83.

② 万州国际业绩概要[EB/OL]．[2020-3-25]．http：//www.shuanghui.net/html/category/news/jtxw.

为了追求销售收入最大化，在生猪养殖过程中添加“瘦肉精”以提高卖相，即通过提高瘦肉率实现相对收益最大化，忽视生猪产品质量对消费者健康和社会福利的损害。在双汇肉制品的生产链条上游，肉类加工行业利润有限，特别有些小的加工生产企业，不愿承担或买不起肉类检验设备，也不愿主动承担检验成本。某肉联厂的管理人员透露，该厂每天要加工2000~6000头生猪，而投资几百万元的检测设备、20元1份的尿检、每天检验率为0.5%，[①] 对于肉类加工厂也是较高的成本压力。为了降低成本，厂商采取机会主义行为，成为市场过度竞争下产品质量问题的内部驱动力。猪肉市场竞争交易均衡的结果是供给低质量产品，因此验证了假说H6.1。市场竞争对产品质量具有“倒U形”影响，该影响呈先升后降的“倒U形”关系。

6.4.4.2 市场竞争强化厂商机会主义行为

我国禽畜养殖加工市场中，生产、加工的中小企业众多，产业链长，企业之间为了争夺市场份额展开激烈的市场竞争，强化了追求短期收益最大化的机会主义行为。生猪养殖行业进入门槛低，以中小户、散养户为主，行业集中度低，属于典型的竞争性市场结构。双汇“瘦肉精”事件中，养殖户在生猪供给、养殖与加工环节，通过添加“瘦肉精”增加瘦肉率，进行低价竞争而非质量竞争以达到提高收益、在市场竞争中获胜的目的。

我国保健品市场中竞争情况雷同。2017年，我国保健品市场占有率前四名的品牌无限极（11.9%）、安利（8.5%）、天狮（6.4%）、汤臣倍健（6%），CR_4=26.8%，行业集中度低，[②] 属于典型的市场过度竞争状态。以天津为例，就存在天津金士力佳友、天津尚赫、天狮、康婷等保健品生产厂商，在全国范围内，更有保健品注册生产厂商16788家。企业在参与市场竞争中，往往靠虚假广告、虚假信息、高价策略等手段，采取高价竞争的机会主义行为，达到相对收益最大化和在竞争中获利的目的。因此，进一步验证了假说H6.2。

6.4.4.3 厂商机会主义对产品质量具有负向中介影响

在市场过度竞争情形下，大量的饲料供应者、生猪养殖户和分散农户等，参与市场竞争的手段是价格竞争，因为产品质量的不可直接观测性，饲料生产者违规生产饲料以追求相对收益最大化，生猪饲养户实施违法添加的机会

---

① 双汇集团网站. http://www.shuanghui.net/.

② 国家统计局. 2018年居民收入和消费支出情况[DB/OL]. [2019-1-21]. http://www.stats.gov.cn/tjsj/zxfb/201901/t20190121_1645791.html.

主义行为；在生猪养殖过程中添加“瘦肉精”以提高猪肉卖相，即通过提高瘦肉率实现相对利益最大化，忽视产品质量及对消费者健康和社会福利的损害，这些形成了过度市场竞争对产品质量影响的一条阿克洛夫型的“劣质品→机会主义→低价竞争→市场萎缩”的逆向选择链条。

在权健保健品参与市场竞争中，还存在一种与阿克洛夫型不同的逆向选择链条：“高价→高利润→假冒伪劣产品”链条。权健公司生产的产品价格，如骨正基鞋垫998元1双、治病的净水器1万元1台。这种高价市场策略，是基于厂商机会主义动机，即追求相对收益最大化并在市场竞争中获胜，也是一种市场竞争的扭曲行为；这种机会主义引发的市场竞争，采用虚假宣传，甚至造假手段，鼓吹产品的质量性能，提供假冒伪劣产品，威胁到消费者的生命安全，从而形成了保健品市场的“竞争→机会主义→高价→劣质品→产品质量损害”链条，[①] 对消费者产生质量和价格双重损害，因此验证了假说H6.3。

6.5 小结

本章在对市场竞争下的厂商机会主义对产品质量的影响机理进行理论分析基础上，从市场竞争、机会主义和产品质量三个方面多维度构建指标体系，以实证检验市场竞争下机会主义对产品质量的影响。以内部层面的厂商机会主义为切入点，构建了“市场竞争—机会主义—产品质量”的中介效应模型，讨论了市场竞争是通过何种路径对产品质量产生影响。实证结果证明了本章三个研究假说H6.1、假说H6.2与假说H6.3。

主要结论：厂商机会主义是市场竞争对产品质量影响的主要路径之一。厂商机会主义在市场竞争与产品质量的关系中起到显著的部分中介效应，中介效应系数是-0.164。市场有效竞争可以有效缓解厂商机会主义行为，提升产品质量；而市场过度竞争会强化厂商机会主义行为，降低产品质量。实证结果显示，在5%的显著性水平上，厂商机会主义对产品质量有显著的负向影响。

---

① 在转轨时期，消费者刚刚从物质贫乏中解脱出来，消费意识往往更多地集中于产品的价格指标，没有充分意识到“竞争→机会主义→高价→劣质品→产品质量安全损害”的机会主义链条是企业为追求高利润而对高消费的有意误导，企业与消费者在不知不觉中发展了一种异化的畸形交换关系。结果，消费在攀比和竞争中畸形发展为交易异化，为企业发展、经济发展和社会发展埋下了深深的产品质量危机。

研究启示：鼓励有效竞争，避免过度竞争强化厂商机会主义行为；采用数字化驱动产品高质量发展动能接续转换，以信息机制、信誉机制与行政机制约束厂商机会主义行为。矫正市场过度竞争的负面效应，抑制厂商机会主义带来的社会福利损失，推进产品质量的数字化治理，促进交易市场上的产品质量提升。

7 市场竞争、信息不对称与产品质量

第六章从内部层面验证了市场竞争对产品质量影响的"倒U形"曲线关系，提出了市场竞争对产品质量影响路径之一：厂商机会主义对产品质量的影响。本章从外部层面，基于信息不对称理论，采用动态博弈分析法与实证分析法，探究信息不对称对产品质量的影响。

7.1 理论分析

市场竞争对产品质量的正向影响有赖于信息透明的市场机制，然而现实中的信息并非总是公开透明的。本节在文献回顾基础上，采用动态博弈模型分析信息不对称对产品质量的影响，为后面的实证分析做必要的理论铺陈。

7.1.1 理论回顾

7.1.1.1 经济主体之间信息不对称的表现

信息不对称(Information Asymmetric)的概念最早由阿克洛夫于1970年提出，源自信息非对称论，在《柠檬市场：质量不确定性和市场机制》一文中，指出信息不对称是指参与交易的各方对所交易的商品拥有的信息不对等、不完全、不完美，如买卖双方拥有的关于商品或服务的质量、价格等信息不对等，导致代理人处于信息优势地位，而委托方处于信息劣势地位。① 在现实市场竞争条件下，竞争各方参与者了解的信息是不对称的，表现在厂商、消费者、政府、社会公众之间的信息不对称。在现实市场交易中，商品交换有两大要素——价格与质量。在大多数市场交易中，价格不能作为一种信号显示

① Akerlof G A. The Marker for Lemons: Quality Uncertainty and the Market Mechanism [J]. Quaterly Journal of Economics, 1970, 84(3): 488-500.

机制来表达质量的“异质性”。① 不同质量的产品由于信息不对称或合同不完备，质量信号或许在短期，甚至长期内无法被感知，竞争主体可能会做出对利益相关方不利的行为。

新古典经济学框架中的自由竞争市场符合“完全信息”的假设，经济主体可以根据产品需求数量和价格自发地调节供需，最终达到供需均衡。现实的市场竞争条件下的产品交易市场，交易双方存在严重的质量信息不对称，竞争主体的投机行为可导致市场竞争扭曲，交易市场偏离最优效率状态，降低产品质量。

在新制度经济学的理论框架下，市场竞争主体之间的信息存在不对称、不充分、不完美性，信息不对称与经济主体利益不一致导致了厂商机会主义(奥利弗·威廉姆森，1985)，而信息不对称与认知限度导致了有限理性(赫伯特·西蒙，1975)。所以，信息不对称是市场竞争对产品质量影响的可能路径之一。

7.1.1.2 不同信息条件下的产品质量

根据拉丰和梯若尔(2004)的研究，信息不对称下产品质量问题的形成具有不同的信息条件：一是质量可被观察；二是质量信息不可观察，但可以验证；三是质量信息不可观察，也不可以验证，即“不可验证性”。②

(1)可观察的质量：搜寻品质量

当产品购买前的质量安全信息对称时，对应信息经济学中的搜寻品(Search Qualities)模型，如衣服的样式和尺寸信号在购买前就能知晓，厂商可以根据质量安全合同提供商品，消费者在购买前根据产品的外包装、标签、色泽、产地等相关信息就可判定该种产品的安全程度及质量优劣并进行消费。根据观察到的产品质量水平，产品的销售量会随着产品质量的下降而降低，产品价格超过边际成本的收入($P-MC$)也会下降并趋向于0，厂商可以通过提供不同质量的产品获得正常利润，可根据消费者的质量需求进行生产，最终实现产品市场均衡。

(2)可验证的质量：经验品质量

经验品是指购买后才能观察到质量的产品。企业没有受到激励来提供高质量产品，除非消费者重复购买。此时，厂商提供高质量产品的动机与企业

① 在本书第六、第七章的案例分析中，在产品质量信息不对称导致“高价—劣质品”市场交易和“低价—劣质品”市场交易中论证了这一点。

② 拉丰，梯若尔．政府采购与规制中的激励理论[M]．石磊，王永钦，译．上海：上海三联书店，2014：175.

要维持自身声誉和未来利润的动机有关。

在经验品选择中，消费者根据市场上产品质量的期望值 $E(N)$ 确定支付意愿，生产成本高于产品质量期望值 $E(N)$ 将会退出交易。假定产品质量 N 高于质量最低标准 N_0（见图 7-1），消费者就不会退出市场，因此在产品质量降到 N_0 以前，买卖双方将进行重复博弈（以两阶段博弈为例），对动态博弈模型进行求解。

第一轮第一阶段，厂商生产居于 (N_0, N_H) 所有质量的产品，且产品质量服从线性分布。

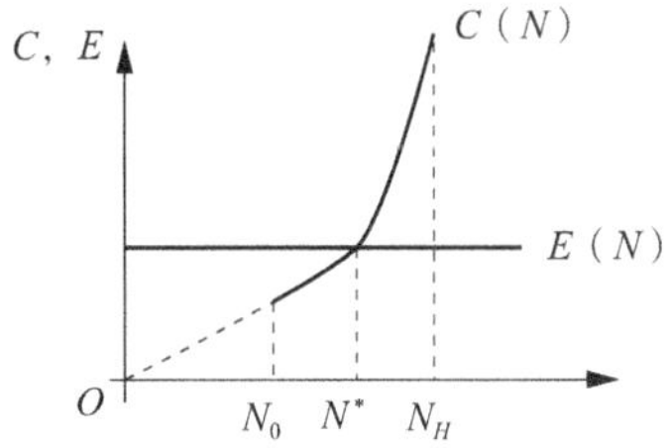

图 7-1　厂商生产经验品的质量、成本与收益

第一轮第二阶段，由于最低质量和最高质量 (N_0, N_H) 为市场的已知信息，消费者对产品质量的预期是 $E(N)=(N_0+N_H)/2$，消费者的支付意愿为 $E(N)$，厂商预期的利润是 $\pi=E(N)-C(N)$。当厂商净利润为 0 时，$E(N^*)=C(N^*)$，只有 $N<N^*$，卖方才能获得利润。①

第二轮第一阶段，上期市场上的消费者对该质量安全水平的产品支付意愿为 $E(N)$，生产厂商考虑降低质量水平 N，将产品的质量安全水平区间从 (N_0, N_H) 调整到 (B_0, N^*)，市场上的产品平均质量降低，消费者对产品质量的预期也随之降低，厂商能够获利的空间被进一步压缩。最后，不管消费者预期如何，厂商的最优决策是只提供质量为最低质量安全标准 N_0 的产品。

第二轮第二阶段，根据消费经验，消费者认识到行业竞争市场上只存在质量水平是最低质量安全标准 N_0 的产品，经验品市场萎缩，交易市场产品的平均质量下降，柠檬市场扩大。

（3）不可验证的质量：信任品质量

在信息不对称下，常见的是可观察不可验证的质量，这种质量被称为信任品（Credence Goods）质量，如食品、保健品的累积危害，建筑材料的污染程

① 陈艳莹，王丽丽．质量认证中介与经验品市场的发展[J]．工业技术经济，2010(8)：65-68.

度，转基因食品等，其危害比一般经验品更具有过程属性（Process Attribute），[①] 更加难以验证。在信任品质量方面，厂商比消费者掌握更多的产品质量和生产过程信息。对于消费者来说，信任品在消费后的信息不对称仍然存在，即使之后出现健康问题也难以将病因归结于该消费行为。在此方面，消费者难以弄清产品生产流通环节是否符合规范标准，也没有能力对该产品进行检验分析和质量判断。在不可验证的产品质量决策中，厂商的质量努力很难被观测和合同化。对于信任品的质量不可验证性，标签信号失效，劣质品生产厂商通过低价战略获得全部市场份额，市场分离均衡无法实现。[②]

7.1.1.3 信息不对称对产品质量的影响

关于信息不对称对产品质量影响的研究相对丰富。信息不对称导致产品质量信息存在不可观测性或不可鉴别性。[③] 厂商在利益驱动下，产生道德风险行为，刻意降低成本，以次充好、制假贩假，追求个人利益最大化，降低质量努力，导致产品质量损害。[④] 基于信息不对称的逆向选择与道德风险行为，厂商常做出降低产品质量努力的策略选择；在交易市场上，消费者逆向选择是妨碍产品质量水平提升的主要原因。[⑤] 本节借鉴李学荣（2017）的研究成果，对传统静态道德风险模型加以改进，利用动态博弈模型，探讨市场竞争下信息不对称对产品质量的动态影响。

7.1.2 信息不对称对产品质量影响的动态博弈理论分析

7.1.2.1 模型假设

过度市场竞争下的厂商大多是中小厂商（SMEs），进入市场的资金和技术壁垒低，单个厂商的市场控制力弱。竞争主体缺乏品牌和信誉的信息显示动力，导致产品质量信息不对称。具有有限理性的消费者处于信息弱势状态，对产品质量信息的鉴别能力弱，购买决策的信息搜索成本高。但是，消费者

---

① Schwartz A, Wilde L L. Intervening in Markets on the Basis of Imperfect Information: A Legal and Economic Analysis[J]. The Universty of Chicago Law Review, 1978, 127(7): 630-652.

② Spence A M. Marketing signaling[M]. Cambridge, Mass: Harverd University Press, 1974.

③ 聂辉华．契约不完全一定导致投资无效率吗：一个带有不对称信息的敲竹杠模型[J]．经济研究，2008(2)：132-143.

④ 李学荣．食用农产品生产农户道德风险行为发生机理及防范机制研究[D]．南昌：江西财经大学，2017.

⑤ 冯海，王龙宝．逆向选择、产品质量和信誉机制：对我国竞争性市场中产品质量问题的经济分析[J]．产业经济研究，2005(3)：35-40.

有一定的学习能力，在初始阶段不能判定企业产品质量的好坏，随着消费者和厂商质量博弈的展开，消费者能够逐步拥有产品质量真实信息，并不断修正其购买决策。

假设1：市场竞争条件下中小厂商众多，尚未完成资本积累，对市场也没有一定控制力，厂商生产主要以短期收益最大化为目标。

假设2：产品质量市场是一个熊彼特式的、基于质量差异化的竞争市场。同类产品的质量安全水平具有异质性。

假设3：厂商是信息优势方，为了实现短期收益最大化可能故意隐瞒、歪曲产品质量来误导消费者购买不安全产品。

假设4：消费者在第一次购买之前并不知道产品质量状况，在购买之后确定了产品质量状况符合预期便会选择重复购买，否则选择拒绝重复购买。

7.1.2.2 模型分析

按照信息对称的程度，竞争性市场的产品可分为搜寻品、经验品和信任品。若产品信息为对称状态，消费者根据产品的外包装、标签、色泽、产地等相关信息可判定该产品质量优劣并进行消费，此时产品具有搜寻品特性。厂商可根据消费者需求数量和质量进行生产，最终实现产品质量市场均衡。

市场交易中的信任类产品，信息不对称的程度更深。如果没有专业检测技术的支持和专业机构认证，其质量特性在消费以后仍无法准确判断。现实生活中的各种保健品、功能食品、疫苗等，对该类产品质量的判断只能以产品以外的需求因素，如消费偏好、消费习惯、情感和信仰来判断产品质量，甚至需要权威机构的检测与认证。随着微生物技术、基因工程、化学合成技术等高科技的发展，市场上越来越多的搜寻品和经验品转化为信任品，质量特性在消费后短期内无法正确判断。①

厂商在劣质品生产过程和质量控制中，对其生产行为直接或间接、当前或以后的社会影响都有一定的预期。比如，生产厂商的道德风险行为被发现后，很可能遭到消费者的投诉、赔偿、产品被召回，甚至法律介入、赔偿损失等，因此承受巨大的心理成本和声誉成本。此外，还会被行业中其他规范生产的厂商排挤、歧视。相反，优质品生产的厂商，可以获得消费者群体的认可，不需要承担心理成本，在行业中有更好的名声，更有利于企业的生存和发展。

---

① 李学荣．食用农产品生产农户道德风险行为发生机理及防范机制研究[D]．南昌：江西财经大学，2017.

充分考虑这些因素，理论分析厂商道德风险行为发生的主要因素及相互作用。

(1)基准模型：信息对称的情况

当产品质量信息对称时，厂商不发生道德风险，假设厂商对自己每期 t_n 生产安全产品的收益是 R_1，厂商因规范生产而心安理得的收益是 M_1，贴现因子为 δ，$R_1 \geqslant 0$，$0 \leqslant \delta \leqslant 1$，则厂商的期望效用流如图 7-2 所示。

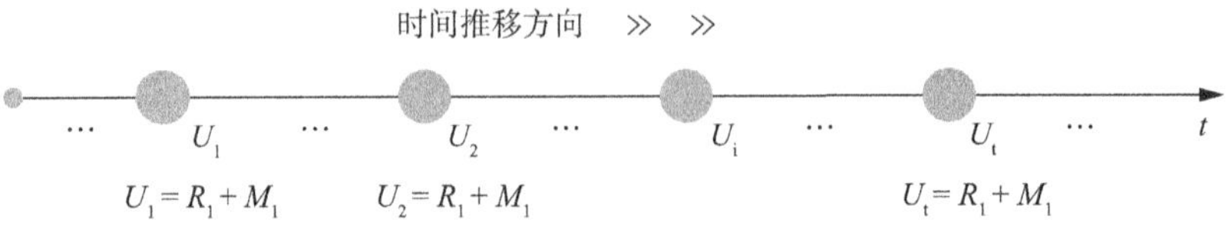

图 7-2　不发生道德风险情形下厂商的期望效用流

因此，在信息对称条件下，厂商不发生道德风险行为时，其预期总效用 H_1 为：

$$\begin{aligned} H_1 &= U_1+\delta U_2+\delta^2 U_3+\cdots+\delta^{t-1} U_t \\ &= (R_1+M_1)(1+\delta+\delta^2+\cdots+\delta^{t-1}) \\ &= \frac{1-\delta^t}{1-\delta}(R_1+M_1) \end{aligned}$$

(2)信息不对称情形

信息不对称情形下，由于市场竞争主体——厂商知道委托人不能时刻观察到他的质量决策和生产行为，因此为了在市场竞争中获胜并实现相对收益最大化目标，可能发生道德风险行为。厂商可能通过不规范生产，如偷工减料、以次充好压低成本，也可能利用做虚假广告宣传提高商品价格，生产假冒伪劣商品等。假定厂商发生道德风险而得到的额外收益为 B，需要承担的心理成本是 M_2，如果发生道德风险不被发现，则得到的收益是 $B+R_1-M_2$；如果道德风险行为被发现了，则得到的收益是 R_2-F-M_2，其中 R_2 是厂商生产劣质产品出售的收益(如产品被压价、产品被销毁等，R_2 可以为 0)，F 是厂商生产不安全产品出售的罚金，假定代理人的道德风险行为被委托人发现的概率是 ρ，因此厂商的期望效用流如图 7-3 所示。

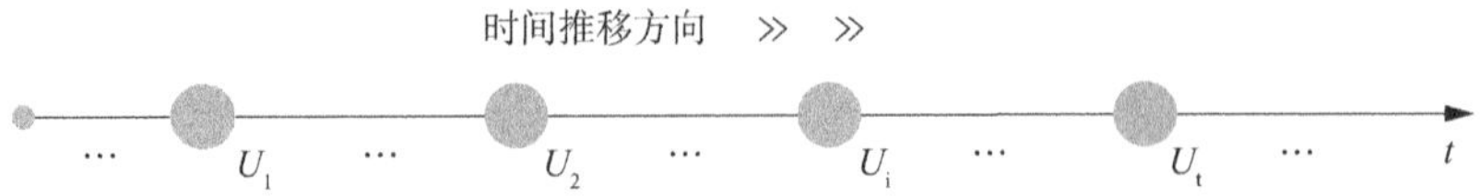

图 7-3　存在道德风险情形下厂商的期望效用流

市场竞争下厂商在各期的期望效用为：

$$U_e=(1-p)(\pi'-M_2+B+R)+p(\pi^*-M_2-F)$$

整理上式后，可得：

$$U_e=(1-p)(\pi'+B+R)+p(\pi^*-F)-M_2$$

则生产厂商的每期期望效用流均为：

$$U_{en}=(1-p)(\pi'+B+R)+p(\pi^*-F)-M_2$$

因此，生产厂商实施道德风险行为时的预期总效用为：

$$\begin{aligned}H_2&=U_{e1}+\sigma U_{e2}+\cdots+\sigma^{t-1}U_{et}\\&=(1+\sigma+\sigma^2+\cdots+\sigma^{t-1})[(1-p)(\pi'+B+R)+p(\pi^*-F)-M_2]\\&=\frac{1-\sigma^t}{1-\sigma}[(1-p)(\pi'+B+R)+p(\pi^*-F)-M_2]\end{aligned}$$

在市场竞争条件下，厂商是否发生道德风险行为，取决于两种选择如何影响厂商预期总效用。如果厂商发生道德风险行为后生产厂商的预期总效用增加了，则理性厂商将会选择不规范生产，生产劣质品，出现产品质量问题。根据推算的结果可知，厂商发生道德风险和不发生道德风险的预期总效用差值为：

$$\Delta H=H_2-H_1=\frac{1-\sigma^t}{1-\sigma}[p(\pi^*-F-\pi'-R)+(1-p)B-(M_1+M_2)]$$

为实现厂商收益最大化，则需要满足条件：

$$\frac{\mathrm{d}\Delta H}{\mathrm{d}p}(\pi^*-R-B-F-\pi')\frac{1-\delta^t}{1-\delta}<0$$

$$\frac{\mathrm{d}\Delta H}{\mathrm{d}\pi'}=-\frac{1-\delta^t}{1-\delta}p<0$$

$$\frac{\mathrm{d}\Delta H}{\mathrm{d}R}=-\frac{1-\delta^t}{1-\delta}p<0$$

$$\frac{\mathrm{d}\Delta H}{\mathrm{d}B}=\frac{1-\delta^t}{1-\delta}(1-p)>0$$

$$\frac{\mathrm{d}\Delta H}{\mathrm{d}\pi^*}=\frac{1-\delta^t}{1-\delta}p>0$$

$$\frac{\mathrm{d}\Delta H}{\mathrm{d}F}=-\frac{1-\delta^t}{1-\delta}p<0$$

$$\frac{\mathrm{d}\Delta H}{\mathrm{d}M_1}=-\frac{1-\delta^t}{1-\delta}<0$$

$$\frac{\mathrm{d}\Delta H}{\mathrm{d}M_2}=-\frac{1-\delta^t}{1-\delta}<0$$

式中，M_1 为厂商因规范生产而心安理得的收益；H 为预期总效用；δ 为贴现因子，且 $0\leqslant\delta\leqslant1$。

7.1.3 理论分析结果讨论

基于以上动态博弈分析，可以得到以下结论。

第一，信息不对称下厂商发生道德风险行为获得的额外收益 B 越高，被发现后劣质品的出售收益 R 越高，则厂商发生道德风险行为的动机越强，概率越高；信息不对称导致市场竞争扭曲，使产品质量偏离预期质量水平，对产品质量具有负向影响。

第二，信息不对称会负向调节机会主义对产品质量的影响，即随着竞争性市场信息不对称程度提高，厂商机会主义行为得到强化，刺激卖方做出降低成本、隐藏质量信息、以次充好行为的概率增大，从而降低整个产品交易市场的产品质量，使产品质量偏离生产与交易的瓦尔拉斯均衡。

7.2 研究设计与数据说明

上节梳理了市场竞争下信息不对称对产品质量的影响机理，并对厂商行为进行了两阶段博弈分析，从理论上分析了信息不对称负向调节市场竞争对产品质量的影响。本节将对信息不对称的双向调节效应进行研究设计。

7.2.1 研究设计

根据中国互联网络信息中心在京发布的第 44 次《中国互联网络发展状况统计报告》，截至 2019 年 6 月，我国网民规模达 8.54 亿，较 2018 年底增长 2598 万，互联网普及率达 61.2%，较 2018 年底提升 1.6 个百分点。[①] 在强大的用户基础之上，涌现出形形色色的购物平台和店铺，[②] 形成了激烈的市场竞争环境，导致了过度竞争。由于电子商务购物中交易双方的时间和空间隔离，消费者不能像传统购物中接触或体验实体商品，使得网络购物的信息不对称

① 中国互联网络信息中心（CNNIC）. 第 44 次《中国互联网络发展状况统计报告》[EB/OL]. 中国网信网，http://www.cac.gov.cn/2019zt/44/index.htm，2019-8-30.

② 2020 年的数据显示，淘宝每天增加 3 万家店铺。

程度加深，质量不确定性增加。信息不对称引起的消费者对所购买产品或服务的质量不可知性和不确定性已经成为电子商务发展的一个主要障碍。在市场过度竞争条件下，品牌信誉显示困难，产品质量信息不对称程度越高，消费者感知程度越低。因此，信息不对称可能对市场竞争和产品质量的关系产生负向调节效应。

信息不对称对产品质量的双重调节效应是指，信息不对称一方面可能强化竞争主体的不正当竞争倾向，另一方面可能强化竞争主体的机会主义行为（张衔，2014），从而对市场竞争和产品质量关系起到间接调节效应，即信息不对称与机会主义的交互作用、信息不对称与市场竞争的交互作用都可能会对产品质量产生负向影响。综合两方面考虑，信息不对称可能通过机会主义中介对产品质量的影响对产品质量进行负向调节。

基于以上理论分析，提出本章研究假说 H7.1，信息不对称负向调节市场竞争对产品质量的影响，即随着信息不对称程度提高，市场竞争对产品质量产生负向影响。同时，提出研究假说 H7.2，信息不对称会负向调节机会主义中介对产品质量的影响。理论模型如图 7-4 所示。

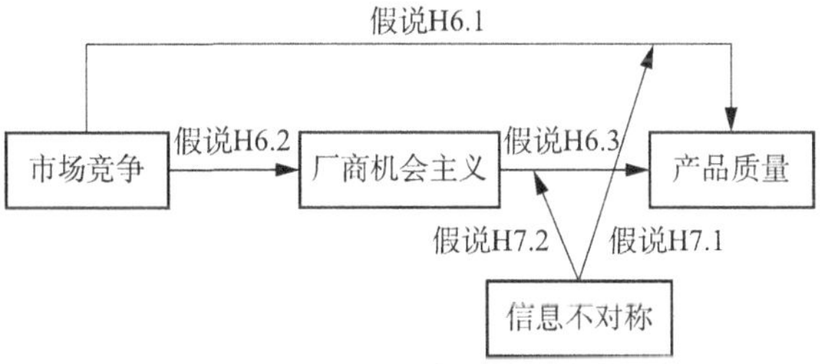

图 7-4　信息不对称双向调节效应的理论模型

7.2.2　研究方法

本研究首先对评分变量进行 Harman 单因子检验，并对所有概念区分效度进行验证性因子分析，并采用 Eviews 8.0 软件对变量进行描述性统计分析。为了分析信息不对称对市场竞争和产品质量关系的双向调节效应，本章借鉴 Edwords 等推荐的方法，[①] 采用调节效应模型（Modulation Effect Model）实证分析信息不对称作用于市场竞争与产品质量水平关系的效应。其中，信息不对称行为作为调节变量，发挥调节效应的作用。因此，本节将使用调节效应检

① Edwards, Jeffrey R, Lambert, et al. Methods for integrating moderation and mediation: A general analytical framework using moderated path analysis. [J]. Psychological Methods, 2007, 12(1): 1-22.

验流程展开实证分析。调节效应是指研究自变量 X 对因变量 Y 的影响时，是否会受到调节变量 Z 的干扰。调节效应的理论模型如图 7-5 所示。

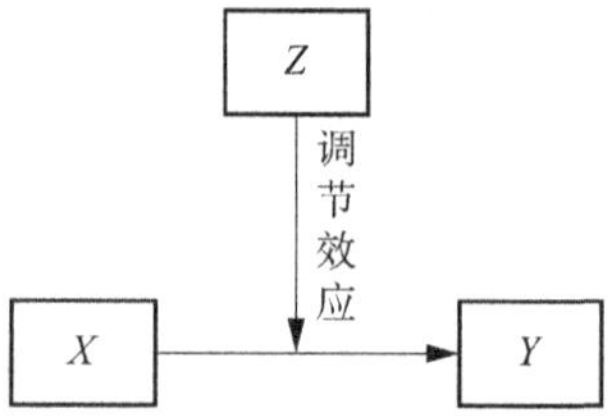

图 7-5　调节效应的理论模型

在本节中，信息不对称作为外生变量，可能对市场竞争和产品质量存在某种效应：一方面，信息不对称在市场竞争与产品质量关系中发挥着显著的负向调节作用；另一方面，信息不对称在厂商机会主义中介与产品质量关系中发挥着显著的负向调节作用。

7.2.3　样本与数据说明

7.2.3.1　样本说明

本次调查由中部地区电商孵化中心课题组于 2019 年 7—8 月展开。被调查的消费者所处地区、行业、职业范围较广，在展开全面调研之前，选取大型商业区的 23 名消费者进行预调研。这些问卷调查的结果从最终的调研问卷中剔除。根据这 23 份调查问卷反馈的结果，对问卷内容进行了修改和完善。问卷的发放线上部分使用问卷星和问道网两个在线问卷网站进行，线下部分问卷收集采用 3 种形式，主要形式为上门访问，指导被调查者进行问卷的填写并及时回收；整个调研过程共发出问卷 1455 份，共回收问卷 1325 份，剔除不合格问卷 30 份，得到有效问卷 1295 份。问卷的回收率达到了较高的水平。调查样本的特征：女性所占比例为 62%，男性所占比例为 38%；高中及以下所占比例为 23%，本科占 61%，研究生占 10%；平均年龄为 32.56 岁。被调研者主要是公务员、教师、工人和在校学生。

7.2.3.2　变量测量

(1)因变量

参考程虹、李丹丹(2012)的研究，产品质量的感受者是消费者，所以消费者是决定产品质量的主体。参考杨晓鹏和艾时钟(2015)等的研究，采用消费者感知质量，即产品质量得分、好评率代表产品质量变量。

（2）自变量

市场竞争。对于市场竞争指标的选取，学术界并未形成一致的结论。学者们最早在哈佛学派提出的 SCP 范式（Structure-Conduct-Performance Model，结构—行为—绩效模型）下，用赫芬达尔指数（HHI）刻画市场结构。在本书中，参考章永奎等（2018）的研究方法，[①] 对赫希曼指数进行无量纲标准化处理，采用极值标准化方法，用变换后的赫芬达尔—赫希曼指数。该值越大，表示市场垄断程度越高。

市场竞争用 com 表示。com 代表了市场垄断势力的反面，即市场竞争指数。指标的处理公式为：

$$HHI_n=\frac{HHI_{max}-HHI}{HHI_{max}-HHI_{min}} \quad com=1-HHI_n$$

其中，HHI_n 为变换后的赫芬达尔指数，HHI_{max} 为赫芬达尔指数的最大值，HHI_{min} 为赫芬达尔指数的最小值，HHI 为赫芬达尔指数的某一变量值。

（3）中介变量

厂商机会主义行为揭示了一个企业想尽可能多地从市场竞争中获益，而尽可能降低成本、提升相对收益的情形。本书选取由 John（1984）最早开发使用的量表，测量厂商是否存在机会主义。5 级 *Likert* 量表被用来测量这一变量。同时，采用描述与商品相符程度、是否有返现红包测量机会主义。

（4）调节变量

本书采用用户对产品性能的认知、对产品使用方法的认知、对产品成分的认知、对产品质量的认知评分测量信息不对称。

（5）控制变量

消费者的个体特征（性别、年龄、受教育程度、收入水平）会影响消费者的产品质量决策行为，国内外学者均把消费者个体特征纳入实证模型分析。一般来说，收入越高、受教育程度越高，购买高质量产品的意愿越强；[②] 年龄越低，消费高质量产品的意愿越强。[③] 原因是，消费者收入和受教育程度越高，对产品质量信息的收集能力和认知理解能力越强。同时，较高的收入使

---

① 章永奎，赖少娟，杜兴强．学者型独立董事、产品市场竞争与公司创新投入学者型独立董事、产品市场竞争与公司创新投入[J]．经济管理，2019(10)：123-142.

② Ghorbani M, Hamraz S. A Survey on Factors Affecting on Consumer's Potential Willingness to Pay for Organic Products in Iran (A Case Study)[J]. Trends in Agricultural Economics, 2009, 2(1): 10-15.

③ Jun-Yi Shen. Understanding the Determinants of Consumers' Willingness to Pay for Eco-Labeled Products: An Empirical Analysis of the China Environmental Label[J]. Journal of Service Science & Management, 2012, 5(1): 87-94.

消费者对于高质量产品的消费不会受到财力约束；年龄越低，越愿意购买高质量产品，而性别对产品质量购买的选择影响不明显。各变量的定义如表7-1所示。

表 7-1　变量的定义

类别	变量	符号	说明
因变量	产品质量	*qp*	产品质量评分
自变量	市场竞争度指数	*com*	市场竞争指数 $com=1-\frac{HHI_{max}-HHI}{HHI_{max}-HHI_{min}}$
	市场竞争度指数的平方	com^2	市场竞争指数二次项
中介变量	机会主义	*oppo*	质量描述相符程度
调节变量	信息不对称	*Info*	对产品质量认识程度：1=非常不熟悉；2=比较不熟悉；3=一般；4=较熟悉；5=非常熟悉
控制变量	收入水平	*inc*	月收入水平：1 = 2000 元以下；2 = 2000 ~ 5000 岁；3 = 5000 ~ 10000 元；4 = 10000 ~ 20000 元；5=20000 元以上
	受教育程度	*edu*	1=小学及以下；2=初中；3=高中；4=大学；5=研究生及以上
	居住地	*urban*	0=农村；1=城市(包括县城)
	年龄	*age*	1=22 岁以下；2=23~35 岁；3=36~50 岁；4=51~65 岁；5=65 岁以上
	性别	*sex*	被调查人性别 1=男；2=女

7.3 实证分析

本节对信息不对称双向调节市场竞争和产品质量的关系进行回归分析和稳健性检验，进一步检验本章研究假说 H7.1 和假说 H7.2。

7.3.1 信度与效度

本节的数据分析采用 SPSS 24.0、PLUS 11.0 和 EVIEWS 8.0 软件。首先，对测量样表进行信度和效度分析，其中信度测量借助内外一致性 Cronbach's Alpha 系数。如表 7-2 所示，除了“是否红包返现”的机会主义变量外，所有变量都显示出良好的信度和效度。聚合效度用于测度变量的同一性，可以用因子载荷加以判别。市场竞争、机会主义和产品质量的得分和好评率 5 个因子的载荷都高于0.60，所以这5个因子都通过了聚合效度的检验。

KMO检验的结果是0.607，表示原始数据适合做因子分析，巴特利特球形度检验通过用χ^2检验完成对应变量之间的检验，该χ^2统计量的值为3054.641，表明确定性因子分析(CFA)是适用的，对应的显著性概率$p=0.010<0.05$，为高度显著。因此，该数据适合因子分析方法。

表7-2 信度和效度检验

概念/指标	Cronbach's Alpha	因子载荷	Variance Extracted
产品质量水平	0.851		0.713
产品质量得分		0.697	
产品质量好评率		0.656	
机会主义	0.827		0.695
是否红包返现		0.488	
描述是否相符		0.646	
商品差评率		0.654	
信息不对称	0.821		0.623
对产品质量认知得分		0.711	
对产品成分认知得分		0.623	
对使用效果认知得分		0.652	
对产品安全认知得分		0.687	
市场竞争			0.644
行业赫芬达尔指数		0.980	

7.3.2 描述性统计分析

描述性统计分析是对调查总体的所有变量进行统计性描述，本书选择个案数(频数分析)、平均值(集中趋势分析)、最大值、最小值、标准差(离散程度分析)初步考察调查数据。表7-3是对主要变量的描述性统计分析结果。

表7-3 描述性统计分析结果

概念/指标	频数	最大值	最小值	均值	标准差
1. 年龄	1295	5.000	1.000	3.437	1.044
2. 受教育程度	1295	5.000	1.000	3.224	1.258

续表

概念/指标	频数	最大值	最小值	均值	标准差
3. 收入	1295	12.500	2.600	6.506	2.124
4. 产品质量	1295	4.890	1.144	3.388	0.721
5. 机会主义	1295	3.761	0.000	1.673	0.942
6. 信息不对称	1295	5.000	0.300	3.012	0.949
7. 市场竞争	1295	0.850	0.150	0.590	0.154

从表 7-4 变量之间的相关系数来看，变量之间不存在多重共线性的问题。根据方差膨胀因子(VIF)的检验结果，进一步证明变量没有多重共线性的问题，所有的 VIF 值均不大于 5。

表 7-4 相关系数矩阵

概念/指标	1	2	3	4	5	6	7
1. 年龄	1.000	0.055	0.188	0.091	-0.080	-0.115	-0.564
2. 受教育程度	0.054	1.000	0.323	0.372	-0.190	-0.243	-0.041
3. 收入	0.188	0.323	1.000	0.484	-0.349	-0.339	-0.118
4. 产品质量	0.091	0.373	0.484	1.000	-0.770	-0.455	0.173
5. 机会主义	-0.080	-0.190	-0.349	-0.770	1.000	0.275	-0.217
6. 信息不对称	-0.115	-0.243	-0.339	-0.455	0.275	1.000	-0.040
7. 市场竞争	-0.564	-0.041	-0.118	0.173	-0.217	-0.040	1.000

7.3.3 调节效应检验

为了检验信息不对称对市场竞争和产品质量水平关系的双向调节效应，构建双向调节变量模型如下：

$$qp=\beta_0+\beta_1 com+\beta_2(com)^2+\beta_3 oppo+\beta_4 com\times info+\beta_5(com)^2\times info+\beta_6 oppo\times\varepsilon_i$$

其中，qp 为产品质量水平，com 为市场竞争指数，$(com)^2$ 为市场竞争指数的二次方，控制变量 inc 为收入水平，edu 为受教育程度，age 为年龄，$info$ 为信息不对称程度，$com\times info$ 为信息不对称与市场竞争一次项的交互变量，$(com)^2\times info$ 为信息不对称与市场竞争二次项的交互变量，$oppo\times info$ 为信息不对称与机会主义的交互变量，ε_i 为随机误差项。

进行稳健性分析时，本节主要涉及 $info$、$com\times info$、$(com)^2\times info$、$oppo\times$

info 的系数，因为它们显著时反映了调节效应的方向，可以验证研究假说 H7.1、假说 H7.2 的稳健性。

参考 Meyer 等(2010)、辛讯和苗文涛(2018)的方法，采用层级回归法分析检验信息不对称(*info*)对产品质量(*qp*)的负向调节关系，并利用调节效应模型验证信息不对称对机会主义和市场竞争的双重负向调节效应。如表 7-5 所示。

表 7-5 回归分析

变量	方程(1)	方程(2)	方程(3)	方程(4)	方程(5)	方程(6)
	直接效应	加入中介变量 *oppo*	加入调节变量 *info*	加入交互变量 *oppo×info*	加入交互变量 *info×com*	加入交互变量 $oppo \times com^2$
C	-0.579* (0.272)	2.172* (0.278)	2.894* (0.287)	2.711* (0.306)	5.365* (1.246)	3.596* (0.386)
com	16.301* (1.092)	8.407* (0.987)	7.141* (0.951)	6.947* (0.956)	0.269** (4.267)	6.526* (0.943)
$(com)^2$	-15.205* (1.053)	-8.046* (0.935)	-6.212* (0.903)	-6.675* (0.904)	-0.347** (0.122)	-8.424* (1.008)
oppo		-0.450* (0.031)	-0.428* (0.029)	-0.250* (0.108)	-0.826* (0.355)	-0.255* (0.106)
info			-0.157* (0.025)	-0.075* (0.054)	-0.524* (0.128)	-0.052** (1.032)
oppo×info				-0.055* (0.033)	-0.041** (0.032)	-0.052** (1.032)
info×com					0.724** (0.189)	1.832* (1.227)
$info \times com^2$					-1.034** (1.133)	-0.635* (0.175)
R^2	0.430	0.747	0.713	0.716	0.730	0.728
F-statistic	112.009	125.112	180.279	145.72	111.13	128.74
样本量	1295	1295	1295	1295	1295	1295
AIC	1.63	0.834	0.964	0.968	0.922	0.923
DW	1.61	1.519	1.495	1.468	1.473	1.513

注：**表示 5%水平上显著，*表示 10%水平上显著。

由表 7-5 报告的结果显示，除了方程(5)的系数 *com*、$(com)^2$、*info×com*、$info \times com^2$ 没有通过假设检验外，其他系数都在 10%的显著性水平下显著，方程(1)至方程(4)和方程(6)中 $(com)^2$ 的系数均为负，表示市场竞争对产品质量的影响存在“倒U形”曲线关系。信息不对称系数为负且$p<0.05$，说明信息不对称对产品质量具有负面影响，从而验证了假设H7.1，信息不对称负向调节市场竞争对产品质量的影响。

关于信息不对称调节的路径，一方面，信息不对称通过对市场竞争施加影响（$info \times com^2$ 的系数为-0.635且$p<0.05$），从而证明了假说H7.1：信息不对称与市场竞争的交互作用对产品质量水平产生负面影响，[①] 即信息不对称负向调节市场竞争对产品质量的影响。另一方面，信息不对称通过调节市场竞争中的机会主义中介（$oppo \times info$ 的系数为-0.635且$p<0.05$），从而证明了假说H7.2：信息不对称与机会主义的交互作用对产品质量产生负面影响，即信息不对称负向调节厂商机会主义中介与产品质量的关系。假设检验的结果如表7-6所示。

表7-6 假设检验的结果

指标	路径描述	方向	回归系数	t-statistic
控制变量	收入水平			
	性别			
	城乡差异			
	职业			
因变量	市场竞争→产品质量	∩	-8.424*	1.008*
	机会主义→信息不对称→产品质量	-	-0.052**	1.032*
	市场竞争→信息不对称→产品质量	+	1.832*	1.227*
	市场竞争指数的二次方→信息不对称→产品质量	-	-0.635*	0.175*

注：**表示5%水平上显著，*表示10%水平上显著。

7.3.4 稳健性检验

本部分加入控制变量人均受教育程度（*edu*）、个人收入（*inc*）、被调查者年龄（*age*），对信息不对称对市场竞争条件下产品质量的库兹涅茨“倒U形”曲线的调节效应进行稳健性检验，并进一步检验本章假说的合理性，构建双向调节变量模型如下：

$$qp=\beta_0+\beta_1 com+\beta_2(com)^2+\beta_3 oppo+\beta_4 info+\beta_5 com\times info+\beta_6(com)^2\times info+\beta_7 oppo\times info+\gamma X_i+\varepsilon_i$$

① 调节效应和交互效应在统计学意义上虽无本质区别，但调节效应能够指定谁是自变量、谁是调节变量，而交互作用的地位是等价的。

其中，qp 为产品质量水平，com 为市场竞争度指数，$(com)^2$ 为市场竞争度指数的二次方，$info$ 为信息不对称程度，控制变量 inc 为收入水平，edu 为受教育程度，age 为年龄，$com \times info$ 为信息不对称与市场竞争一次项的交互变量，$(com)^2 \times info$ 为信息不对称与市场竞争二次项的交互变量，$oppo \times info$ 为信息不对称与机会主义的交互变量，X_i 为收入水平、受教育程度、年龄、居住地区等控制变量，ε_i 为随机误差项。如表 7-7 所示。

表 7-7 稳健性检验结果

变量	方程(6)	方程(7)	方程(8)	方程(9)
		加入 *edu*	加入 *inc*	加入 *age*
C	3.596* (0.386)	3.257* (0.733)	2.746* (0.390)	2.745* (0.018)
com	6.526* (0.943)	5.993* (0.903)	8.407* (0.987)	5.928* (0.886)
$(com)^2$	-8.424* (1.008)	-7.872* (0.964)	-7.336* (0.955)	-7.336* (0.959)
oppo	-0.255* (0.106)	-0.212* (0.201)	-0.171** (0.099)	-0.171** (0.100)
info		0.276* (0.080)	-0.208* (0.081)	-0.208* (0.081)
$oppo \times info$	-0.052** (1.032)	-0.062* (0.030)	-0.067* (0.030)	-0.067* (0.030)
$info \times com^2$	-0.635* (0.175)	-0.640* (0.166)	-0.529* (0.165)	-0.529* (0.166)
edu		0.098* (0.016)	0.083* (0.017)	0.083* (0.017)
inc			0.042* (0.011)	0.042* (0.011)
age				0.002** (0.024)
R^2	0.728	0.748	0.759	0.713
F-statistic	128.74	126.25	117.08	180.279
样本量	1295	1295	1295	1295
AIC	0.923	0.827	0.797	0.964
DW	1.513	1.451	1.456	1.495

注：表中数据***表示 1%水平上显著，**表示 5%水平上显著，*表示 10%水平上显著。

进行稳健性检验时，本节主要涉及 *info*、*com*×*info*、$(com)^2$×*info*、*oppo*×*info* 的系数，因为它们显著时反映了调节效应的方向，可以验证本章研究假说 H7.1、假说 H7.2 的稳健性。

稳健性检验结果表明，除了方程(9)的 *age* 变量对产品质量的影响统计不显著外，其他变量在 10%的显著性水平上均显著。由表 7-7中方程(7)至方程(8)的分析结果可知，在控制住变量人均受教育程度(*edu*)、个人收入(*inc*)、受调查者年龄(*age*)之后，信息不对称程度(*info*)对产品质量水平(*qp*)有显著的负向影响($\beta=-0.208$，$p<0.05$)，同时信息不对称(*info*)与机会主义(*oppo*)的交互效应(*oppo*×*info*)会对产品质量(*qp*)有显著的负向影响($\beta=-0.067$，$p<0.1$)，假说 H7.2 得到验证。另外，信息不对称与市场竞争二次项的交互效应($info\times com^2$)会对产品质量(*qp*)有显著的负向影响($\beta=-0.529$，$p<0.1$)，假说 H7.1 得到进一步验证。

由以上分析可知，信息不对称对市场竞争下的产品质量具有双重的负向调节作用。由方程(9)可以报告信息不对称对产品质量的双向调节效应如表 7-8 所示。

表 7-8 假设检验的结果

指标	路径描述	方向	回归系数	*t*-statistic
控制变量	收入水平	+	0.042	0.011
	受教育程度	+	0.071	0.017
	城镇化水平	+	0.032	0.016
	年龄	+	0.011	0.024
因变量	市场竞争→产品质量	∩	-4.62	-4.74
	机会主义→信息不对称→产品质量	-	-0.038	-0.884
	市场竞争→信息不对称→产品质量	-	-0.073	-1.990

如表 7-8 所示，本节假设信息不对称通过两条调节路径实现：①市场竞争→信息不对称→产品质量；②市场竞争→机会主义→信息不对称→产品质量。为保证分析结果的一致性，信息不对称对产品质量的双向调节效应的分析结果如表 7-9 所示。

表 7-9　信息不对称对产品质量的双向调节效应

调节效应		点估计	95%的置信区间	
对机会主义的调节效应	$oppo \times info$	-0.052	-0.042	-0.062
对市场竞争的调节效应	$info \times com^2$	-0.635	-0.588	-0.682
总效应	$oppo \times info + info \times com^2$	-0.687	-0.630	-0.744

利用 *EVIEWS* 8.0 软件，对信息不对称对产品质量的双向调节总效应进行测算，得到调节效应 $t_i = oppo \times info + info \times com + info \times com^2$。如图 7-6 所示，横轴是市场竞争指数(*com*)，纵轴是产品质量(*qp*)，其中 *qp* 是不存在中介效应和调节效应的产品质量曲线，*info-com* 表示加上信息不对称调节效应的产品质量曲线。由此可见，信息不对称对市场竞争与产品质量的关系具有负向调节效应，调节效应系数是-0.635。

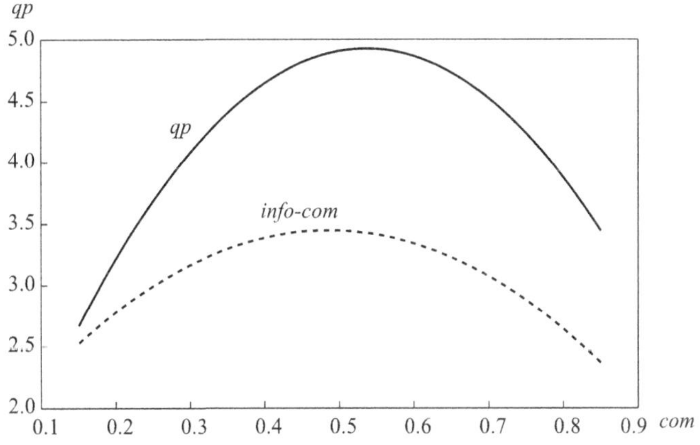

图 7-6　信息不对称负向调节市场竞争对产品质量的影响

信息不对称对机会主义与产品质量关系的调节效应如图 7-7 所示。横轴是市场竞争指数(*com*)，纵轴是产品质量(*qp*)，其中 *qp* 是不存在中介效应和调节效应的产品质量曲线，*oppo-com* 表示加上信息不对称调节效应的产品质量曲线。由此可见，信息不对称对机会主义与产品质量的关系具有负向调节效应，调节效应系数是-0.052。

另外，由于市场竞争二次项对产品质量的影响显著，信息不对称对产品质量的调节影响只是部分调节，调节效应占总体效应的 10.1%。

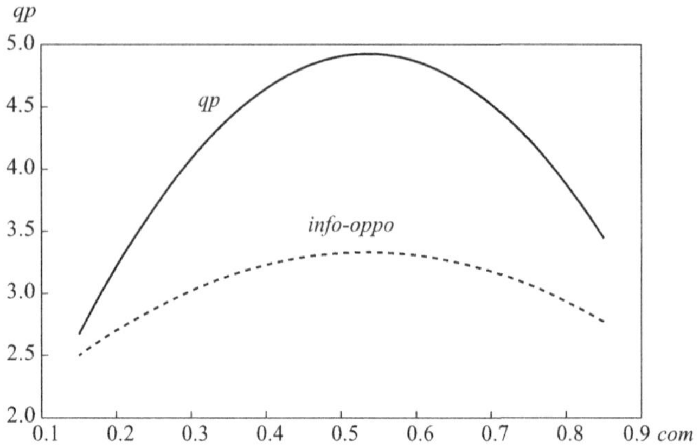

图 7-7　信息不对称负向调节厂商机会主义中介对产品质量的影响

7.3.5　实证分析结果讨论

第一，市场竞争对产品质量有着显著的非线性影响。刺激市场有效竞争，可以在一定程度上提升产品质量水平，过度竞争会降低交易市场的产品质量。这一结果为市场竞争与产品质量之间的“倒 U 形”曲线关系提供了微观证据。

第二，双调节效应的检验结果表明，信息不对称在市场竞争与产品质量关系中发挥着显著的负向调节效应，调节效应系数为-0.635；信息不对称在厂商机会主义与产品质量关系中发挥着显著的负向调节作用，调节效应系数为-0.052。

第三，稳健性检验中，加入了个人收入、年龄、受教育程度等控制变量，假说 H7.1、假说 H7.2 仍然可以得到验证，说明本节的实证结果是稳健、可靠的。

7.4　案例分析

第三节实证研究了信息不对称在市场竞争与产品质量关系的双向调节效应，这一结果为市场竞争与产品质量之间“倒 U 形”曲线关系的存在提供了微观方面的实证证据。本节通过案例分析，进一步验证信息不对称对市场竞争对产品质量影响的负向双重调节效应。

7.4.1 研究方法与案例选择

在国外，产品质量问题也屡见不鲜。例如，英国疯牛病、沙门菌猪肉污染，比利时“二噁英”鸡肉污染，1996 年欧洲“克—雅氏脑病”，马来西亚“日本脑炎”瘟疫，美国可口可乐污染、“兴奋剂猪”事件等均发生在竞争性市场下。国外的产品质量事件也有两种逻辑链条：“低价—劣质品”链条和“高价—劣质品”链条。

根据研究需要，遵循典型性原则，本书选择 2012 年曝光的比利时“二噁英”鸡肉污染事件(低价—劣质品)、英国疯牛病事件作为案例分析对象。选择该案例的理由如下。

第一，研究对象和研究目的的匹配性。食品加工和动物养殖业都是典型的竞争性市场结构，产品属于生活必需品，市场上有多家生产者和交易者，进入壁垒较低。

第二，资料的可获得性和可验证性。该事件经由多家媒体报道，在互联网上广泛传播，引起各国政府、监管机构、投资者、消费者、第三方认证机构、行业协会等的广泛关注，数据比较全面、客观，不仅有利于收集企业现实中的各种相关信息，也可以通过多边比对进行“三角验证”。

第三，1986 年的英国疯牛病事件、2009 年的比利时“二噁英”事件历经 10 年以上，监管效果已经体现出来，事件性质和产生机理也可以基本定论，研究时机基本成熟。

7.4.2 资料来源与数据整理

为构造完整的数据库，提高调查数据的效度，本节通过多种渠道收集相关资料，主要来自：①FDA 数据库中有关产品质量事件的分析。②Wiley、BioOne、NCBI 数据库。③EMA 数据库的相关数据。④NCBI、Taylor & Francis、Oxford Univ Press、Europe PMC 的相关数据。⑤百度学术的相关文章。此外，为了尽可能减少收集到的数据资料在用于案例分析时信息失真，在材料收集和整理过程中采取了多边比对的“三角验证法”验证数据，以剔除不合逻辑的数据和失真的数据，保证数据的信度和效度。

数据的收集和整理分三个阶段进行：第一阶段，广泛收集相关研究数据，并对收集到的数据进行整理、排序和编码；第二阶段，处理研究数据的缺失、遗漏和不规范问题；第三阶段，对数据逻辑矛盾和偏差的审视，探寻收集数据的差异性原因，及时剔除不合格数据。

7.4.3 案例分析与研究发现

对国内外产品质量事件进行分析，可以梳理出信息不对称对市场竞争下产品质量的影响逻辑。

7.4.3.1 信息不对称负向调节市场竞争与产品质量的关系

首先，英国政府对疯牛病疫情初期管理的滞后，导致了牛肉产品质量危机的蔓延和扩散。为了稳定人心，英国政府一边委任专家对疯牛病的原因进行研究，另一边公布信息称没有任何证据证明疯牛病可以传染给人类。其次，没有向牛肉经营者传递信息，告知其危害性。最后，牛农不甘心亏本，于是病牛进一步流入市场。英国政府虽然于1988年认定动物蛋白质(牛骨粉)是引起疯牛病的原因，但未加以公布说明，致使多达70个国家和地区进口了疑似感染疯牛病的蛋白质饲料。

如图7-8所示，2016—2019年欧洲食品质量事件中，有49.50%是“标签欺诈”导致的信息不对称，11.10%是“警示标志不规范”导致的信息不对称，生产者的道德风险行为如食品违法添加(23.00%)和生产过程不规范(16.40%)也是市场竞争条件下产品质量问题产生的主要原因。

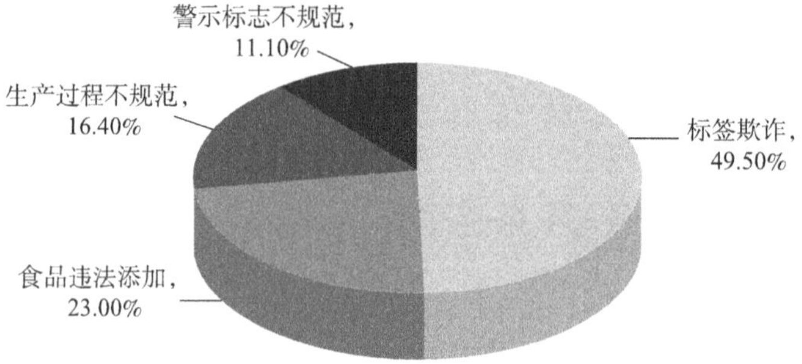

图7-8 2016—2019年欧洲食品质量事件的原因

资料来源：European Commission. The EU Food Fraud Network and the System for Administrative Assistance & Food Fraud[R]. Annual Report, 2019.

在比利时“二噁英”鸡肉事件中，产品质量具有信息不对称特征。以“二噁英”鸡肉为代表的食品具有明显的信任品特征，[①] 食用含“二噁英”的鸡和禽

① 德国专家认为，“二噁英”共有220种，其中10种具有轻微毒性，现有科技食品还没有证明人体摄入剂量与食物中毒间的关系，没有一致结论。德国食品安全法规定，每公斤体重日摄入“二噁英”的量不得超过1微微克，荷兰是德国的4倍，加拿大是10倍，美国规定0.3微微克。

蛋不会立即中毒，食品质量安全信息具有不可验证性，消费者能够搜寻到的产品质量信息不足以证明其危害，在对这类信任品特征的食品进行监管的过程中，检验成分费时费力，分析化验工作通常需要 30 天左右，花费数千美元，成本高，信息反馈链长。在供应链的各个环节，行为主体之间都可能做出道德风险行为，验证了假说 H7.1：信息不对称负向调节市场竞争对产品质量的影响。

7.4.3.2 信息不对称负向调节厂商机会主义中介与产品质量的关系

美欧的产品质量事件多来自饲料，欧洲的垃圾再利用已经达到了先进的程度，所有人类垃圾都得到了充分利用，鸡、猪是人类垃圾最好的消纳者。出于利益驱动，奶牛养殖户把低成本的牛骨粉喂给奶牛，禽类养殖户为降低养殖成本把有毒垃圾喂给鸡，导致鸡体内“二噁英”含量过高。在疯牛病事件发生后，牛农不甘心亏本，产生机会主义行为，于是病牛进一步流入市场交易环节，致使病毒蔓延。根据 2010 年 Kearney 的报道，EMA 造成的产品质量伤害导致消费者每年损失 1.0 亿~1.5 亿美元，这个费用是美国所有公司 2%~15%的年收入。根据 *Europe Food Production Daily* 的数据，2012 年德国、法国、瑞士等国发生的在汉堡的速冻食品、冷冻意式宽面中以马肉、猪肉充当牛肉降低成本欺诈消费者事件，已导致产业链上的生产商数千万欧元的损失，有些损失已经转嫁给消费者。2000—2019 年，EMA 数据库的 642 例食品质量安全事件数据表明(见表 7-10)，利益驱动型的机会主义是食品质量安全问题的主要原因。主要的欺诈形式是虚假标识、人工色素非法添加、假冒伪劣、食品假冒、添加非食品添加剂(工业原料)、以次充好、产品仿制、蓄意售卖污染食品、以工业品替代食品、废弃食品回收再出售等机会主义行为，从而验证假说 H7.2：信息不对称强化厂商机会主义行为，对产品质量起到负向调节作用。

表 7-10 2000—2019 年经济驱动型食品质量安全事件数据

欺诈方式	事件数/例	比重/%
虚假标识	177	27.57
人工色素非法添加	104	16.20
假冒伪劣	97	15.11
食品假冒	76	11.84
添加非食品添加剂	57	8.88

续表

欺诈方式	事件数/例	比重/%
以次充好	45	7.01
产品仿制	41	6.39
蓄意售卖污染食品	19	2.96
以工业品替代食品	15	2.34
废弃食品回收再出售	11	1.71

数据来源：EMA 数据库。

7.5 小结

本章采用动态博弈理论分析，揭示信息不对称调节市场竞争与产品质量关系的微观机理；基于统计调查数据，选择调节效应模型作为研究方法，对市场竞争下信息不对称对产品质量的影响进行了实证分析；基于国内外的产品质量案例进行了验证分析。

本章结论：第一，信息不对称是市场竞争条件下产品质量问题产生的外部环境原因，对产品质量具有负向影响。这种负向影响是通过外部调节效应实现的。第二，信息不对称在市场竞争对产品质量的影响中发挥着显著的负向调节效应，调节效应系数为-0.635，从而验证了本章研究假说 H7.1。另外，信息不对称在厂商机会主义中介对产品质量影响中发挥着显著的负向调节效应，调节效应系数为-0.052，从而验证了本章研究假说 H7.2。第三，稳健性检验中，加入了个人收入、年龄、受教育程度等控制变量，假说 H7.1 和假说 H7.2 仍然可以得到验证，说明本节实证结果是稳健、可靠的。

本章启示：第一，在市场竞争条件下，在产品质量监管中，利用信息显示、信息传递、信息甄别机制缓解产品质量信息不对称，降低市场竞争对产品质量的负面影响；第二，由于信息不对称在厂商机会主义中介变量与产品质量关系中发挥着显著的负向调节效应，所以利用信息机制抑制厂商机会主义行为，采用数字化驱动产品高质量发展动能接续转换，是提升产品质量的重要途径之一。

8 市场竞争、多元化监管与产品质量

第七章从外部层面，基于统计调查数据，验证信息不对称对产品质量的双向调节效应，提出了市场竞争对产品质量的影响路径之二：信息不对称对市场竞争度与产品质量的关系存在显著的负向双调节效应。本章从制度层面，基于新制度经济学的有限理性理论，利用动态博弈分析法、仿真分析法与实证分析法，通过构建多主体动态博弈理论模型和滞后效应实证模型，探究市场竞争下产品质量问题的监管层面因素——多元化监管对产品质量的影响。

为了研究上述问题，第一节通过构建动态演化博弈模型进行理论分析，揭示政府监管、消费者参与、第三方认证对产品质量影响的微观机理；第二节研究设计与变量说明，借鉴赫伯特·西蒙(1975)和奥利弗·威廉姆森(1985)的有限理性理论，选择分布滞后模型(PDL)作为研究方法，对市场竞争、多元化监管和产品质量的相关变量进行测度，构建阿尔蒙分布滞后模型；第三节对政府监管、消费者参与、第三方认证对产品质量的影响进行阿尔蒙参数估计检验与稳健性检验；第四节基于国内外的产品质量案例进行验证性分析，证明多元化监管对产品质量的滞后影响效应。

8.1 理论分析

市场竞争下产品质量提升有赖于产品质量监管的有效运行，然而监管并非总是行之有效，由于利益相关者的有限理性，因此总是存在监管失灵的潜在风险。本节在厘清多元化监管对产品质量作用机理的基础上，考虑人的有限理性约束，对多元化监管进行双重属性假设(规制有效与规制无效)，采用演化博弈和仿真分析多元化监管行为对产品质量的影响，为下节的实证分析做必要的理论铺陈。

8.1.1 理论回顾

产品质量监管是设定一个产品质量底线，在确保总体产品质量基础上，建立有效的约束机制和激励机制，不断通过提高产品质量以更好地满足消费者的需要。① 产品质量监管往往采用多元化监管，即采用新合作主义规制框架——含有不受约束力的标准和规则，以公私合作、自我规制为特征，② 多监管主体包括政府、社会与市场，如表 8-1 所示。

表 8-1 产品质量多元化监管的主要形式

概念	优点	缺点	微观管理
市场规制	有市场竞争约束和胜出市场竞争的激励机制	事后监管，滞后期短，社会经济成本高，容易产生监管失灵	依靠信息机制对产品质量水平进行外部管理，注重结果监管
政府监管	具有较好的强制性、较短的时滞、较低的交易成本	受限于监管成本、监管资源	依靠行政命令对微观经济主体进行外部管理，监管范围大
社会规制	监管范围广、成本低、成员多	信息反馈链长，组织松散、组织成员多，不容易达成一致行动	依靠媒体曝光、消费者参与等对产品质量进行结果监管

政府监管是由法律授权的政府监管机构，依照一定法律法规对被规制企业采取的行政管理和监督行为，目的在于矫正产品生产和市场交易中经济主体行为的负外部性、信息不对称等市场失灵现象。③ 政府主导的产品质量监管最基本的职能，是为社会监管机构构建一个规制有效的平台，多为全过程的安全监管，这也是产品质量规制中政府主导功能的意义所在。市场竞争条件下的产品质量监管中，政府是监管的主体。政府监管行为有两种结果：规制有效和规制失灵。规制失灵的具体表现为：腐败、保护不力、政企合谋、寻租等，会造成资源配置性效率低下和适应性效率机制难以形成。④ 地方政府出于政策目标与政治绩效等方面的考虑会掩饰，甚至庇护企业，造成政府监管失灵。⑤ 政府监管是一项系统工程，受人力、物力、财力等规制成本限制，难

① 王俊豪．产业经济学：第三版［M］．北京：高等教育出版社，2016.

② Bandura A. Social cognitive theory of self-regulation［J］. Organizational Behavior & Human Decision Processes，1991，50（2）：248-287.

③ 植草益．微观规制经济学［M］．朱绍文，译．北京：中国发展出版社，1992.

④ 诺斯．制度、制度变迁与经济绩效［M］．杭行，译．上海：上海三联书店，1994：150.

⑤ 龚强，雷丽衡，袁燕．政策性负担、规制俘获与食品安全［J］．经济研究，2015（8）：4-15.

以达到全方位监控。为了降低政府监管成本，提高规制资源的配置效率，市场竞争下的产品质量监管还需要社会力量和市场力量的介入，这能在一定程度上缓解政府监管俘获。

市场规制是政府监管的有效补充，依靠信息机制、第三方认证机制对产品质量进行内部管理，多属于事后监管，具有社会经济成本高的特点，且市场监管并非总是行之有效的，存在"道德越狱"监管失灵的潜在风险，甚至陷入市场失灵和政府俘获的双重迷失。[①]

社会规制是政府和市场的有效补充，主要依靠媒体曝光、消费者参与等方式对产品质量进行结果监管。社会规制主体包括消费者、媒体、社会组织等。社会监管信息反馈链长，组织松散、组织成员多，不容易达成一致行动，具有明显的滞后性特征。

市场过度竞争体现为一种异化的社会生产关系，这种社会关系体现为厂商、政府、消费者、第三方认证机构及社会公众之间的关系。根据新制度经济学派威廉姆森、西蒙的有限理性理论，厂商、政府、第三方认证机构、消费者等主要利益相关者都是有限理性人，对市场环境的认知是不充分的。经济主体在各自衡量成本—收益基础上，相互研究对方的策略并不断调整各自行动，[②] 不断进行决策博弈。郭鹏菲(2018)基于演化博弈模型，分析了农产品质量监管中食品加工企业、政府、消费者的参与机制，对多方参与行为进行博弈分析。研究结果表明，政府监管行为、媒体介入行为、消费者行为对产品质量水平有显著影响。[③] 于涛、刘长玉(2016)探讨了政府与第三方认证机构在产品质量监管中的演化博弈过程并进行仿真分析。[④] 宋焕、王瑞梅、胡好(2018)研究了全程追溯制度下的食品企业与政府的演化博弈过程，并进行了模拟仿真分析。[⑤]

多元化监管的社会主体也是"有限理性人"，在行动决策中存在自利行为，且对监管对象具有有限认识。其中，消费者是产品质量的直接利益相关者，

---

① 朱富强．自发市场中的过度竞争及其问题：欲求膨胀、策略性行为和社会资源浪费[J]．云南大学学报(社会科学版)，2019(2)：107-115.

② Martinez M G，Fearne A，Caswell J A，et al. Co-regulation as a possible model for food safety governance：Opportunities for Public-Private Partnerships[J]．Food Policy，2007，32(3)：299-314.

③ 郭鹏菲．多主体参与下农产品质量安全监管机制演化博弈分析[D]．济南：山东师范大学，2018.

④ 于涛，刘长玉．政府与第三方在产品质量监管中的演化博弈分析及仿真研究[J]．中国管理科学，2016(6)：90-96.

⑤ 宋焕，王瑞梅，胡好．全程追溯制度下的食品企业与政府的演化博弈分析[J]．大连理工大学学报(社会科学版)，2018(4)：29-34.

是社会规制的主体之一。消费者参与行为指消费者通过消费体验，发挥监督作用，通过评价、投诉等方式提高规制效率，同时难以形成集体行动。

在美国，第三方机构有美国的计量大会(NCWM)、Baldrige 国家质量计划等。我国的第三方中介规制机构起源于 2000 年后，是由国家认证认可监督管理委员会批准设立并授权的，主要有 CMA、CNAS、CMAF 三类，确保企业产品生产的合法性、合规性。[①] 中介机构为厂商提供信息咨询、检验认证、评估鉴定等服务，降低市场交易成本。第三方认证可以部分地解决由规制失灵带来的诱致性变迁的外部性问题，能够屏蔽作为“经济人”的政府、厂商和组织的机会主义问题，是政府监管必要的补充。[②] 产品质量认证行为还具有信息传递和甄别功能，会在一定程度上负向调节信息不对称，[③] 可以为消费者进行产品质量信息甄别提供权威可信的依据。[④] 本章以第三方认证为市场规制的主要代理变量。[⑤]

在市场竞争下的产品质量监管中，有限理性可能导致多元化监管失灵。政府可能因为降低成本、保护企业的动机出现弱监管行为；消费者参与行为分散化，难以实现集体行动；参与产品质量监管时的第三方认证机构被企业“收买”问题。第三方认证机构在利益驱使下，可能失去独立性原则，虚假调高产品质量评级以谋取虚高评级获得经济利益。[⑥]

8.1.2 多元化监管对产品质量影响的动态演化博弈分析

8.1.2.1 模型假设

在多元化监管下，选择以政府监管部门、厂商、第三方认证机构三方为主体，为了建构模型和简化计算的需要，特做如下假设。

假设 1：模型中有三个参与人，且都是“有限理性人”，风险偏好类型是风险中性，其生产行为由其获得的长期效用决定；政府监管机构为参与人 1，

① 依据中国检验认证(集团)有限公司(CCIC)发布的《检验检测机构资质认定管理办法》，自 2015 年 8 月 1 日起，CMAF 证书正式与 CMA 证书统一合并为 CMA 证书。

② 陈艳莹，王丽丽．质量认证中介与经验品市场的发展[J]．工业技术经济，2010(8)：65-68.

③ Jiang Zhao，Ksenia Gerasimova，Yala Peng，et al. Information Asymmetry，Third Party Certification and the Integration of Organic Food Value Chain In China)[J]. Food Weekly News，2020，12(1)：901-935.

④ Albersmeier F，Schulze H，Jahn G，et al. The Reliability of Third-Party Certification in the Food Chain：From Checklists to Risk-Oriented Auditing[J]. Food Control，2009，20(10)：927-935.

⑤ 市场规制的主体除了第三方中介外，还有媒体、非营利社会组织等。

⑥ 史璐．政府管制经济学[M]．北京：知识产权出版社，2012：145.

厂商会一直从事产品生产活动，为参与人 2，第三方认证机构为参与人 3。

假设 2：厂商和委托人在生产行为方面存在信息不对称，厂商占信息优势。政府监管机构的策略选择空间为 $\alpha=(\alpha_1,\ \alpha_2)=$（强监管，弱监管）；厂商在生产的过程中，有两个策略选择空间 $\beta=(\beta_1,\ \beta_2)=$（生产高质量产品，生产低质量产品）；第三方认证机构的策略选择空间 $\gamma=(\gamma_1,\ \gamma_2)=$（不寻租，寻租）。各博弈主体之间存在序贯理性(Sequential Rationality)。监管部门选择严格监管的概率为 x，选择宽松监管的概率为 $1-x$；厂商选择生产安全产品的比例为 y，选择生产不安全产品的比例为 $1-y$。第三方机构以 z 的概率选择拒绝寻租，以 $1-z$ 的概率选择寻租($0<x,\ y,\ z<1$)。

假设 3：产品厂商销售产品的预期正常收入是 I_1；若产品不合格，厂商会受到一定处罚，罚款额为 F。如果政府强监管，社会上产品质量状况良好，则政府监管机构会得到一定奖励，数额为 J；如果政府弱监管，社会上产品质量状况低下，则政府监管机构会受到一定处罚，数额为 F_g；C_g 为监管机构实施监管的成本（监管成本、检测成本、评估成本等）。主要参数及其含义如表 8-2 所示。

表 8-2　主要参数及其含义

参数	参数含义
x	规制部门选择严格监管的概率为 x，选择宽松监管的概率为 $1-x$
y	厂商选择生产高质量产品的比例为 y
z	第三方认证机构拒绝寻租的概率为 z，以 $1-z$ 的概率选择寻租
C_h	强化产品质量投入、生产高质量产品时的生产成本
C_1	忽视产品质量投入、生产低质量产品时的生产成本
C_{gh}	政府实施强监管的成本
C_{g1}	政府实施弱监管的成本
p	消费者买到劣质品时维权概率
S	消费者维权时厂商补偿和召回成本
E	消费者正面评价会使厂商获得收益
T	消费者负面评价会导致厂商的损失
I_1	厂商销售产品的预期正常收入
F_t	通过认证的产品不合格，通过认证第三方受到的罚款额

续表

参数	参数含义
F	产品不合格，厂商会受到一定数额的罚款
R	产品质量良好时的社会声誉
$-R$	政府监管部门遭受的声誉损失
J	政府实施强监管，产品质量状况良好，则政府监管机构的奖励数额
F_g	政府实施弱监管，产品质量降低，则政府监管机构受到处罚的数额
C_g	监管机构的成本(监管成本、检测成本、评估成本等)

8.1.2.2 多元化监管对产品质量影响的演化博弈分析

通过上述模型中第三方参与的产品质量混合战略博弈矩阵，可以分析三方博弈行为。

(1)政府行为

政府监管机构选择“强监管”的期望收益 E_{gh} 为：

$$\begin{aligned}E_{gh}&=yz(R-C_{gh}-B)+y(1-z)(R-C_h-B+F_t)+(1-y)(1-z)(F+F_t-R-C_{gh}-B)\\&=2yR+zR-yzR-C_{gh}-B+F-yF+F_t-zF_t\end{aligned}$$

政府监管机构选择“弱监管”的期望收益 E_{g1} 为：

$$\begin{aligned}E_{g1}&=yz(R-C_{g1}-B)+y(1-z)(R-C_{g1}-B)+(1-y)(1-z)(-R-C_{g1}-B)\\&=2yR+zR-yzR-R-C_{g1}-B\end{aligned}$$

政府监管机构的平均收益为 $\overline{E}_g=xE_{gh}+(1-x)E_{g1}$，政府监管机构选择“强监管”的复制动态方程为：

$$\begin{aligned}F(x)&=\frac{\mathrm{d}x}{\mathrm{d}t}=x(E_{gh}-\overline{E}_g)\\&=x(x-1)(E_{gh}-E_{g1})=x(x-1)(C_{gh}-C_{g1}-F-F_t+zF_t+yF)\end{aligned}$$

(2)厂商行为

厂商选择“生产高质量产品”的期望收益 E_h 为：

$$\begin{aligned}E_h&=xz(V-C_h)+z(1-x)(V-C_h)+x(1-z)(V-C_h)+(1-x)(1-z)(V-C_H)\\&=V-C_h\end{aligned}$$

厂商选择“生产低质量产品”的期望收益 E_1 为：

$$\begin{aligned}E_1&=xz(-C_1-F)+z(1-x)(-C_1)+x(1-z)(V-C_1-C_s-F)+(1-x)(1-z)(V-C_1-C_s)\\&=-xF+V-zV-C_1-C_s+zC_s\end{aligned}$$

生产厂商的平均收益 $\overline{E}$ 为：

$$\overline{E}=yE_h+(1-y)E_1$$

因此，生产厂商选择“生产高质量产品”的策略比例的复制动态方程为：

$$\begin{aligned}F(y)=\frac{\mathrm{d}y}{\mathrm{d}t}&=y(E_h-\overline{E})\\&=y(y-1)(C_h-C_1-xF-C_S-zV+zC_S)\end{aligned}$$

(3)第三方行为

第三方监管机构选择“寻租”的期望收益 E_{t1} 为：

$$\begin{aligned}E_{t1}&=xy(B-C_t-F_t)+y(1-x)(B-C_t)+(1-x)(1-y)(B+S-C_t)+x(1-y)(B+S-C_t-F_t)\\&=B+S-C_t-xF_t-yS\end{aligned}$$

第三方监管机构选择“不寻租”的期望收益 E_{th} 为：

$$E_{th}=xy(B-C_t)+y(1-x)(B-C_t)+(1-x)(1-y)(B-C_t)+x(1-y)(B-C_t)=(B-C_t)$$

第三方监管机构的平均收益 $\overline{E}_t$ 为：

$$\overline{E}_t=zE_{th}+(1-z)E_{t1}$$

因此，第三方监管机构选择不寻租的策略比例的复制动态方程为：

$$F(z)=\frac{\mathrm{d}z}{\mathrm{d}t}=z(z-1)(S-xF_t-yS)$$

8.1.2.3 多主体博弈动态稳定策略

(1)政府监管机构的稳定策略

根据政府部门选择“强监管”策略的复制动态方程为：

$$F(x)=x(x-1)(C_{gh}-C_{g1}-F-F_t+zF_t+yF)$$

求导得：

$$\frac{\mathrm{d}(F(x))}{\mathrm{d}x}=(2x-1)(C_{gh}-C_{g1}-F-F_t+zF_t+yF)$$

第一，y 值变化对 x 值演化及稳定性的影响分析。厂商选择“生产安全产品”的概率 y 值变化对政府监管机构选择“强监管”策略的概率 x 值演化及其稳定性影响如下：

若$\frac{\mathrm{d}(F(x))}{\mathrm{d}x}=0$，$y=\frac{C_{gh}-C_{g1}-F-F_t+zF_t}{F}$，无论 y 如何变化，所有 x 都处于稳定状态，如图 8-1(a)所示；若 $y>\frac{C_{gh}-C_{g1}-F-F_t+zF_t}{F}$，$x^*=0$ 为政府监管机

构的演化稳定策略，如图 8-1(b)所示；若 $y<\frac{C_{gh}-C_{g1}-F-F_t+zF_t}{F}$，$x^*=1$ 为政府监管机构的演化稳定策略，如图 8-1(c)所示。

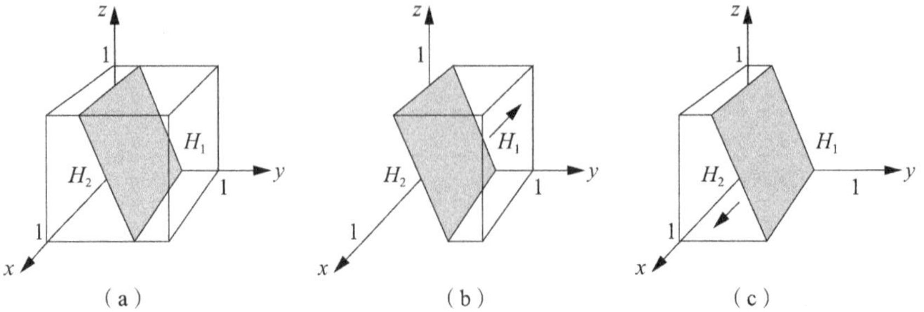

图 8-1　厂商生产策略比例变化对政府监管机构稳定策略变化的影响

结论 1：政府监管机构选择强监管的概率随着厂商选择“生产高质量产品”策略概率的增加而减少。

第二，z 值变化对 x 值演化及稳定性的影响分析。第三方认证机构选择“不寻租”策略的概率 z 值变化对政府监管机构选择“强监管”策略的概率 x 值演化及其稳定性影响如下：

$\frac{d(F(x))}{dx}=0$，$C_{gh}-C_{g1}-F-F_t+zF_t+yF=0$，$z=\frac{F+F_t-yF-(C_{gh}-C_{g1})}{F_t}$，无论 z 如何变化，所有 x 都处于稳定状态；若 $z>\frac{F+F_t-yF-(C_{gh}-C_{g1})}{F_t}$，$x^*=0$ 为政府监管机构的演化稳定策略；若 $z<\frac{F+F_t-yF-(C_{gh}-C_{g1})}{F_t}$，$x^*=1$ 为政府监管机构的演化稳定策略。

结论 2：政府监管机构选择强监管的概率随着第三方认证机构选择“不寻租”策略概率的增加而减少。

(2)生产厂商的稳定策略

根据厂商选择“生产高质量产品”策略概率的复制动态方程：

$$F(y)=\frac{dy}{dt}=y(E_h-\overline{E})=y(y-1)(C_h-C_1-xF-C_s-zV+zC_s)$$

求偏导数得：

$$\frac{d(F(y))}{dy}=(2y-1)(C_h-C_1-xF-C_s-zV+zC_s)$$

第一，x 值变化对 y 值演化及稳定性的影响分析。政府监管机构选择“强监管"策略的概率 x 值变化对厂商选择"生产高质量产品"的概率 y 值演化及其稳定性影响如下：

若 $x=\frac{C_h-C_1-C_S-zV+zC_s}{F}$，无论 x 如何变化，所有 y 都处于稳定状态，如图 8-2(a)所示；若 $x>\frac{C_h-C_1-C_s-zV+zC_s}{F}$，$y^*=1$ 为厂商的演化稳定策略，如图 8-2(b)所示；若 $x<\frac{C_h-C_1-C_s-zV+zC_s}{F}$，$y^*=0$ 为厂商的演化稳定策略，如图 8-2(c)所示。

结论 3：政府监管机构选择强监管的概率会对厂商选择"生产高质量产品"策略概率有正向影响。

第二，z 值变化对 y 值演化及稳定性的影响分析。第三方认证机构选择"不寻租"策略的概率 z 值变化对厂商选择"生产安全产品"的概率 y 值演化及其稳定性影响如下：

若 $z=\frac{C_h-C_1-C_s-xF}{V-C_s}$，无论 z 如何变化，所有 y 都处于稳定状态；若 $z>\frac{C_h-C_1-C_s-xF}{V-C_s}$，$y^*=1$ 为厂商的演化稳定策略；若 $z<\frac{C_h-C_1-C_s-xF}{V-C_s}$，$y^*=0$ 为厂商的演化稳定策略。

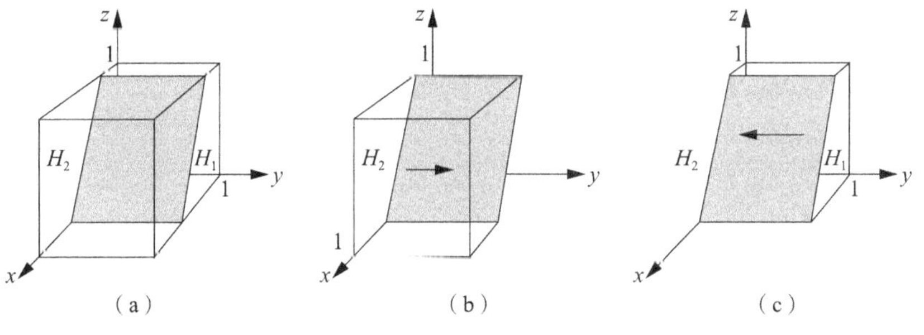

图 8-2 政府监管机构策略比例变化对厂商稳定策略变化的影响

结论 4：第三方认证机构选择"不寻租"策略的概率 z 值会对厂商选择"生产高质量产品"策略概率有正向影响。

(3)第三方认证机构的稳定策略

第三方认证机构选择"不寻租"的策略比例的复制动态方程为：

$$F(z)=\frac{\mathrm{d}z}{\mathrm{d}t}=z(z-1)(S-xF_t-yS)$$

$$\frac{\mathrm{d}(F(z))}{\mathrm{d}z}=(2z-1)(S-xF_t-yS)$$

第一，x 值变化对 z 值演化及稳定性的影响分析。政府监管机构选择“强监管”策略的概率 x 值变化对第三方认证机构选择生产“不寻租”的概率 z 值演化及其稳定性影响如下：

若 $x=\frac{S-yS}{F_t}$，无论 x 如何变化，所有 z 都处于稳定状态；若 $x>\frac{S-yS}{F_t}$，$z^*=1$ 为厂商的演化稳定策略；若 $x<\frac{S-yS}{F_t}$，$z^*=0$ 为厂商的演化稳定策略。

结论 5：政府监管机构选择“强监管”的概率会对厂商选择“生产高质量产品”策略概率产生正向影响。

第二，y 值变化对 z 值演化及稳定性的影响分析。厂商选择生产“安全产品”的概率 y 值变化对第三方认证机构选择“不寻租”策略的概率 z 值演化及其稳定性影响如下：

若 $y=\frac{S-xF_t}{S}$，无论 y 如何变化，所有 z 都处于稳定状态；若 $y>\frac{S-xF_t}{S}$，$z^*=1$ 为厂商的演化稳定策略；若 $y<\frac{S-xF_T}{S}$，$z^*=0$ 为厂商的演化稳定策略。

由以上分析可知，厂商选择生产安全产品的策略比例的复制动态及演化稳定策略如图 8-3 所示。图 8-3(b)中，图形 H_1 的体积代表第三方认证机构“拒绝寻租”的概率；图 8-3(c)中，图形 H_2 的体积代表第三方认证机构“接受寻租”的概率。

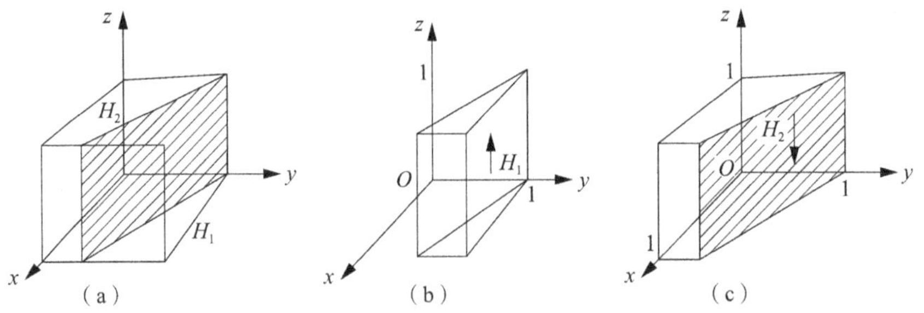

图 8-3　政府监管机构策略比例变化对第三方认证机构稳定策略变化的影响

8.1.3 多元化监管对产品质量影响的动态仿真分析

8.1.3.1 政府监管机构的策略分析

若 $z>\dfrac{F+F_t-yF-(C_{gh}-C_{g1})}{F_t}$，$x^*=0$ 为政府监管机构的演化稳定策略，如图 8-4(a)所示。从图 8-4(a)也可以看出，若 $x=0.2$、0.4、0.6、0.8 时，根据 y 和 z 的不同取值，政府监管严格程度也将收敛于不同路径。厂商选择“安全生产”和第三方认证机构“拒绝寻租”的初始比例将影响产品质量的演化结果。

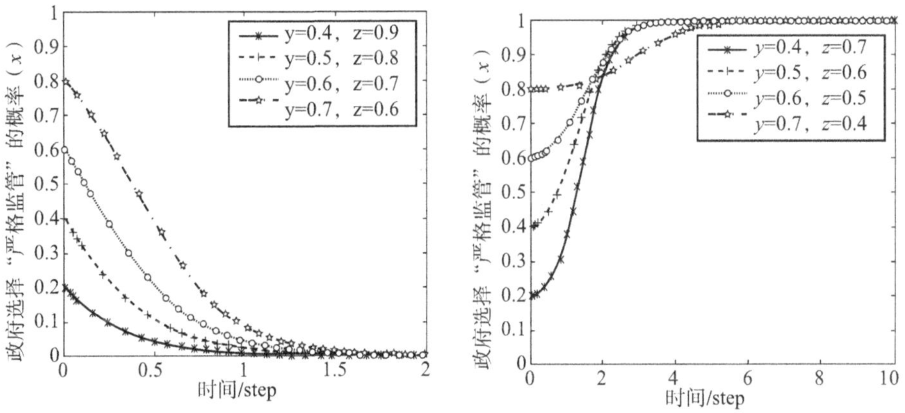

（a） （b）

图 8-4 政府监管机构的演化稳定策略

若 $z<\dfrac{F+F_t-yF-(C_{gh}-C_{g1})}{F_t}$，令 $C_h=5$；$C_1=2$；$C_s=2.2$；$F=2.2$；$F_t=2.3$；$C_{gh}=3.2$；$C_{g1}=2.2$；$V=3$；$S=3.2$，$x^*=1$ 为政府监管机构的演化稳定策略，如图 8-4(b)所示。从图 8-4(b)也可以看出，若 $x=0.2$、0.4、0.6、0.8 时，根据 y 和 z 的不同取值，政府监管严格程度也将收敛于不同路径。厂商选择生产“高质量产品”和第三方认证机构“拒绝寻租”的初始比例将影响产品质量的演化结果。

图 8-4 表明，当第三方认证机构“拒绝寻租”的概率越大时，政府越倾向于“宽松监管”；当第三方认证机构“拒绝寻租”的概率越小时，政府越倾向于“严格监管”。因为当第三方认证机构“拒绝寻租”时，厂商生产的劣质品得不到认证，导致劣质品卖不出去而成本损失加大。为避免生产成本损失，厂商会选择生产“高质量产品”，此时政府倾向于“宽松监管”，是一种交易成本最

低的理想状态。

8.1.3.2 厂商稳定策略仿真分析

若 $x>\frac{C_h-C_1-C_s-zV+zC_s}{F}$，令 $C_h=7.5$；$C_1=2$；$C_s=2.2$；$F=2.1$；$F_t=2.3$；$C_{gh}=6$；$C_{g1}=3$；$V=3$；$S=3.2$，$y^*=1$ 为厂商的演化稳定策略，如图 8-5(a)所示。从图 8-5(a)也可以看出，若 $y=0.2$、0.4、0.6、0.8 时，根据 x 和 z 的不同取值，厂商选择“生产优质品”的概率也将收敛于不同路径。政府选择“强监管”的概率和第三方认证机构“拒绝寻租”的初始概率将影响产品质量的演化结果。

若 $x<\frac{C_h-C_1-C_s-zV+zC_s}{F}$，令 $C_h=5$；$C_1=2$；$C_S=2.2$；$F=2.2$；$F_t=2.3$；$C_{gh}=3.8$；$C_{g1}=3$；$V=3$；$S=3.1$，$y^*=0$ 为厂商的演化稳定策略，如图 8-5(b)所示。从图 8-5(b)也可以看出，若 $y=0.2$、0.4、0.6、0.8 时，根据 x 和 y 的不同取值，厂商选择“生产优质品”的概率也将收敛于不同路径。政府选择“强监管”的概率和第三方认证机构“拒绝寻租”的初始概率将影响产品质量的演化结果。

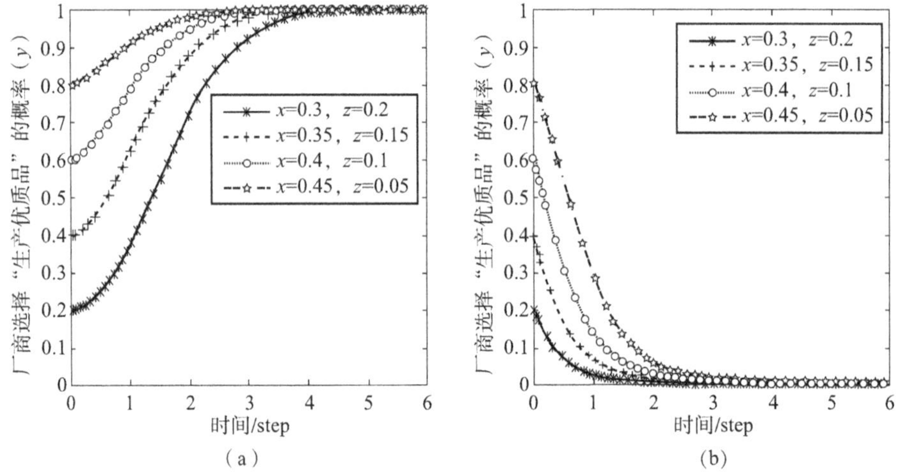

图 8-5 厂商稳定策略

图 8-5 表明，当政府选择“严格监管”的概率越大时，厂商越倾向于选择“生产优质品”；当政府选择“严格监管”的概率越小时，厂商越倾向选择“生产劣质品”。因为当政府选择“严格监管”，厂商和第三方机构之间若存在“寻租”行为时，一定会被政府发现并受到严惩。为规避惩罚，第三方机构会选择

“拒绝寻租”策略；同理，厂商会倾向于选择“生产高质量的优质品”。所以，为避免厂商和第三方机构之间存在“寻租”行为，政府应加大处罚力度，选择“强监管”策略。

8.1.3.3 第三方机构策略仿真分析

若 $y>\frac{S-xF_t}{S}$，令 $C_h=7.1$；$C_1=2$；$C_s=2.2$；$F=2.1$；$F_t=2.3$；$C_{gh}=7$；$C_{g1}=3$；$V=3$；$S=3.2$，$z^*=1$ 为厂商的演化稳定策略，如图 8-6 所示。

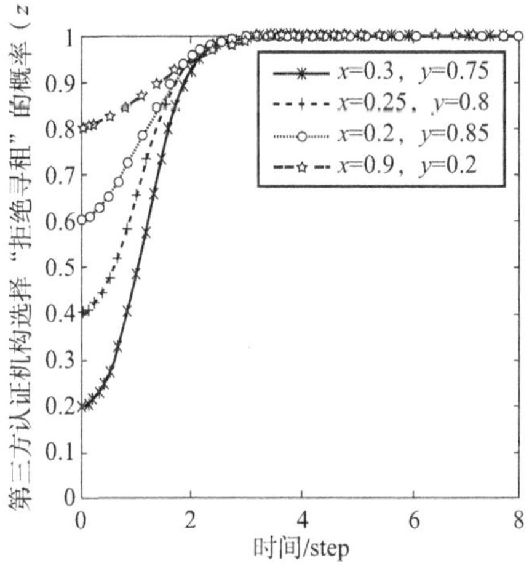

图 8-6 政府监管机构的演化稳定策略

图 8-6 表明，当厂商选择“生产优质品”的概率越大时，第三方认证机构越倾向选择“拒绝寻租”策略；当厂商选择“生产劣质品”的概率越大时，第三方认证机构越倾向选择“接受寻租”策略。由于厂商选择“生产优质品”时，第三方认证机构选择“寻租”策略会受到来自政府监管的惩罚，因此第三方认证机构会倾向选择“拒绝寻租”策略；厂商选择“生产劣质品”时，企业为通过产品质量认证具有“寻租”意愿，第三方认证机构会倾向于选择“接受寻租”策略。此时，劣质品充斥市场，危害消费者健康和生命安全，影响市场上的正当竞争行为和市场稳定。

8.1.4 理论分析结果讨论

基于以上分析，可以得到以下结论。

有效的政府监管、消费者参与、第三方认证会正向调节市场竞争和产品质量的关系，即随着多元化监管强度提高，市场竞争对产品质量产生正向影响，从而提升整个市场的产品质量。而监管失灵或监管俘获可以导致监管失效，则会具有反面效果，即监管失灵对产品质量具有负向影响，从而降低整个交易市场的产品质量，使产品质量偏离生产与交易的瓦尔拉斯均衡。所以，差异性的产品质量监管政策会对市场竞争和产品质量的关系具有双向效应，这就为市场竞争对产品质量影响的“倒 U 形”关系提供了理论依据。据此提出本章研究假说 H8.1：有效的多元化监管对产品质量具有正向影响，监管失灵对产品质量具有负向影响。

在借鉴赫伯特·西蒙(1975)和奥利弗·威廉姆森(1985)的有限理性理论基础上，考虑到现实市场竞争下产品质量监管的利益相关者行为面临有限理性约束，经济主体并不能对监管环境变化立即做出反应，所以多元化监管可能对市场竞争和产品质量的关系具有滞后影响。据此提出本章研究假说 H8.2：多元化监管对产品质量的影响具有负向滞后效应。

8.2 研究设计与变量说明

基于前一节的理论分析，本节对市场竞争下多元化监管对产品质量的影响进行实证分析。

8.2.1 研究设计

政府、第三方认证机构和厂商在产品质量监管中有密切联系，三者之间的目标不同。厂商生产不同质量的产品，政府和第三方认证机构进行监管，形成政府(Government)、第三方(Third-Parties)与企业(Enterprise)之间的关系(简称 GPE)。

在多元化主体完全理性、产品质量信息充分、监管有效条件下，产品质量差异性信息可以显示，市场竞争的扭曲效应能得到矫正。Albersmeier F 等(2009)实证研究了第三方认证行为对产品质量生产行为的正向影响，产品质量认证行为具有信息传递和甄别功能，可以为消费者的信息甄别提供权威可信的依据。[①] 多元化监管也可能由经济主体有限理性导致监管失灵。史璐(2012)认为第三方认证机构在利益驱使下，可能失去独立性原则，虚假调高

① Albersmeier F, Schulze H, Jahn G, et al. The Reliability of Third-Party Certification in the Food Chain: From Checklists to Risk-Oriented Auditing[J]. Food Control, 2009, 20(10): 927-935.

产品质量评级以获得经济利益。[①] McAllister L K(2012)在研究第三方认证参与产品质量监管时被企业“收买”的问题，提出政府只有加强对第三方认证机构的监督，才能使第三方认证机构行为有效地服务于产品质量监管，提升监管的效率。[②] 第三方中介监管机构可以部分地解决由监管失灵带来的诱致性变迁的外部性问题，能够屏蔽作为“经济人”的政府、厂商和组织的机会主义问题，是政府监管必要的补充。[③]

在现实市场竞争中，大多数行业市场的信息非对称性会导致社会监管与产品质量之间的信号传递不完全，且存在滞后效应。市场竞争说认为，当企业面临激烈竞争时，产品的需求弹性大，消费者具有较大选择权，对产品价格具有更大敏感性，此时为维持市场份额，厂商会被迫接受价格下降带来的损失。现实市场竞争下产品质量监管的利益相关者行为面临有限理性约束，经济主体并不能对监管环境变化立即做出反应。在监管策略实施中，需要一定的转换时间，而技术约束下既定的产品质量不能随时更改。所以，多元化监管的效应是滞后的，即其对产品质量的监管效果并不能在当期显示出来，而在以后的滞后期内显示。产品质量不但受到当前监管变量影响，还可受到前期监管变量影响，因此选取分布滞后模型(PDL)研究市场竞争下多元化监管对产品质量的影响。

基于此，本节使用 Shin 等(2014)拓展的 PDL 模型，分析市场竞争下政府监管、第三方认证、消费者参与对产品质量产生的滞后影响。目前已有少量国外学者使用此方法，但国内应用这一方法进行学术研究的文献还比较少，且暂时还没有研究可用于市场竞争条件下产品质量监管。

8.2.2 变量说明

本节所有指标的原始数据样本区间为 1995—2020 年中国市场化指数和产品质量时间序列数据，以分析政府监管、消费者参与、第三方认证等多元化监管对产品质量的影响。

8.2.2.1 因变量

产品质量，用产品相对收益率表示。考虑到数据可获得性，已有研究在

---

① 史璐．政府管制经济学[M]．北京：知识产权出版社，2012：145.

② McAllister L K. Regulation by Third-Party Verification[J]. Boston College Law Review, 2012, 53: 1-10.

③ 陈艳莹，王丽丽．质量认证中介与经验品市场的发展[J]．工业技术经济，2010(8)：65-68.

选择食品质量安全度衡量指标时大多从食品质量的反向角度出发，选择以食品安全风险度作为衡量指标，认为食品安全风险度越高，食品质量安全状况越差，反之亦然。现有的食品质量研究大多以食物中毒事件数、食物中毒死亡人数等作为食品质量安全风险度的衡量指标，李志德(2013)采用产品质量损失率作为产品质量的替代指标。本节选用产品质量损失率作为产品质量衡量指标，数据来源于《中国统计年鉴》中的科技部分。数据筛选的原则如下：数据时限为1997—2020年的时间序列数据；参考已有研究，选取了由1997—2020年历年产品质量损失率的逆指标——产品相对收益率作为产品质量的衡量指标，以符号 *qp* 表示。①

8.2.2.2 自变量

(1)市场竞争

在市场竞争指标的选取上，本节选取市场化指数代表市场竞争程度，2000—2016年市场化指数来源于中国市场化发展报告。② 为了面板数据的完整性，1997—1999年、2017—2020年的市场化指数是基于马连福等(2015)发表在《中国工业经济》上的方法推算出的，③ 以此作为市场竞争度的代表指标。

(2)政府监管

1995—2020年政府抽查企业数来自《中国统计年鉴》科技部分。

(3)消费者参与

2002—2020年消费者参与次数来源于历年《中国消费者协会报告》，1995—2001年来自《中国产品质量检测报告》、《12315消费者参与举报数据分析报告》和《中国产品质量抽查报告》。

(4)第三方认证

认证企业数来自历年的《中国消费者协会报告》。

8.2.2.3 控制变量

控制变量中，人均GDP、城镇化水平、居民消费水平、科研人员数量均来自 *National Data*，人均教育年限是参考袁毅军(2016)、张红凤(2019)的测

---

① 选取产品质量损失率作为产品质量衡量指标的理由有两个：一是从产品质量损失的统计范围看，该指标包含了生产损失和非生产损失，能够在很大程度上反映中国的产品质量；二是从数据的可获得性看，《中国统计年鉴》的科技项目所提供的产品质量损失率比较完整。

② 王小鲁，樊纲，胡李鹏．2018年中国分省份市场化指数报告[M]．北京：社会科学文献出版社，2019.

③ 马连福，王丽丽，张琦．混合所有制的优序选择：市场的逻辑[J]．中国工业经济，2015(7)：5-20.

量方法，人均受教育年限按照如下公式测算：

$$edu_{it}=(x_{i1}\times 0+x_{i2}\times 6+x_{i3}\times 9+x_{i4}\times 12+x_{i5}\times 16)\div x$$

其中，x_{i1}、x_{i2}、x_{i3}、x_{i4}、x_{i5}分别表示第 i 省份教育程度为文盲、小学、初中、高中、大专及以上的就业人口数，相应受教育年限为 0 年、6 年、9 年、12 年、16 年，x 为总就业人数，数据来源于国家统计局网站。表 8-4 列出了本节计量分析所使用的变量定义及其说明。

表 8-4　变量定义及其说明

变量名称	变量符号	变量说明
产品质量相对收益率	qp	代表产品质量，相对收益率＝N－产品质量损失率/N，来源于《中国统计年鉴》科技指标
产品质量损失率	qp_0	产品质量损失率＝(内部损失+外部损失)×100%/工业总产值
市场竞争	com	市场化指数，数据来源于历年中国市场化发展报告
政府监管	gov	代表政府监管行为，计算方法为监督厂商户数/应监督的户数
消费者参与	cx	消费者参与次数，来源于消费者协会报告，代表社会监管
第三方监管	thr	第三方认证企业家数，代表第三方认证监管
GDP	gdp	代表经济发展水平，来源于历年《中国统计年鉴》
人均受教育年限	edu	代表人口素质，笔者测算得到
城镇化率	urb	代表城镇化水平，来源于《中国统计年鉴》
出口	ex	历年出口额，代表对外贸易水平，来源于《中国统计年鉴》
居民消费水平	cpl	人均消费，代表人均消费水平
研发投入	rd	科技成果登记数(项)，代表研发水平

8.3　实证分析

8.3.1　描述性统计分析

描述性统计分析是对调查总体所有变量进行统计性描述，主要包括数据的频数分析、集中趋势分析、离散程度分析。本节选择个案数(频数分析)、平均值(集中趋势分析)、最大值、最小值、标准差(离散程度分析)初步考察调查数据的基本状况。表 8-5 是对主要变量的描述性统计分析结果。

表 8-5　描述性统计分析结果

变量	平均值	最大值	最小值	标准差	观测值
lnqp	0.866	1.068	0.095	0.208	27
lncom	1.764	2.203	1.308	0.319	27
lngov	9.437	10.160	8.573	0.526	27
lncs	7.293	8.101	6.528	0.361	27
lnthr	12.180	12.372	11.680	0.222	27
lngdp	12.397	13.731	11.024	0.888	27
lnedu	2.119	2.197	2.063	0.046	27
lnrd	10.558	11.093	10.192	0.279	27
lnex	10.928	12.008	9.430	0.937	27
lncpl	8.906	10.142	7.748	0.756	27

8.3.2　单位根检验

实际经济数据中，时间序列数据往往是非平稳的，有必要先对时间序列数据进行平稳性检验。为了防止出现序列伪回归，在进行回归分析之前必须对各地区的时间序列平稳性进行初步检验，而检查序列平稳性的一般方法是单位根检验(unit root test)。为此，本节采用 ADF 检验方法(增广的迪基-富勒检验)对各指标序列进行平稳性检验，为了消除面板数据可能存在的异方差问题，本节先对变量进行取自然对数处理，然后进行 ADF 检验。ADF 检验的基本模型包括三种类型。

$$Y_t = \gamma Y_{t-1} + \sum_{i=1}^{P} \alpha_i \Delta Y_{t-i} + \varepsilon_i$$

$$Y_t = \alpha + \gamma Y_{t-1} + \sum_{i=1}^{P} \alpha_i \Delta Y_{t-i} + \varepsilon_i$$

$$Y_t = \alpha + \beta t + \gamma Y_{t-1} + \sum_{i=1}^{P} \alpha_i \Delta Y_{t-i} + \varepsilon_i$$

检验步骤如下：首先，用最小二乘法估计以上三个线性模型，得出 γ 的估计值 $\hat{\gamma}$，提出假设 H_0：$\gamma=1$，设定检验统计量为 $t=(\hat{\gamma}-\gamma)/\hat{\sigma}_{\hat{\gamma}}$。其次，计算 H_0：$\gamma=1$ 成立下的 t 值，并与边界值相比较。若 t 值小于边界值，则拒绝原假设，说明序列不存在单位根即序列平稳，否则说明序列非平稳。

用阿尔蒙多项式法进行滞后期分析时，要求所用指标的时间序列具有平稳性。所以在做滞后期分析之前，用 Eviews 8.0 软件对决定滞后期的指标进行平稳性 ADF 检验，对产品质量相对收益率(*qp*)、市场竞争指数(*com*)、政府检查企业数(代表政府监管强度 *gov*)、消费者参与事件数(代表消费者参与 *cx*)、通过第三方认证的企业比率(代表第三方认证强度 *thr*)，以及时间序列进行(1%、5%、10%)显著性水平上的平稳性检验。为了消除异方差的影响，本节对各变量进行取对数变换，检验结果如表 8-6 所示。

表 8-6 原始变量单位根检验的结果

变量	检验类型	ADF 检验	不同显著性水平下的临界值			*p* 值	结论
	(c, t, q)	统计量	1%	5%	10%		
ln*qp*	(c, 0, 1)	-1.613	-2.674	-1.957	-1.608	0.099	不平稳
lnq_2	(c, 0, 1)	-1.392	-3.753	-2.998	-2.639	0.568	不平稳
ln*com*	(c, 0, 1)	-0.717	-3.770	-3.005	-2.642	0.822	不平稳
ln*gov*	(c, 0, 1)	-1.243	-3.788	-3.012	-2.646	0.636	不平稳
ln*cx*	(c, 0, 1)	-3.361	-3.753	-2.998	-2.639	0.027	平稳
ln*thr*	(c, 0, 1)	-2.709	-3.770	-3.005	-2.642	0.089	不平稳

注：检验类型(c, t, q)，c、t、q 分别表示常数项、事件趋势和滞后阶数。滞后阶数按照 SIC 原则获取。

由表 8-6 可知，除了 ln*cx*(5%)、ln*thr*(10%)、ln*urban*(5%)原序列显著，市场竞争(ln*com*)、政府检查企业数(代表政府监管强度 ln*gov*)、消费者参与事件数(代表消费者参与 ln*cx*)、通过第三方认证的企业比率(代表第三方认证强度 ln*thr*)、控制变量选择 ln*gdp*、人均教育水平(人均教育年限 ln*edu*)、居民消费水平(ln*cpl*)、研发投入(*rd*)、城镇化水平(*urb*)序列均为非平稳序列，进行二阶差分后，产品质量相对收益率(ln*qp*)、市场竞争度指数(ln*com*)、政府检查企业数(代表政府监管强度 ln*gov*)、消费者参与事件数(代表消费者参与 ln*cx*)、通过第三方认证的企业比率(代表第三方认证强度 ln*thr*)在 5%的水平上拒绝存在单位根的原假设。由表 8-7 可知，在 ADF 的分平稳性检验下，通过了显著性水平为 5%和 10%的 *t* 检验，所有指标数据 ADF 检验的置信度均超过 90%，因此可以判断 △ln*qp*、△ln*com*、△ln*gov*、△ln*cx*、△ln*thr* 均为平稳序列，可以用阿尔蒙法进行滞后分析。

表 8-7 二阶差分后单位根检验的结果

变量	检验类型	ADF 检验	不同显著性水平下的临界值			P 值	结论
	(c, t, q)	统计量	1%	5%	10%		
ln*qp*	(c, 0, 0)	-2.176	-2.680	-1.958	-1.608	0.031	平稳
Lnq_2	(c, 0, 1)	-4.130	-3.857	-3.040	-2.661	0.006	平稳
ln*com*	(c, 0, 1)	-7.113	-3.788	-3.012	-2.646	0.000	平稳
ln*gov*	(c, 0, 1)	-5.632	-3.836	-3.023	-2.656	0.000	平稳
ln*thr*	(c, 0, 1)	-5.362	-3.809	-3.021	-2.650	0.000	平稳

注：检验类型(c, t, q)，c、t、q 分别表示常数项、事件趋势和滞后阶数。滞后阶数按照 SIC 原则获取。

8.3.3 阿尔蒙参数估计检验

8.3.3.1 分布滞后模型检验

本节采用阿尔蒙分布滞后模型估计政府参与、消费者参与、第三方认证对产品质量的影响。该模型最早由阿尔蒙于 1965 年提出，主要思路是利用有限多项式减少待估计参数来削弱多重共线性和降低自由度损失。① 有限分布滞后模型为：

$$Y_i = \alpha + \beta_0 x_i + \beta_1 x_{i-1} + \beta_2 x_{i-2} + \cdots + \beta_k x_{i-k} + \mu_i$$

首先对政府参与、消费者参与、第三方认证指标进行滞后期分析，通过模型计算及软件操作结果判断滞后期长度，然后用阿尔蒙法进行回归。根据各变量的平稳性检验结果，建立如下有限分布滞后模型：

$$\ln qp_t = \beta_0 + \beta_1 \ln com_t + \beta_2 (\ln com_t)^2 + \beta_3 \ln gov_{t-s} + \beta_4 \ln cx_{t-s} + \beta_5 \ln thr_{t-s} + \varepsilon_i$$

其中，t 为时间，s 为滞后期，$\ln qp_t$ 为第 t 年的产品质量水平，$\ln com_t$ 为第 t 年的市场竞争度，ln*gov* 为政府监管强度，ln*cx* 为消费者参与强度，ln*thr* 为第三方认证强度。

分布滞后模型 PDL 中应纳入具有相关关系的变量作为因变量，由于具有政府监管、消费者参与、第三方认证的滞后性特点，其对产品质量规制的效果并不能在当期显示出来，产品质量不但受到当前自变量影响，还可能受到前期变量影响，根据 AIC 和 SC 最小信息准则，选取滞后 1 期的变量，得到一阶滞后回归方程式：

① 孙大岩．基于阿尔蒙分布滞后模型的消费和收入关系分析[J]．大连民族大学学报，2016(6)．

$$\ln qp_t = \beta_0 + \beta_1 \ln com_t + \beta_2 (\ln com_t)^2 + \beta_3 \ln gov_{t-1} + \beta_4 \ln cx_{t-1} + \beta_5 \ln thr_{t-1} + \varepsilon_i$$

阿尔蒙分布滞后模型中的滞后期 k 可根据经济理论或经验加以确定，也可通过统计检验获取信息①。本研究结合常用的两种方法确定合适的滞后期：其一，利用调整后的 R^2 值决定滞后项数，即在 PDL 模型中添加滞后项，直到调整后的 R^2 不再增加；其二，通过施瓦茨信息准则（SC）、赤池信息准则（AIC）、统计量 LR 等确定滞后期数。按照上述原则，得到政府监管、消费者参与和第三方认证滞后期长度为 1，则模型表示为：

$$\ln qp_t = \beta_0 + \beta_1 \ln com_t + \beta_2 (\ln com_t)^2 + \beta_3 \ln gov_{t-1} + \beta_4 \ln cx_{t-1} + \beta_5 \ln thr_{t-1} + \varepsilon_i$$

设定 1 为滞后期长度，对参数分布不做限制，利用 Eviews 8.0 软件对模型的参数进行阿尔蒙参数估计，结果如表 8-8 所示。

表 8-8　阿尔蒙参数估计结果（因变量：lnqp）

变量	系数	标准差	t 值
lncom	9.250*	2.139	4.324
(lncom)^2	-2.803*	0.604	-6.640
lngov(-1)	0.447*	0.015	2.973
lncx(-1)	0.166**	0.088	1.881
lnthr(-1)	0.203**	0.309	2.655
R-squared	0.666	F-statistic	67.830
Adjusted R-squared	0.657	AIC	0.928
Log likelihood	26.676	D-W	1.762

注：**表示 5%水平上显著，*表示 10%水平上显著。

经过对政府监管、消费者参与和第三方认证强度对产品质量影响的实证检验，通过阿尔蒙参数估计、VIF 检验，可以得到市场竞争对产品质量影响的阿尔蒙滞后分析模型为：

$$\ln qp_t = -7.568 + 7.189 \ln com_t - 2.209 (\ln com_t)^2 + 0.592 \ln gov_{t-1} + 0.190 \ln cx_{t-1} + 0.336 \ln thr_{t-1} + \varepsilon_i$$

从回归的结果看，市场竞争与产品质量正相关，政府监管、消费者参与和第三方认证行为滞后 1 期才会与产品质量水平正相关，市场竞争（lncom）与产品质量（lnqp）正相关。市场竞争的二次项（lncom）^{2}与产品质量水平（lnqp）负

① 米浩铭，陆迁．陕西省水利投资对农业经济增长的影响：基于阿尔蒙多项式分布滞后模型的实证分析[J]．中国农业大学学报，2015(1)．

相关，即验证了假说 H8. 1：产品质量与市场竞争度之间存在“倒 U 形”曲线关系，即产品质量随着市场竞争度的提高呈现先上升后下降的趋势。基于研究样本，得出市场竞争对产品质量影响的“倒 U 形”曲线的拐点位置在 $com_0=5.088$。同时，验证了有效的政府监管、消费者参与和第三方认证行为滞后 1 期会与产品质量产生正向影响。而社会规制失灵或规制俘获，则对产品质量具有负向影响，从而验证了假说 H8. 2。

由表 8-8 可以看出，ln*com*、ln*gov*(−1)、ln*cx*(−1)、ln*thr*(−1)的回归系数均为正，表明市场竞争与产品质量正相关，政府监管、消费者参与和第三方认证行为滞后 1 期才会与产品质量正相关，而市场竞争的二次项$(\ln com)^2$与产品质量水平(ln*qp*)负相关。政府监管的滞后系数为 0. 447，消费者参与的滞后系数为 0. 166，第三方认证的滞后系数为 0. 203。这进一步验证了假说 H8. 3，即多元化监管对产品质量的影响具有滞后效应。

8. 3. 3. 2　稳健性检验

为保证整体模型以及变量估计结果的准确性，避免多重共线性对实证结果的影响，特采用 VIF 方差膨胀因子对分布滞后模型 PDL 进行多重共线性检验。首先，构建每个解释变量的辅助回归模型，根据模型的拟合优度 R^2，通过 $VIF=\frac{1}{1-R^2}$ 计算出每个解释变量的方差膨胀因子。结果显示，各变量的 VIF 值均小于 10，表明模型不存在严重的多重共线性。

本部分加入控制变量，对多元化监管对产品质量影响滞后效应进行稳健性检验，稳健性检验结果报告如表 8-9 所示。

表 8-9　稳健性检验结果

变量	系数	标准差	*t* 值
ln*com*	20. 97 *	5. 173	4. 055
$(\ln com)^2$	−5. 988 *	1. 543	−4. 208
ln*gov*(−1)	0. 523 *	0. 210	2. 489
ln*cx*(−1)	0. 280 *	0. 074	3. 757
ln*thr*(−1)	0. 751 **	0. 415	1. 810
ln*rd*	0. 461 **	0. 451	1. 020
ln*ex*	0. 087 *	0. 425	2. 049
ln*edu*	6. 324 *	2. 844	2. 224
ln*gdp*	0. 686 *	0. 679	1. 011

续表

变量	系数	标准差	t 值
R-squared	0.839	F-statistic	7.557
Adjusted R-squared	0.728	AIC	1.313
Log likelihood	25.102	D-W	2.117

注：** 表示 5%水平上显著，* 表示 10%水平上显著。

8.3.4 实证结果与解释

第一，市场竞争与产品质量有着显著影响。市场竞争的二次项系数为 -2.803，一次项系数为 9.250，说明有效竞争可以在一定程度上提升产品质量；相反，过度竞争会降低交易市场的产品质量。从而验证了本章研究假说 H8.1：有效多元化监管下的市场竞争对产品质量具有正向影响；监管失灵对产品质量具有负向滞后影响。这一结果为市场竞争与产品质量之间“倒 U 形”曲线关系的存在提供了实证证据。

第二，分布滞后效应检验结果表明，有效的政府监管、消费者参与和第三方认证行为滞后 1 期会与产品质量水平产生正向影响，政府监管的滞后系数为 0.447，消费者参与的滞后系数为 0.166，第三方检测认证的滞后系数为 0.203。由此验证了研究假说 H8.2：多元化监管对产品质量的影响具有滞后效应。

第三，稳健性检验中，加入了经济发展水平、受教育程度、国际贸易、研发投入等控制变量，研究假说 H8.1、假说 H8.2 仍然可以得到验证，说明本节的实证结果是稳健、可靠的。

8.4 案例分析

上一节基于中国市场竞争与产品质量的时间序列数据，采用阿尔蒙分布滞后模型，实证研究了多元化监管对产品质量的分布滞后效应。本节通过案例分析，进一步研究多元化监管对产品质量的滞后影响。

8.4.1 研究方法与案例选择

根据研究需要，遵循典型性原则，本书选择 2006—2019 年国内外曝光的食品质量和自行车质量事件作为案例分析对象。

选择该案例的理由如下：第一，研究对象和研究目的的匹配性。食品加工和自行车行业都属于典型的竞争性市场结构，产品属于生活必需品，市场上有多家生产者和交易者，进入壁垒较低。第二，资料的可获得性和可验证性。该事件经由多家媒体报道，在互联网上广泛传播，引起各国政府、监管机构、投资者、消费者、第三方认证机构、行业协会等广泛关注，数据比较全面、客观，不仅有利于收集企业现实中的各种相关信息，也可以通过多边比对进行“三角验证”。

8.4.2 资料来源与数据整理

为构造完整的数据库，提高调查数据的效度，本节通过多种渠道收集相关资料，主要来自：①FDA 数据库中有关产品质量事件的分析。②Wiley、BioOne、NCBI 数据库。③EMA 数据库的相关数据。④NCBI、Taylor & Francis、Oxford Univ Press、Europe PMC 的相关数据。⑤百度学术的相关文章。此外，为了尽可能减少收集到的数据资料在用于案例分析时信息失真，在材料收集和整理的过程中采取了多边比对的“三角验证法”验证数据，以剔除不合逻辑的数据和失真的数据，保证数据的信度和效度。

数据的收集和整理分三个阶段进行：第一阶段，广泛收集相关研究数据，并对收集到数据进行整理、排序和编码；第二阶段，处理研究数据的缺失、遗漏和不规范问题；第三阶段，对数据逻辑矛盾和偏差的审视，探寻收集数据的差异性原因，及时剔除无效数据。

8.4.3 案例分析与研究发现

通过对美国产品质量事件的分析，可以梳理出多元化监管对产品质量的影响逻辑。

8.4.3.1 市场过度竞争在一定程度上会降低产品质量

国内外的产品质量事件中，行业市场都有众多的生产者和交易者，在美国的食品制造行业、儿童玩具和自行车交易市场，有众多的市场竞争主体。美国的自行车召回事件中，自行车企业为了在激烈的市场竞争中获胜，不惜购买廉价的原材料以压低生产成本，降低产品质量。过度竞争对产品质量造成了负面影响，[①] 导致承载部件（车架、前叉、鞍座、车把）屡次发生产品质量损害事件，被美国消费品安全委员会（CPSC）召回，并赔偿消费者损失。因此，验证了假说 H8.1：监管失灵会对产品质量产生负向滞后效应。

8.4.3.2 有效的多元化监管会对产品质量产生正向影响

美国政府具备承担消费品安全的义务，该义务由 CPSC 实施。作为一个保

① Yin R K. Case Study Research：Design and Methods[M]. London：Sage publications，1994.

障消费品质量的独立机构，CPSC 负责制定消费品的使用规则与使用标准并展开监督。例如，《消费产品安全法案》(CPSC)、《联邦危险物品法案》(FHSA)、《冰箱安全法案》(RSA)、《防止中毒包装法案》(PPPA)等，涵盖15000 多种产品的质量安全法。[①] 在美国的自行车市场中，其监管类型是以后市场监督体系为主的，CPSC 制定的标准就只是产品市场准入的一个基本门槛而已，其监管的标准是以消费者安全为核心的，尽管是因消费者过度使用导致产品出现缺陷，也需要被召回。[②] 这种多元化监管机制避免了市场竞争的负面影响和政府监管的寻租风险，促进了产品质量提升。

如图 8-7 所示，在中国，随着数字化技术、数字媒体、第三方认证机构的发展，形成了对非法企业的立体监控。政府、社会和市场的多方参与促使企业的产品质量提升，因此验证了假说 H8. 1：有效的多元化监管对产品质量具有正向影响，监管失灵对产品质量有负向影响。

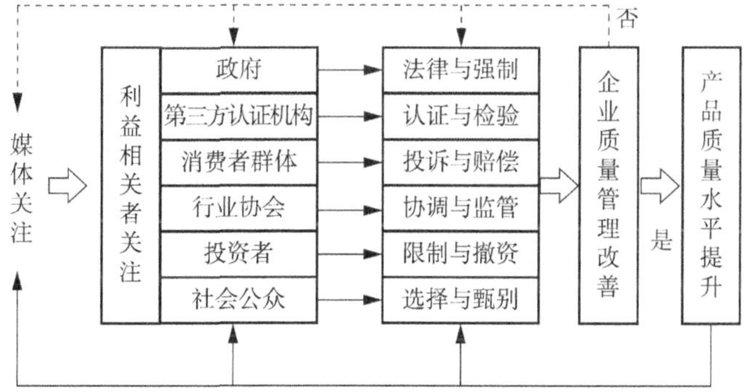

图 8-7 数字经济条件下产品质量的多元化监管

8. 5 小结

本章考虑到现实市场竞争下产品质量监管的利益相关者面临有限理性约束，即经济主体并不能对监管环境变化立即做出反应的问题。理论分析采用演化博弈论的分析思路，对产品质量监管的利益相关者：政府、消费者、第三方认证机构的有限理性行为对产品质量生产行为选择进行了分析，并用MATLAB 7. 0 软件进行了仿真分析。实证分析部分采用分布滞后效应模型

---

① 程光伟，扈雁，庞淑婷，等．美国消费品召回热点分析[J]．标准科学，2018(10)：135-137.

② 张大庆，张晶．美国 CPSC 召回的自行车产品质量问题分析[J]．检验检疫学刊，2020(1)：40-42

PDL，基于1995—2018年的中国市场竞争与产品质量的时间序列数据，对多元化监管对产品质量的滞后效应进行了研究。

本章结论：第一，在市场竞争条件下的产品质量监管中，经济主体面临有限理性约束，政府可能因为降低成本、保护企业的动机出现弱监管行为；消费者参与行为分散化，难以实现集体行动；第三方认证机构为获取利益可能与企业合谋，这些行为都会导致监管失灵。监管失灵对产品质量具有负面影响。第二，竞争主体对环境难以达到完全的认知，并难以预测到产品质量监管政策的变化，所以多元化监管会对产品质量产生滞后效应。

本章启示：多方参与的多元化监管要从传统的事后监管方式转向事前监管，消除产品质量监管的滞后效应；多元化监管有效整合消费者、社会组织、行业协会与监管机构等利益相关者行为，变被动监管为主动监管，变传统监管为数字化监管，以缓解产品质量的监管失灵，促进产品质量提升。

9 抑制不正当竞争，改善产品质量的数字化治理机制

“十四五”期间是我国高质量发展新阶段，大数据、5G、互联网、数字孪生、元宇宙等新技术与产品质量监管深度融合，迅猛发展的信息化技术给产品质量提升增添了新动能。围绕国家治理体系和治理能力现代化工作要求，以互联网、大数据、人工智能、数字孪生、元宇宙为支撑，通过数字赋能，全面提升政府产品质量监管、市场监管、社会治理、公共服务、环境保护履职能力，推动“一网统管”等领域协同应用，已成为应对厂商机会主义、政府监管失灵、信息不对称等因素所引起的产品质量安全问题的重要抓手。

9.1 抑制厂商机会主义的数字化治理机制

厂商机会主义是产品质量安全问题产生的内在原因，抑制厂商机会主义倾向是竞争性市场下产品质量安全水平提升的重要途径。

9.1.1 行政监管

从传统治理看，产品质量安全问题依赖于法律手段。政府主导的法律法规、监管方案等制度供给会对厂商机会主义行为产生重要影响。政府基于社会福利最大化的目标，通过制定产品质量安全契约的内容，完善电子政务外网，进行质量大数据收集，对于低于产品质量最低标准的，实施行政强制性规制，并对相应的政府行政监管制度持续优化。

政府监管在数字经济条件下，在产品质量治理中起着主导性作用，这体现在政府通过行政强制性建立产品质量最低标准体系，抑制厂商机会主义行为，对产品质量进行强监管。政府抑制机会主义的策略主要包括以下两个方面。

9.1.1.1 负向行为抑制

政府通过监管性质量检测和建立产品质量责任制度，[①] 提高厂商实施机会主义行为的成本，但单一的惩罚具有事后规制弊端。产品质量安全事件一旦发生，虽然可以事后追责，但产品质量风险造成的消费者生命健康的损失不可弥补。[②] 在数字经济条件下，加强对产品质量的数字化治理，提升网络运行保障水平，形成跨层级、跨地域、跨系统、跨部门、跨业务的"全省一张网"的产品质量信息服务支撑能力，有序推进产品质量电子政务内网建设。

9.1.1.2 正向行为激励

正向行为激励通过给予严格执行产品安全生产规范的企业以相应的奖励补贴政策，提高产品质量水平。[③] 这包括对厂商采用可追溯体系的补贴、对实施危险分析及管件控制点的补贴（HACCP）、对绿色认证的补贴等规范生产流程和标准的补贴等（洪巍、吴林海，2013）。依托公共数据开放大数据，深化产品质量安全政务数据向社会开放。加强质量大数据开发利用，鼓励引导社会组织和机构开展产品质量等级和质量数据深度挖掘及增值利用，培育数据服务产业链，促进数据产业发展和行业创新。在数字化治理中，建立产品质量安全事件应急处理体系，制定质量危机突发事件应急预案，定期组织产品质量安全应急培训，对企业的产品质量提升行为给予激励。

但是，政府强制性规制依赖于消费者和规制机构、厂商和规制机构多重委托—代理关系的信息对称性，现实经济中往往产生较高的组织管理成本和信息成本。同时，单一主体的政府监管，在第三方认证机构和消费者信息不对称情况下，厂商和政府容易结盟而产生规制俘获。

9.1.2 信息共享与增权机制

9.1.2.1 信息共享

在信息不对称条件下，竞争性市场无法实现交易多方的潜在利益水平。在作出购买决策时，如果消费者能观察到市场上不同产品 N_1、$N_2 \cdots N_x$ 的质量

---

① 国家质量监督检验检疫总局．中国质量监督检验检疫年鉴 2017［M］．北京：中国统计出版社，2018：31.

② Schneeweiss C，Zimmer K. Hierarchical Coordination Mechanisms within the Supply Chain［J］. Technology & Economy in Areas of Communications，2012，153（3）：687-703.

③ 许民利．食品供应链中质量投入的演化博弈分析［J］．中国管理科学，2012，20（5）：131-141.

安全水平，就可以根据自己的需求购买质量比较高的产品。政府监管机构通过鉴定产品的质量 N_1、$N_2 \cdots N_x$ 并通过信息显示机制，使市场可以获得这些本来要丧失的潜在利益，优化资源配置水平。作为社会公共部门，政府监管机构(食品药品监督管理局、卫生管理局、农业农村局等)基于公共利益最大化的动机，[①] 实施和完善质量监督。所以，行政规制能够更好地把不同质量的产品区分开来，实现市场的分离均衡，抑制厂商的机会主义行为。

在图 9-1 中，引入了政府监管"全省一体化"大数据中心体系，打破"信息孤岛"，实现跨层级、跨地域、跨系统、跨部门、跨业务共享应用。消费者可以根据政府监管机构的信息显示进行信息甄别，判断优质品和劣质品，厂商可以根据消费者的需求提供不同质量的产品，最后获得预期质量。政府的信息通常通过产品质量信息强制性产品认证、产品标识、可追溯系统实现。

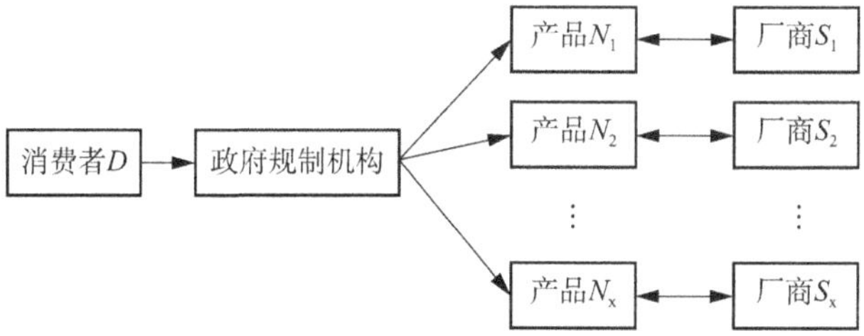

图 9-1　存在规制行为的分离均衡

在市场交易均衡时，所有高质量产品都经过了强制性或自愿性的产品质量安全认证，而绝大多数低质量产品则直接流入基层市场或其他渠道销售。[②] 这一分离的结果，使产品质量安全水平的信息从混同均衡转向分离均衡。[③] 健全集智能监测、威胁预测和态势感知于一体的产品质量安全态势分析机制，建设基于大数据的产品质量安全检测体系，为全省统一的产品质量安全态势感知和指挥平台提供数据支持。

---

① 产品质量安全规制机构实施有效规制的动机来自中央政府的委托和对监管违规责任者的严厉惩处及建立信誉。

② 如不断曝光的假冒伪劣产品事件，经由相关商品交易平台，直接产生了供应商和消费者的讨价还价关系。

③ 柠檬市场(the"Lemons"Market)的概念是由阿克洛夫在其 1970 年发表的《柠檬市场：质量不确定和市场机制》一文中提出并引入经济学研究。"柠檬"一词在美国俚语中表"次品"或"不中用的东西"。

9.1.2.2 信息增权

信息增权是指规制机构通过各种渠道及时、有效、透明地传递产品质量安全的各种标准和信息，以保证消费者群体能打破信息鸿沟，实现不同质量产品的分离均衡。[①] 在竞争性市场中，产品质量安全信息具有准公共物品的特征，存在非完全的竞争性和排他性。当产品质量安全信息供给不足时，由政府共享产品质量安全信息，可以有效地降低其他经济主体获取质量安全信息的搜寻成本和交易成本。在 Howells 看来，信息增权也具有局限性，这包括消费者信息搜索的时间限制、消费者的有限理性和信息利用的差异性。[②] 加强省、市产品质量信息资源共享交换平台服务能力和效能，强化产品质量国家、省、市三级平台级联，提升产品质量信息数据共享交换支撑能力。建成产品质量大数据平台，基本实现产品质量综合决策科学化、监管精准化。

政府通过建立大数据中心，对产品品质、广告、标签、三包、等级划分、质检质量、赔偿与召回制度的规制能降低消费者的信息搜寻成本和甄别成本，从而降低整个社会的交易成本（见图 9-2）。政府的激励性规制能对企业生产、交易过程进行间接管控，从而实现产品质量信息的“生产—分级—披露—传播—反馈”全过程整合，克服产品质量的“信任品”特性，[③] 出台政府产品质量公共数据开放管理办法，促进公共数据有序开放和规范管理，抑制厂商机会主义行为。

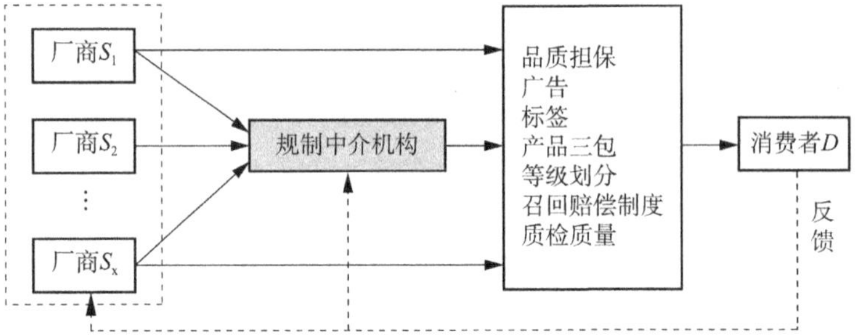

图 9-2 政府监管的介入

① 拉丰，梯若尔．政府采购与规制中的激励理论[M]．石磊，王永钦，译．上海：上海三联书店，2004.

② Howells G. The Potential and Limits of Consumer Empowerment by Information, Journal of Consumer of Law and Society, 2005(3).

③ 赵晓旭．产品质量安全与产品责任保险[J]．财经论丛，2010(6)：60-67

9.1.3 企业社会责任机制

企业的社会责任(Corporate Social Responsibility，CSR)是指现代企业的权利和义务，企业要承担其社会使命，在产品质量安全治理体系中起到核心作用。企业社会责任的实施有利于保障产品质量，具体表现为企业产品质量安全性能提升。① 企业的社会责任包括慈善责任(最高层次)、伦理责任、法律责任(企业合法性)以及经济责任(企业的基础)；满足消费者、雇员、股东、债权人、政府、自然环境、供应商、社区、合作者等的利益诉求。② 从规制视角，竞争性市场条件下企业的社会责任培育应当有两个维度：一个是以禁止损害和损害赔偿为原则的强制性社会责任维度，另一个是以福利增进为原则的选择性社会责任维度或自愿性社会责任维度。③

9.1.3.1 强制性社会责任

强制性社会责任是企业必须履行的最低责任要求，无论企业的规模、行业和性质如何，都必须履行。从某种程度上说，强制性社会责任构成了企业生产决策的基本前提和最低道德要求，无论企业经营绩效高低，都必须履行该责任。一旦在生产经营中违反强制性社会责任，企业就必须进行赔偿，并受到相关制裁。企业在产品质量安全规制中履行强制性社会责任分为三个阶段：第一，产品相关企业者要充分理解行业标准和政策法规，并在此基础上制定一整套生产、制造、销售、广告以及应对索赔、产品召回的相应规章制度；第二，企业要在产品生产经营过程中注重过程管理和产品认证，做好质量控制和质量保证；第三，企业要在充分考虑到产品的生产方法、形态、包装材料和地理环境等前提下，充分发挥商品的实用性，保证产品质量的安全性。产品质量安全标准是一种重要的信号资源，使用这种信号资源容易建立一个稳定统一的声誉市场。④

社会责任国际(Social Accountabil-ity International，SAI)制定的 SA8000 标

---

① 张衔，谭克诚．企业社会责任：基于马克思经济学的思考[J]．教学与研究，2014，48(1)：35-41.

② 张衔，谭克诚．唯自愿原则企业社会责任观对中国企业建设的影响[J]．学术月刊，2014(12)：33-40.

③ 张衔，肖斌．企业社会责任的依据与维度[J]．四川大学学报(哲学社会科学版，2010(2)：85-90.

④ 吴元元．信息基础、声誉机制与执法优化：食品安全治理的新视野[J]．中国社会科学，2012(6)：115-133.

准属于强制性社会责任标准，[①] 是企业承担社会责任的基本起点和最后底线。在产品质量安全规制中，为了保证企业履行其强制性社会责任以保障社会公众的健康，需要构建完善的法律法规体系和社会监管系统，形成重视产品质量、安全规制利益相关者的治理机制。[②]

9.1.3.2 自愿性社会责任

自愿性社会责任是企业在履行强制性社会责任的基础上，可以由企业自愿选择的社会责任。[③] 竞争性市场的产品质量安全问题首先是生产出来的，厂商的自律行为往往能把产品质量安全问题扼杀在源头。厂商自律是企业声誉地位的重要体现，是提升企业竞争优势的有效途径，还是企业树立品牌形象、市场形象和社会形象的基本条件。韦伯在《新教伦理与资本主义精神》一书中指出，诚信"它不但是那种到处可见的商业上的精明，更是一种精神气质"。[④]

现有的经济学文献认为厂商自愿性社会责任的动机来源于三个方面：[⑤] 市场驱动、政府监管和责任规范。首先，企业预期长期可持续发展的驱动。企业向消费者提供优质品，并积极提供真实有效的产品质量信息，以此塑造自己的市场品牌形象，[⑥] 实现社会公众和消费者信任，以此与消费者建立联系，获得企业长期竞争优势。其次，加强产品质量管理，采用国家通用质量标准和定价差异生产更多优质品和预期质量产品，是厂商自律的具体表现。最后，厂商的社会责任意识和生产规范是驱动厂商自律的内在保证。厂商自律性质上属于自愿性责任，带有相当程度的任意性，相当于一种自我承诺或廉价磋商(Cheap Talk)。[⑦] 在产品质量安全规制中，企业选择性社会责任可以通过产品质量改进和提升服务实现。

---

① 社会责任国际(Social Accountabil-ity International，SAI)在1997年制定的SA800标准的基础上，SAI于2001年制定了有关企业应承担相应的社会责任的标准。

② 张衔，肖斌．企业社会责任的依据与维度[J]．四川大学学报(哲学社会科学版)，2010(2)：85-90.

③ 张衔，肖斌．企业社会责任的依据与维度[J]．四川大学学报(哲学社会科学版)，2010(2)：85-90.

④ 韦伯，新教伦理与资本主义精神[M]．北京：生活·读书·新知三联书店，2004：8.

⑤ Spencer Henson，Steven Jaffee. Food Safety Standards and Trade：Enhancing Competitiveness and Avoiding Exclusion of Developing Countries[J]. The European Journal of Development Research，2006，18(4)：593-621.

⑥ 葛佳烨．基于支付意愿的消费者决策行为研究：农产品安全属性的视角[D]．无锡：江南大学，2018.

⑦ Farrell J. Cheap Talk，Coordination，and Entry[J]. The RAND Journal of Economics，1987，18(1)：34-39.

9.2 缓解信息不对称的数字化治理机制

9.2.1 信息机制

竞争性市场的产品质量安全问题的外部原因是信息不对称，破解信息不对称主要依靠市场机制解决，如厂商进行信号显示和传递，减少消费者对产品质量信息的搜索成本和甄别成本，依靠市场主体自身力量的学习、优化和反馈，推进“互联网+政务服务”，加快构建权威、便捷的一体化的在线质量验证服务平台，提升产品质量信息网上供给能力，促进数据服务规范化、便利化。形成解决产品质量信息不对称的机制，提升产品质量安全水平。

市场规制是指依靠市场化机制，对产品总体质量进行有效规制。这种规制来源于销售激励和声誉激励。① 竞争性市场领域产品质量安全的决策者是厂商群体，在一个买方市场中，企业在激烈的市场竞争中获胜的关键是“产品质量”以及附加于“质量”要素之上的价格、品牌、信用等要素。不同于政府监管模式，市场规制是一种基于技术手段提升规制效率的新范式，信息机制、认证机制、声誉机制具有边际成本为零的特性，每重复进行一次市场交易都意味着市场效率的提升和产品质量信息不对称的缓解。利用大数据、区块链、人工智能等技术，进一步拓展企业征信范围，扩大产品质量信用的数据应用。

9.2.1.1 信息显示机制

信息显示机制是拥有信息优势的一方（厂商）主动向市场（消费者）发送信息的行为（见图 9-3）。Spence A M（1973）在《劳动市场的信号》一文中，首次提出信号传递模型，从根本上解决了信息不对称条件下具有“经验品”质量的产品如何应对消费者逆向选择问题。② 信号显示机制作用的机理是：市场中不同产品质量安全水平的厂商发送产品质量信号的经济成本存在差异性，高质量水平的厂商能以较低的交易成本发送信号，如经过产品质量认证的厂商可以直接节约信息成本。

---

① 拉丰，梯若尔．政府采购与规制中的激励理论［M］．石磊，王永钦，译．上海：上海三联书店，2004：175.

② Spence A M. Marketing signaling. Cambridge［M］. Mass：Harverd University Press，1974.

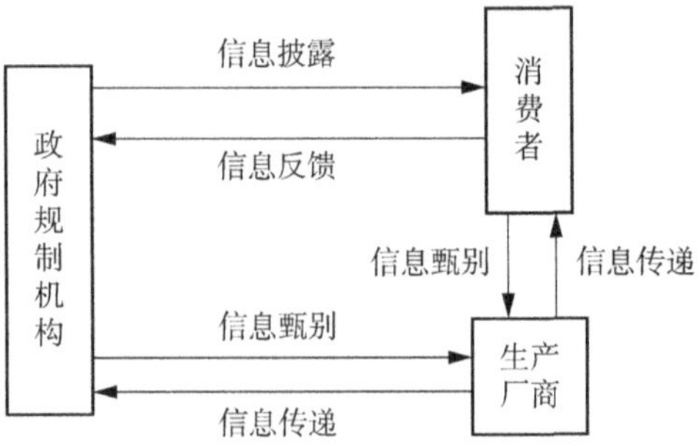

图 9-3　产品质量安全规制中的信息机制

假定同类产品质量的差异性存在，消费者并非根据最低价格进行决策，在信息不对称条件下，厂商通过一定的信息显示机制向消费者传递信息（策略集）：F：（N_1，N_2，$N_3 \cdots N_i$）。其中，N_1，N_2，$N_3 \cdots N_i$ 是由不同性能组成的集合，供消费者在预算约束下择优选择。这些产品质量安全信号包括第三方认证、品牌、商誉、承诺、售后服务、质量担保、广告宣传等（这些信息存在不同的置信度），可以减少消费者的信息搜寻成本和甄别成本，如表 9-1 所示。

表 9-1　竞争性市场下抑制信息不对称的信息机制

信息类型	置信度	规制方式	信息显示机制
自我肯定的信息	置信度低	广告	连续播放的广告信息显示好的产品质量
		标签	合规的标签显示产品质量情况
		包装	良好的包装在一定程度上显示产品质量情况
信誉机制	置信度较高	试用期	试用期的长短显示产品质量情况
		产品三包	产品三包的期限、范围信息显示产品质量情况
		延长保修	保修期的长短在一定程度上显示产品质量情况
		终身免费维护	免费维护承诺在一定程度上显示产品质量情况
		无条件退货	无条件退货信息显示产品质量情况
第三方认证	置信度高	产品等级划分	产品等级信息显示产品质量情况
		质检管制	严格的质检管制显示产品质量情况

信息显示机制将产品的“信任品”属性转化为“经验品”和“搜寻品”，实现产品质量安全市场的分离均衡。以广告为例，厂商在广告中要披露的信息有成分信息（降低消费者的信息搜寻成本的规制机制）、标签信息（保证消费者购买与预期保持一致的规制机制）、说明与警示信息（降低搜寻成本、保证产品

质量和使用安全）。建立健全大数据辅助产品质量决策长效机制，统筹运用政务大数据、商业大数据、社会大数据，有效预判和处理产品质量风险点，提高产品质量数字化治理体系和治理能力现代化水平。

通过信息传递将自己生产的优质品与其他厂商所生产的劣质品的分离信号显示，是解决竞争条件下产品质量安全问题信息不对称的主要手段，也是市场正当竞争的需要，它有助于消费者识别产品的不同质量进而做出是否购买的决定，通过输入新信息降低买方的质量匮乏，阻止消费者逆向选择的产生；化解企业产品质量安全的信任危机，改善柠檬市场的信息不对称。

9.2.1.2 信息传递机制

信息传递机制的关键在于提高产品质量的可识别性。优质品生产企业会主动向消费者传递产品质量安全信息，即利用广告、售后服务、赔偿、担保等载体发送市场信号供消费者甄别，降低消费者的搜索成本和选择成本。正如 Grossman S J 等指出的，如果产品质量信号的显示和传递充分有效，厂商就可以根据信息传递通过各种途径改善信息不对称程度，① 从而克服产品质量的经验品特性。

在信息传递机制中，一般是指产品生产者（交易商）向消费者发送质量安全信号（如产品质量第三方认证、品牌、商誉、承诺），将产品的信任品属性转化为经验品和搜寻品，实现产品质量市场的分离均衡。这样做的优势在于：② 一是对生产者信号进行监督，抑制产品生产者隐藏知识的道德风险；二是有助于消费者识别产品质量进而做出是否购买的决定，规避消费者逆向选择的产生。

如图 9-4 所示，生产企业可以通过重复广告、信用担保、检测报告、品牌管理、售后服务、产品召回、损失赔偿等向消费者主动传递产品信息，让消费者了解其产品的特性，并将其与其他同类企业生产的产品进行分离。优质品生产企业还可以通过第三方认证、建立品牌向消费者传递高质量信息，形成良好的企业声誉和知名度，形成长期竞争优势，从而避开产品市场的逆向选择。

---

① Grossman S J, Stiglitz J E. On the Impossibility of Informationally Efficient Markets[J]. American Economic Review, 1980, 70(3): 393-408.

② McCluskey Jill J. A Game Theoretic Approach to Organic Foods: An Analysis of Asymmetric Information and Policy[J]. Agricultural & Resource Economics Review, 2000, 29(1): 1-9.

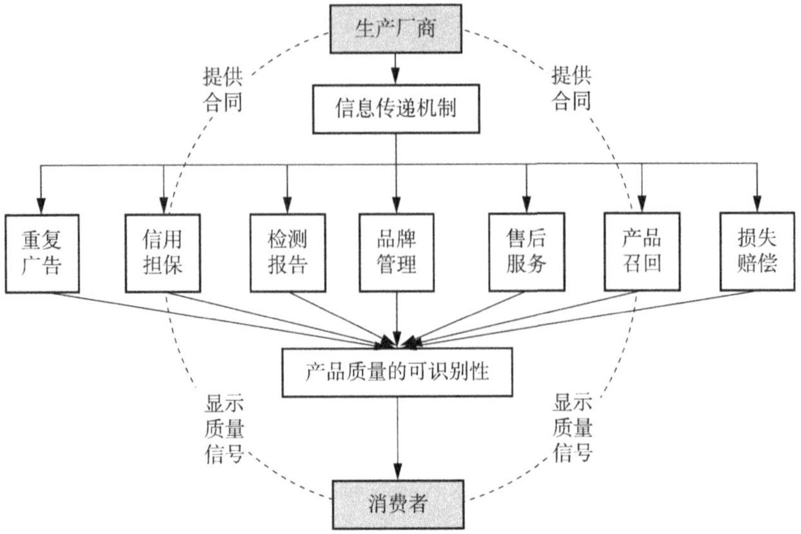

图 9-4 化解信息不对称的信息传递机制

9.2.1.3 信息甄别机制

信息甄别机制是使用信息的一方对厂商发布的质量安全信号加以甄别，以实现产品质量安全的优质品和劣质品分离均衡。根据信息甄别机制，劣质企业的不安全生产行为更容易被发现，并可能面临和承担严厉的行政处罚和社会惩罚（如缺陷产品召回、股价下跌、销售量紧缩等）。信息甄别尽管会提高信息使用者和厂商的生产交易成本，但劣质企业承担的代价更为高昂，[①] 同时减少搜寻成本。信息甄别将使得企业生产劣质产品的动机减小，消费者对厂商和行业的信任度提升，支付意愿更高，优质企业的利润上升，进而激励企业生产安全高质量的产品。质保机制和信号机制的主要区别见表 9-2。

表 9-2 质保机制和信号机制的主要区别

变量名称	质保机制	信号机制
是否进入产品交易契约	进入产品交易契约	不进入产品交易契约
是否需要买方认可	需要买方认可	无须买方认可
质量安全水平的重要性	质量水平是内生变量	质量水平是外生变量
是否形成成本	安全事故的实质性补偿成本	无论是否有质量安全问题都形成成本
对产品质量安全的约束力	约束力强	约束力差
质检管制	逆向选择	严格的质检管制显示产品质量情况

① 龚强，张一林，余建宇．激励、信息与食品安全规制[J]．经济研究，2015(3)：4-15.

产品质量安全的全程追溯制度(如食源性动物的免疫检查制度)、缺陷产品召回制度等，都可以作为消费者的信息甄别信号，追究劣质产品生产厂商的责任，强化对厂商所供给的产品质量安全水平的甄别监督。

9.2.2 认证机制

破解产品质量安全信息不对称的技术性管制工具之一是产品质量认证。ISO/IEC 指南对“认证”的定义是：由可以充分信任的第三方证实某一经鉴定的产品或服务符合特定标准或规范性文件的活动。产品质量认证的国际标准主要是为了促进国际贸易，避免质量损害而建立的。国外的产品质量安全标准(5S，TQM，TSS)在世界范围的企业使用，如丰田和通用等。在美国，医疗设备行业采用“良好生产规范 GMP”标准，人类用药采用“动态良好生产规范 cGMP”标准，[①] 确保了制造过程的适当设计、监控和控制；汽车行业采用 QS 9000，政府监管机构采用 AS 9100，信息来源也依赖于公众和行业对产品质量安全潜在问题的报告。

我国现行的产品质量最低标准从适用范围和领域来看，[②] 主要包括国际标准、国家标准、行业标准、地方标准和企业标准层级等。这些标准共同构成了我国最低质量标准体系。目前，我国产品市场上主要存在两类标准认证体系(见表 9-3)：一类是以“三品一标”为代表的产品认证(包括无公害农产品、绿色食品、有机食品和农产品地理标志)，蕴含优质、安全、卫生等综合要素；另一类是以 HACCP、CAP 为代表的过程管理认证。[③] HACCP 不仅能保证食品质量和食品安全(Khandke N，1992)，[④] 也能避免事后检测的滞后性和检测不合格所造成的成本浪费。这些认证体系已经成为消费者甄别产品质量是否安全的重要依据，直接影响着消费者的支付意愿；[⑤] 同时，也已经成为同行

---

① 这些标准由美国食品药品监督管理局(FDA)开发，对厂商传递的食品药品质量安全信息起到了有效的促进作用。

② 我国从 1990 年开始引入符合 HACCP(Hazard Analysis Critical Control Point)原则的事前规制，2009 年的《中华人民共和国食品安全法》，鼓励食品生产企业在事前建立规范的 HACCP 管理体系，加强对食品质量的事前控制。

③ HACCP 是对可能发生在产品加工过程中的食源性危害(HA)进行识别、评估，进而根据防止危害的重点管理点(CCP)采取监控措施的一种预防性规制方法。

④ Khandke N. HACCP：Principles and Applications：Merle D. Pierson and Donald A. Corlett，Van Nostrand Reinhold，1992，ISBN 0-442-00989-5[J]. Food Control，1993，4：227-228.

⑤ Shen G R，Qian Z H，Huang X M，et al. ER Model and Implementation of Management Information System for the Safety Production of Green Leafy Vegetables Based on HACCP. [J]. Journal of Shanghai Jiaotong University，2010.

业生产经营者进行质量差异化竞争，通过质量竞争获得企业长期竞争优势的关键工具。深化企业声誉统一身份认证应用，加快推动各级各类产品质量信息系统接入，实现与国家质量认证系统对接。推进产品质量安全追溯体系的建设应用，提升产品质量监管信息化水平。

表 9-3　我国产品质量安全的主要认证机制

信息传导机制	认可的领域数量	业务范围类型	分支机构
质量管理体系(QMS)	105	2479	249
危害分析与关键控制点(HACCP)	21	29	
食品安全管理体系(FSMS)	33	99	19
良好的生产规范(GMP)	5	5	

资料来源：国家质量监督检验检疫总局．中国质量监督检验检疫年鉴2017[M]．北京：中国统计出版社，2018：27.

9.2.3　声誉机制

声誉机制通常由于政府宣布某项规制措施而刺激产生，竞争性市场下的厂商会偏好选择承诺声明而非强制性的政府监管。声誉机制的信息基础要比一般的产品安全信息复杂得多，它涵盖信息生产—分级—信息披露—反馈的系统性范畴，[①] 是一个从信息生产搭配信息反馈的信用系统。

声誉机制作为厂商的一种自我承诺机制，是企业为了实现效用最大化目标的意愿表达，使声誉成为显性合约的替代品(余津津，2003)。厂商的声誉支持的生产规范将带来高水平的合作，从而促进收益的产生。克瑞普斯等(1999)的声誉模型只一般性地证明了声誉对人的行为的影响；而霍姆斯特姆(1982)基于法玛思想建立的代理人市场—声誉模型则直接被用于说明企业声誉可以作为显性激励契约的替代物。也有学者认为，声誉是一种相关属性和评估，代表企业内外部多个利益相关者之间的互动关系，这些互动关系会创造协同效应，相互促进而产生价值。[②] 在产品质量监管中，加强质量领域云、网络、平台、数据、系统等关键基础设施的安全保护，提高系统访问、技术

① 吴元元．信息基础、声誉机制与执法优化：食品安全治理的新视野[J]．中国社会科学，2012(6)：115-133.

② Roberts P W，Dowling G R. Part IV：How Do Reputations Affect Corporate Performance?：The Value of a Firm's Corporate Reputation：How Reputation Helps Attain and Sustain Superior Profitability[J]. Corporate Reputation Review，1997，1(1)：72-76.

应用、运维服务、数据流动等方面的安全管理能力。

9.2.3.1 声誉机制的低成本性

从消费者的角度，声誉源于购买者的感知表达和累积评价，是一种由市场信息反馈的、无经济成本传播的信号，利用这种信号可以产生经济效益，推断产品质量安全信号。信誉机制可通过信号显示机制实现产品“优质优价”“低质低价”的市场均衡状态；[①] 经过无限重复博弈后生产厂商将形成高质量、高价格、高回报的良性循环的信誉机制。[②] 所以，从厂商的角度，声誉是一项价值大小取决于口碑强度的无形资产，要保护声誉资产必须克制投机冲动。

声誉机制具有内在控制功能，当一次性的产品质量安全问题出现时，规制机构就开始停止交易，就会形成“信誉威胁”——“交易的终止”，[③] 在这种机制约束下，生产者没有提供劣质品的积极性，消费者也不需要对信息进行过度的搜寻与甄别，减少了搜寻成本和选择成本，从而缓解了信息不对称，提高了市场效率。

9.2.3.2 创造经济租金

声誉机制的有效性一般从重复博弈的视角加以阐释，然而 Klein 和 Laffler (1981) 的研究表明重复博弈、惩罚机制(也称触发策略)、无成本沟通等尚不足以保证生产者质量自律。在竞争性市场的产品质量安全规制中，好的厂商通过生产安全产品的长期博弈可以获得“声誉租金”，声誉机制得以建立。追求良好的质量声誉，是生产者参与市场竞争和自身发展的需要。马可林、克莱恩和雷佛乐认为，优质厂商比劣质厂商更倾向于维持良好声誉。Mahon J F 等(2003)构建了一个利益相关者、问题和声誉之间动态相互作用的声誉管理模型，[④] 如图 9-5 所示。

---

① Grossman, Sanford J. The Informational Role of Warranties and Private Disclosure about Product Quality[J]. The Journal of Law and Economics, 1981, 24(3): 461-483.

② Shleifer A. A Theory of Yardstick Competition[J]. The Rand Journal of Economics, 1985, 16(3): 319-327.

③ Dellarocas C. Reputation Mechanism Design in Online Trading Environments with Pure Moral Hazard[J]. Information Systems Research, 2005, 16(2): 209-230.

④ Mahon J F, S L. Wartick, Dealing with Wtakeholders: How Reputation, Credibility & Framing Influence the Game[J]. Corporate Reputation Review, 2003, 6(1): 19-35.

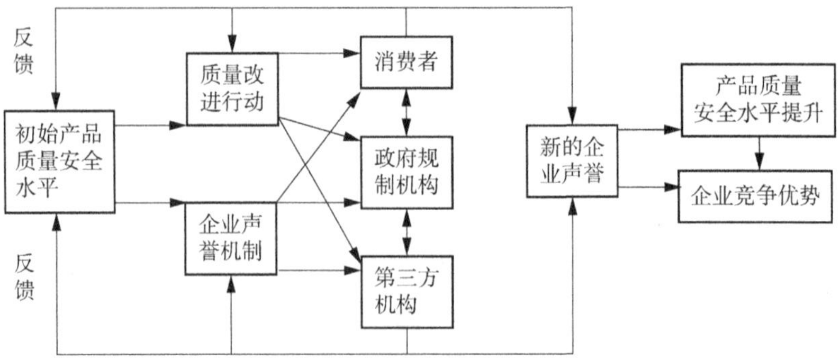

图 9-5　声誉机制与企业竞争优势

声誉交易理论强化了声誉资本作为一种承诺机制，起到避免机会主义行为的作用。根据“李嘉图租金”理论，[①] 经营者诚实生产，不仅是为了得到更多的短期报酬获得“质量租”，还期望得到社会的正面评价和尊重。所以，声誉是厂商的异质性稀缺资源，具备有价值、稀缺和不可替代三项特性，可以为企业创造租金，所以厂商可以是声誉和品牌机制的推动者。

9.2.3.3　打造品牌效应

品牌是一种表达质量、性能、身份特征的符号，是产品质量区分的重要标志。品牌效应意味着商品定位、消费族群、利润回报和产品质量，是一种无形资产，是一种对声誉的认知。在信息不对称情形下，信誉机制包含了产品质量安全重复博弈所传递的信息，可以成为厂商利用自身声誉缓解信息不对称的手段，在一定程度上能抑制生产经营者的机会主义行为，[②] 降低缔约前的搜寻成本和经营活动的交易费用，减少交易风险。

9.2.3.4　降低质量租金

声誉机制发挥作用依赖于两个条件：其一，供给高质量的产品可索取“质量租”(高于一般产品价格的租金)，如果供给高质量产品无租可图或者“质量租”小于质量投机所创造的短期暴利，以次充好将不可避免。其二，高质量产品卖方投入了显著的、买方可观察到的沉淀成本。沉淀成本只能通过重复销售高质量产品，从中获取稳定的租金流得到成本补偿，以次充好必定中断租

① “李嘉图租金”是指生产要素因完全缺乏供给弹性而取得的“超出正常水平”的部分报酬。“李嘉图租金的获取”仅仅是因为该生产要素垂直的供给曲线，是纯粹的“稀缺租”。

② 品牌主体在生产和交易中，其欺骗、背叛行为会传递给现有的和潜在的交易者，将受到拒绝合作的惩罚。

金流，破坏沉淀成本的补偿机制。① 声誉机制通过把厂商的经济效益、政府监管、消费者利益联系在一起，让企业在诚实生产中实现自身利益最大化的同时自觉维护消费者权益，从而获得声誉租金，成为钱德勒式的企业，② 与社会主体实现激励相容。

总之，市场规制如消费者参与、信号传递机制、声誉机制、第三方认证机制能有效缓解信息不对称，约束厂商道德风险和逆向选择行为。

9.3 破解监管失灵的数字化治理机制

规制失灵是产品质量安全问题产生的监管原因。社会力量进行监管是为了克服政府监管和市场管制的市场失灵。过度依赖市场监管，会导致很多规制盲区。由于市场质量信号的时滞性，市场机制多在产品质量损害发生之后进行补救，而社会力量(如消费者协会、媒体)往往能发现产品质量安全规制失灵，及时矫正厂商不规范生产行为，实现对早期质量信号的显示和传递。

9.3.1 消费者参与机制

竞争性领域的产品质量安全规制失灵要求消费者、社会公众和媒体的外部参与，政府的作用应从利益权衡和市场选择的决定者转变为中介调节。当政府监管机构基于其专业性和技术性制定规则，以解决产品质量安全立法僵化、被动、耗时的难题时，市场规制的制定首先应考虑公众，尤其是受规制影响的群体(消费者)的参与。消费者出于效用最大化的考虑，有寻求解决信息不对称问题的动力，其参与规制的制定有助于解决厂商存在的道德风险和消费者的逆向选择问题，完善开放共享的产品质量数据治理体系，促进动态的产品质量信息市场的形成。

消费者是产品质量安全合作共治的主体，是因为消费者能够通过对产品的购买、消费和反馈来掌握“第一手”经验性信息；消费者通过联合起来“用脚投票”的方式抑制规制失灵。由于现代社会是一个个体化社会，消费者处于“碎片化”与“原子化”之间的状态，这使消费者力量不能最大限度地发挥出

① 周波．柠檬市场治理机制研究述评[J]．经济问题探索，2010(3)：131-135.

② 吴元元．信息基础、声誉机制与执法优化：食品安全治理的新视野[J]．中国社会科学，2012(6)：115-133.

来，因而必须为消费者增权。总的来看，消费者增权主要有两大模式：信息增权和制度增权。信息增权是鉴于消费者消费偏好具有异质性，生产者应针对消费者所看重的产品质量属性，严格按照标签或合同规定标准提供产品，并在包装和标识上注明产品的特性和警示，提升售后服务质量和消费者购买体验，从而提升消费者感知价值。制度增权是通过制度供给保障消费者权益。制度增权要求把产品的劣势和负面性等信息传递给消费者，增加生产者违反产品质量安全规范被查处的概率；另外，能够给予厂商的道德风险行为以强大的威慑力与警示作用，增加企业的违法成本，使得生产者与消费者之间的产品安全博弈在一定程度上由对抗转向协作，进而达到产品质量利益相关方激励相容的目的。①

9.3.2 技术机制

在经济高质量发展背景下，新型产品质量的分散化、异质性，质量安全信息的不对称，使产品质量安全规制问题更多依赖于市场技术力量和社会技术力量，需要政府赋权，构建并培育社会信任体系。

缺陷产品召回制度可有效弥补我国产品质量安全监管手段的缺失，抑制政府失灵导致的产品质量安全问题。在产品质量风险监测过程中，对提前发现可能会危及人身和财产伤害的产品，应及时采取措施消除隐患。当前，我国应尽快提高召回法律层级、扩大消费品召回范围，逐步健全关于产品质量安全信息的召回制度。

表 9-4 是一个产品质量安全规制的厂商行为策略集，企业态度有三种选择(坚决否认、责令召回、主动召回)，赔偿方式有三类(不赔偿、部分赔偿、全部赔偿)。对于一个注重声誉，谋求长远发展的厂商来说，主动召回和全部赔偿可增加产品质量高的识别性，所以均衡策略是主动召回和全部赔偿。在产品质量安全危机处理中，丰田汽车召回事件(2009)、双汇瘦肉精事件(2011)都选择了该策略，以此安全渡过产品质量安全危机。②

---

① 曹滨，高杰．工艺设计质量信息不对称环境下质量激励合同设计[J]．中国管理科学，2018，26(7)：142-150.

② 2009 年，丰田在华两家合资企业——广汽丰田、一汽丰田宣布，由于零部件出现缺陷，从 8 月开始，召回部分凯美瑞、雅力士、威驰及卡罗拉轿车，涉及车辆总计 688314 辆。这是我国 2004 年实施汽车召回制度以来，数量最大的一项召回，自此以后丰田汽车渡过产品质量安全危机。

表 9-4 产品质量安全事件厂商的策略集
（3×3 质量安全事件应对策略组合矩阵）

赔偿方式	坚决否认	责令召回	主动召回
不赔偿	坚决否认，不赔偿	责令召回，不赔偿	主动召回，不赔偿
部分赔偿		责令召回，部分赔偿	主动召回，部分赔偿
全部赔偿			主动召回，全部赔偿

9.3.3 中间层监管机制

如果产品质量水平是不可验证的，政府监管者就要缓解监管资源短缺的压力，必须为竞争性市场的企业提供高质量产品的激励，又要保持规制的好处，中间层质量规制则是行之有效的。[①] Williamson S 等（1994）认为，规制中介的一个重要的作用是可以提高市场上商品与服务的质量。[②] 图 9-6 中，生产者和消费者之间的信息不对称，可以由中间层规制机构通过构建互联网平台，收集产品生产者提供的与服务有关的信息填补这一空白；检测服务机构可以通过检测产品质量向消费者描述产品安全特性；厂商可以通过检验认证机构报告消费者的需求，将交易信息集中在检测认证机构可以起到交换信息的规模效应；改善厂商、规制机构和消费者的信息不对称状况，可以起到产品质量提升的激励作用；对产品质量 APP 进行场景化、向导式改造，完善开放共享的产品质量数据治理体系，不断优化网上办事体验，对销售者则降低了尽职调查的交易成本。[③]

9.3.3.1 行业协会

行业协会是由统一、相近或相似市场地位的特殊部门的经济行为人组织起来，促进本部门公共利益的集体性中间层组织，是联系政府和市场的桥梁，其作用机制主要是降低交易成本，弥补市场失灵和政府失灵。行业组织拥有较为全面的行业信息，对市场具有敏感性与回应性，有利于建立统一规范的

① 史普博．管制与市场［M］．上海：上海三联书店，上海人民出版社，1999.

② Williamson S, Wright R. Barter and Monetary Exchange under Private Information［J］. The American Economic Review, 1994(3): 101-123.

③ Scott Rafferty. FDA Moving Too Slowly to Promote Private Inspections［N］. Food Safety News, 2013-9-6. https://www.foodsafetynews.com/2013/09/the-fda-is-moving-too-slowly-to-promote-private-inspections/.

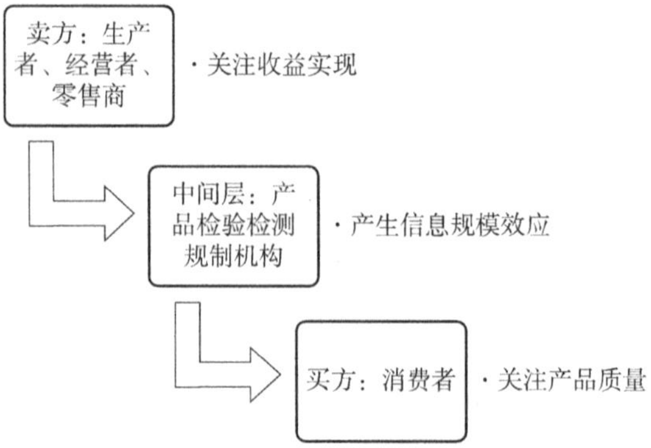

图 9-6　第三方监管理论模型图

行业市场秩序，为会员单位优化资源配置、信息共享，降低质量信息搜寻成本。① 例如，新型农业合作社为了保障农产品质量水平，通过采用“公司+农户”“公司+农户+合作社”“公司+农户+龙头企业”的组织模式，规定多方在农产品的生产链环节的权力和义务及风险承担方式，形成组织成员间的纵向协作关系，② 能规范生产者的机会主义行为，降低产品质量损害率，降低市场交易成本。

9.3.3.2　第三方认证

第三方实施的产品质量安全认证体系是保障产品安全的技术基础和规范，国际流行的产品质量安全认证包括产品认证和体系认证。产品认证是对终端产品安全状况进行评价，体系认证是对生产条件保障能力的评价。国外主要以体系认证为主，包括良好农业规范(GAP)、良好生产规范(GMP)、危害分析与关键控制点(HACCP)、食品安全管理体系(ISO 22000)。我国目前以产品认证为主，主要包括无公害食品、产品、有机食品认证和农产品地理标识，简称“三品一标”。现有的第三方互联网平台如“网易严选”的所有供应商都要符合中国 CCC 认证、英国 UL 认证和欧洲 CE 认证等，所有上架商品必须通过全球 TOP 第三方质检机构，如 SGS、BV 和 ITS 等机构认证，才可上架。专业检测公司的第三方认证也存在着激烈的竞争，所提供的信息能否被社会消费者认可，关键是能否比竞争对手提供更专业和客观的信息，打破产品质量“数据孤岛”。

---

① Shi J, Liu Z. Study on the Industry Association in China and the Strategies for its Development[J]. Anthropologist, 2015, 25(3): 1012.

② 胡求光. 农产品质量安全、追溯体系及实现机制研究[M]. 北京：经济科学出版社，2016：106.

9.3.3.3 社会参与

消费者组织、行业协会、新闻媒体和科研机构等社会力量加入产品质量安全的社会治理中，听证会、产品召回机制、赔偿机制、售后机制、讨价还价机制在抑制厂商道德风险方面有明显效果。建立有效的信息投诉激励机制、媒体报道激励机制和产品质量安全改进奖惩机制，实施“标准—认证—认可”三位一体的私人规制，[①] 有助于促进产品质量安全信息在全社会范围内高效共享利用，打破产品质量“数据孤岛”，力争实现一网查档、百馆联动、掌上查档，以提升产品质量。通过多元化协同规制，达到威廉姆森(1996)所讲的“修正的效率”。

厂商寻租是一种非生产性活动，在于寻租者仅是为了游说政府监管机构的少数人而不是提高整个社会的福利，在此过程中浪费了社会资源。当厂商发现自己生产的劣质品或质量不安全产品注定会使自己失败时，通过游说政府、实施寻租、寻求保护使劣质品作为优质品销售，形成了对优质品生产厂商和消费者的“掠夺性”行为，而不是生产优质品满足消费者的质量需求和创造社会财富。因此，建立产品质量信息平台，加强消费者参与、媒体参与的信息共享度，对政府监管俘获行为约束，可以提高规制效率，抑制政府和市场的双失灵。

9.4 以激励相容为目标的数字化产品质量合作规制机制

激活数据要素市场新活力，释放产品质量数字化治理新动能，激发各主体积极主动性，需要从市场主体角度出发设计激励机制。产品质量的数字化治理的“政府—市场—社会”多元化协同规制表现为政商关系、社商关系与民商关系。最根本的路径选择是通过恰当的激励相容的机制设计，协调各利益相关者的利益冲突，激励政府、企业、消费者利益相关主体行为朝着有利于产品质量优化的方向改进，在数字经济条件下，重新调整和塑造政商关系、社商关系与民商关系。

在竞争性市场的产品质量安全规制中，“机制设计成功”的前提是社会化努力的完整性，通过设计一系列机制，使政府、消费者、厂商的目标趋同。[②] 激励相容依靠“机制设计”实现，后者是指在自由选择、自愿交换、信

---

① Avraham R. Private Regulation[J]. Harvard Journal of Law & Public Policy, 2010, 34(2): 543-638.

② Sappington D E M. Incentives in Principal-Agent Relationships. [J]. Journal of Economic Perspectives, 1991, 5(2): 45-66.

息不完全及决策分散化的条件下，通过调整奖励和认可系统诱使厂商付出质量努力，关注产品质量提升。①

9.4.1 产品质量安全规制的激励相容目标

厘清数据产品质量要素市场主体的权责关系，不断探索数据开放共享的新模式，建构产品质量数字化治理的激励相容机制。厂商是产品质量水平的核心决定者，也是产品质量水平决策的源头。作为厂商，在短期内通常是以收益最大化作为行为目标；在长期内，厂商目标包括利润、大销量、声誉、流动性、控制力等。消费者是产品质量安全水平提升的最终受益者，也是产品质量安全的间接决策者，消费者的目标是获得预期质量，实现自身效用最大化。政府主导的产品质量安全规制的行为动机之一是公共利益最大化，通过制定和实施法律法规，对厂商负向行为进行制裁，对正向行为进行激励。产品质量安全合作规制的三大主体及行为目标如表 9-5 所示。

表 9-5 产品质量安全合作规制的三大主体及行为目标

主体	参与主体	职能	机制	目标 1	目标 2
政府	中央政府	制定法律、奖罚机制、监督检查	行政机制	社会福利最大化、	社会福利最大化
	地方政府	制定地方法规、奖罚机制、监督检查	行政机制	个人政绩最大化	长期福利最大化
市场	生产厂商	诚信生产、质量控制、同业监督	市场机制	短期收益最大化	收益、声誉、信用
	中间层厂商	质量控制、同业监督	市场机制	收益最大化	声誉最大化
社会	公众	举报、投诉、诉求表达	市场机制	效用最大化	消费者福利最大化
	消费者	举报、投诉、诉求表达	市场机制	效用最大化	消费者福利最大化
	行业协会	制定行业标准、行业监管	市场机制	信誉最大化	社会福利最大化
	媒体舆论	事件发现、舆论引导、宣传教育	信息机制	社会福利最大化	社会福利最大化
	第三方机构	质量认证、检测、信用评估	信息机制	社会福利最大化	信誉、利益最大化

在产品质量安全规制中，消费者、第三方机构和行业协会等社会力量也

① Joseph A DeFeo, Frank M. Gryna. Juran Quality Management and Analysis [M]. New York: McGraw-Hill Education Press, 2004: 23.

是不可或缺的。[①] 社会力量参与的产品质量安全规制（社会规制），是政府监管的有效补充，可以减少政府监管的成本，提升规制的配置性效率和适应性效率。行业协会具有专业性、技术性等特征，是抑制规制失灵的必备力量，其特点是中立性，较少被利益集团驱使。第三方认证检测机构可以通过出具检验认证机构报告，将交易信息集中在检测认证机构，可以起到交换质量信息的规模效应，改善厂商、政府监管机构和消费者的信息不对称状况，对厂商起到产品质量提升的激励作用，对销售者则降低了尽职调查的交易成本，[②] 并可以抑制政府监管导致的规制俘获问题。

产品质量安全激励相容机制设计的主体是政府，作为产品质量安全的规制者，通过设计一种机制激励和约束代理人，使自己的目标与委托人一致，既不隐藏行动，又不隐藏信息，最大化委托人的利益，实现委托人的目标，协调各利益相关者的冲突，实现厂商之间的正当质量竞争，激励政府、厂商、第三方机构、消费者等利益相关主体行为朝着有利于产品质量优化的方向改进。

9.4.2 竞争性市场的产品质量安全合作规制

产品质量安全规制是一个系统性工程，需要市场激励、政府监管、社会监督有效配合，如市场失灵，政府受规制成本和范围限制，消费者组织分散，第三方认证检测机构也可能被收买，单纯依靠市场或单纯依赖政府都无法取得良好的规制效果。为此，需要有效整合消费者、社会组织、行业协会、规制机构等利益相关主体进行社会协同规制，在治理过程中，应建立起“市场—政府—社会”协同治理的激励性规制新模式，走合作治理、合作分工、参与式治理之路，[③] 是经济高质量发展背景下产品质量安全规制的策略选择。

产品质量安全规制往往采用多种治理机制，即采用新合作主义规制框架——含有不受约束力的标准和规则，以公私合作、自我规制为特征，[④] 厂

---

① Holleran E, Bredahl M E, Zaibet L. Private incentives for adopting food safety and quality assurance [J]. Food Policy, 1999, 24(6): 669-683.

② Scott Rafferty. FDA Moving Too Slowly to Promote Private Inspections[N]. Food Safety News, 2013-9-6. https://www.foodsafetynews.com/2013/09/the-fda-is-moving-too-slowly-to-promote-private-inspections/.

③ J A Caswell. From Punishment to Prevention: A French Case Study of the Introduction of Co-regulation in Enforcing Food Safety[J]. Food Policy, 2012, 37(3), 246-254.

④ Bandura A. Social cognitive theory of self-regulation[J]. Organizational Behavior & Human Decision Processes, 1991, 50(2): 248-287.

商、政府、第三方认证机构、消费者等主要利益相关者，在各自衡量成本—收益的基础上，相互研究对方的策略并不断调整各自行动，① 以期达到帕累托最优。机制设计的主要目标，就是充分发挥厂商、政府、消费者、协会、公众参与产品质量安全决策的积极性，在保障多方利益的前提下，规避机会主义、道德风险、逆向选择和规制失灵行为，实现产品质量提升和利益相关者目标的激励相容(见图9-7)。企业是市场的主体，也是产品质量的直接决定者和责任承担者，是产品质量行业和国家安全标准的实施主体。厂商应加强企业家自律，深度聚焦产品质量安全问题的内部治理，强化产品质量安全的内部管理效率。

进一步完善企业竞合机制，凝聚社会力量，共同推进产品质量的数字化治理。整合"政产学研金服用"各方资源，组建产品质量推进联盟，实施大科学计划和大科学工程，建设产品质量数字化治理协同创新平台。发挥微信、微博、客户端等各类新媒体作用，强化省市产品质量数据大厅展示、体验等功能，完善开放共享的产品质量数据治理体系，全媒体宣传产品质量品牌，营造良好的数字化治理社会氛围。

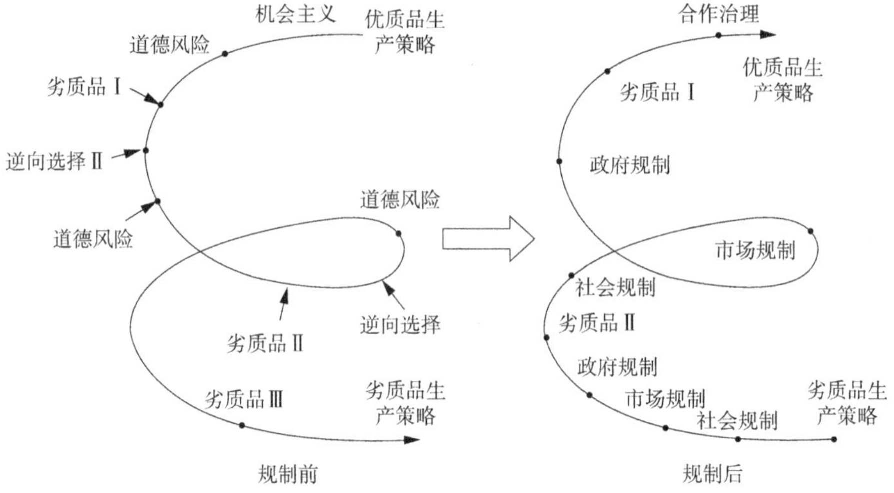

图9-7 社会合作规制下产品质量变化螺旋

消费者是产品质量安全效果的接受者。引导消费者理性消费，健全消费者举报、投诉质量违法行为，形成对生产者产品质量行为的责任"倒逼机制"。

① Martinez M G, Fearne A, Caswell J A, et al. Co-regulation as a possible model for food safety governance: Opportunities for Public-Private Partnerships[J]. Food Policy, 2007, 32(3): 299-314.

政府要完善产品品牌培育机制，推行企业质量标准自我声明和公开制度，以品牌建设助推质量提升。加快推动设立支持产品质量数字化治理方面的基金。建立完善省部合作、政企合作机制，引入各类金融资本，充分发挥政策引导与金融支持相结合的优势，优先培育和支持一批产品质量数字化治理建设重点项目。

在合作规制框架下，竞争性市场的产品质量安全规制的利益相关者，彼此集成、交互和共享产品质量安全信息，最大限度地消除产品质量安全信息不对称带来的负面效应，实现产品质量监管的配置性效率。① 将大数据作为提升产品质量治理能力的重要手段，通过高效采集、有效整合、深化应用，提升科学决策和风险防范水平，打造精准治理、有效监管、多方协作的产品质量数字化治理新模式。

9.4.3 竞争性市场的产品质量安全激励相容实现机制

竞争性市场的产品质量安全行为主体有政府、消费者、厂商、社会公众等多个利益相关者，产品质量安全治理主要通过利益相关者间的合作来控制厂商协调行动，② 以确保企业遵从产品标准和法规。激励性规制与企业反映见表 9-6。

表 9-6 激励性规制与企业反映

厂商行为	事后反应	事前反应
退出	被动接受产品质量安全标准，或放弃	参与产品质量安全标准，离开市场、转向其他商业领域
质疑	不满现有标准，拟采用新标准	参与标准制定，并商议标准的使用
忠诚	等待标准并遵守标准	参与产品质量安全标准并提前遵守

资料来源：Spencer Henson，Steven Jaffee. Food Safety Standards and Trade：Enhancing Competitiveness and Avoiding Exclusion of Developing Countries[J]. The European Journal of Development Research，2006，18(4)：593-621.

在产品市场上，不定期的质量问题和慢性的质量问题是常见的，需要产

① North D C. Institutions，Ideology，and Economic Performance[J]. Cato Journal，2013，11(3)：477-496.

② Spence A M. Monopoly，Quality，and Regulation[J]. Bell Journal of Economics，1975，6(2)：417-429.

品质量的“持续改进”(Kaizen)来弥补。[①] “持续改进”是为不定期的和慢性的质量问题以及过程优化付出长久的努力。在数字经济条件下，持续改进的期间更短、效率更高。

如图 9-8 所示，在质量改进前，厂商的质量均衡位于 E_1 点，优于存在质量不定期的问题和慢性的质量问题，质量曲线不断随时间上下波动，在适当的规制机制下，产品质量水平实现动态提升，最终到达较高的质量均衡点 E_1，实现产品质量的持续改进。产品质量安全持续改进的规制终极上是一种自我管制过程(计划—执行—检查—行动过程)。

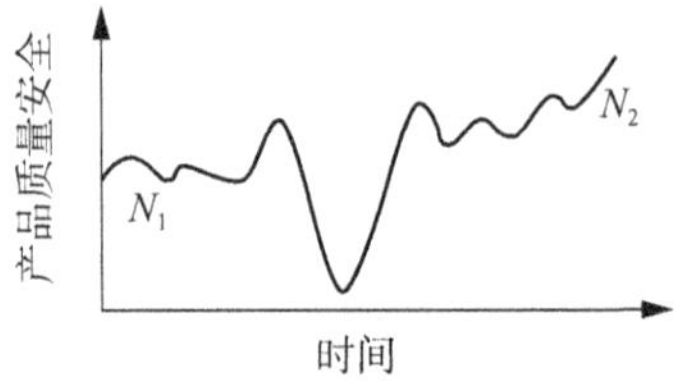

图 9-8　不定期的和慢性产品质量安全问题的持续改进

当利益相关者之间形成一种协调时，采用经典规制和自我控制的结合，把主要的质量努力放在产品生产以前的预防环节上，形成一个封闭的 PDCA 循环。如图 9-9 所示，每个部门达到自我控制状态，这个封闭的 PDCA 循环被称为“戴明环”。[②] Gitlow(1995)强调当 PDCA 循环的标准化流程重复进行时，产品质量安全水平就会实现动态的持续改进。

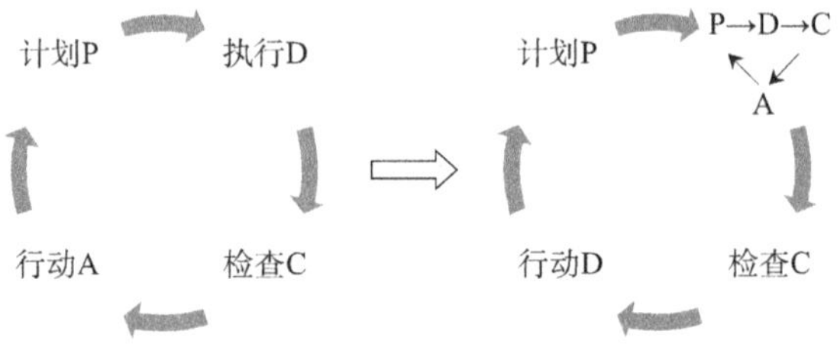

图 9-9　产品质量持续改进的“戴明环”

---

① Hartman B. Implementing Quality Improment [M]. Juran report number two, Juran institute, inc. 1983: 71-78.

② 1987 年，美国波多里奇质量奖专注于企业的产品质量改进，表彰美国企业在全面质量管理 TQM 和质量改进方面做出的贡献，为工业、商业组织评估自己的质量改进效果提供参考标准。在国外，有影响力的产品质量奖项包括：美国质量协会质量奖(ASQ)、美国波多里奇质量奖、日本戴明奖、欧盟质量奖等。

如何实现激励相容目标，是社会协同共治的目标选择。如图 9-10 所示，作为政府行政性强制规制的弥补，需要引入对厂商的利益激励和声誉激励，对行业协会、媒体和第三方认证机构的“专业监管”以及由消费者主导的激励监管，形成融政府、社会、市场为一体的激励相容机制，强化产品质量全方位动态监管和综合分析应用，建成较为完善的数字化产品质量防控体系。

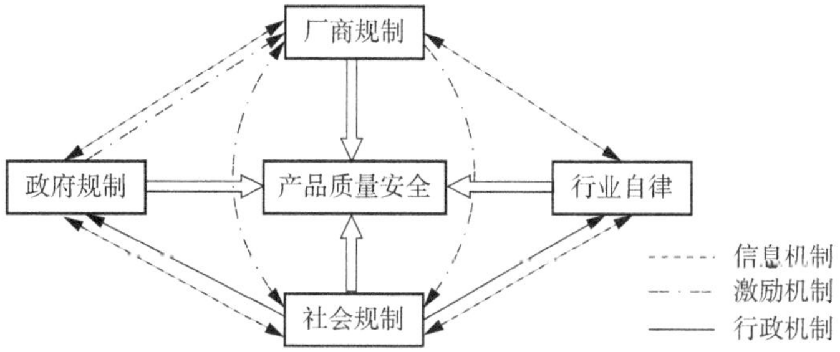

图 9-10 社会协同的激励性规制框架

9.5 小结

本章针对竞争性市场条件下引发产品质量安全问题的多维原因：内部的厂商机会主义行为、外部的信息不对称、监管层面的规制失灵，提出了竞争性市场条件下产品质量安全问题的规制策略。

本章结论：竞争性市场下产品质量安全水平，可以通过以下规制策略进行改善，即实施行政规制、信息增权、强化企业社会责任，抑制厂商机会主义行为；完善信息机制、认证机制和声誉机制，缓解信息不对称；促进利益相关方参与，破解政府监管失灵；构建产品质量安全社会合作治理机制，以实现产品质量安全规制目标的激励相容。

本章启示：以政府为主导，利用行政机制和信息增权机制，抑制厂商机会主义；以市场为主体，利用信息机制、认证机制、声誉机制，抑制产品质量安全信息不对称；以社会为辅助，利用消费者参与机制、技术机制、中间层机制，破解规制失灵；以利益相关者行为为导向，通过建立“政府—市场—社会”的数字化合作治理机制，促进利益相关方的激励相容，实现竞争性市场条件下产品质量水平持续提升。

10 主要结论、政策建议与研究展望

通过前九章的论述，本书已对市场竞争对产品质量的影响及逻辑路径进行了较为系统、深入和全面的研究与探讨。本章将对全文进行总结，概括本书的主要结论和政策建议，阐明本书主要局限，并提出未来研究方向。

10.1 主要结论

本章以新制度经济学理论为基础，汲取马克思主义经济学的市场竞争和产品质量思想，对现实市场竞争内涵的再认识，对市场竞争特征进行重新解读，提出更贴近现实竞争的研究假设。从非瓦尔拉斯均衡分析这一视角，将机会主义、信息不对称和有限理性纳入本书的理论分析框架，重新探析了市场竞争对产品质量的影响及逻辑，得到了如下的研究结论。

10.1.1 现实市场竞争会导致生产与交换的瓦尔拉斯均衡偏离

竞争是市场经济的本质，是市场经济活力之源。在现实市场竞争中，企业间竞争往往体现为“价格”和“质量”的双重竞争。产品质量是市场满足人们“本真需要”的使用价值特性，兼具技术特征和社会福利特征。本书在新制度经济学理论基础上，借鉴赫伯特·西蒙(1975)和奥利弗·威廉姆森(1985)的有限理性和机会主义理论，将机会主义、信息不对称与有限理性纳入本书的理论分析框架，提出了更贴近现实的市场竞争研究假定：相对收益最大化目标、有限理性人、信息不对称、质量竞争工具与产品质量差异性。由于现实市场竞争条件下厂商机会主义、信息不对称及有限理性，导致市场过度竞争引发产品质量问题，使市场的生产与交换偏离瓦尔拉斯一般均衡，降低产品质量，损害消费者利益与社会福利。

10.1.2 市场竞争对产品质量具有非线性影响

市场竞争对产品质量的影响呈现显著的先升后降“倒U形”曲线关系，有效竞争具有促进资源配置优化的作用，过度竞争会导致资源配置效率损失和社会福利损失，这两种情况都会使产品质量处于非均衡状态。在市场竞争中，企业为了取得竞争优势而不断加大质量投入，传递产品质量信息、参与质量认证，此时市场竞争表现为有效竞争。有效竞争有利于刺激企业技术创新，发挥生产的规模经济和品牌优势，提升产品质量和长期的经济效益。

现实市场竞争中，为了争夺相对利益和市场地位，竞争主体出于“捞一把就走”的短期收益最大化目标，进行各种趋利避害的机会主义行为，在产品生产、加工、经营过程中采取压低成本、掺假使假、假冒伪劣的行为，降低质量投入和质量努力，导致产品质量下降。所以，市场竞争对产品质量的影响呈现先升后降的“倒U形”曲线关系。根据第五章样本数据，市场竞争对产品质量的影响呈左大右小的“倒U形”分布，“倒U形”曲线的拐点位于 $com_0 = 5.697$ 的位置。

10.1.3 市场竞争对产品质量影响的三条路径

其一，机会主义对产品质量的影响。市场过度竞争容易强化厂商机会主义。厂商机会主义在市场竞争与产品质量的关系中起到显著的部分中介效应，中介效应系数是-0.164。在市场过度竞争条件下，源于对短期利益和相对效用的追求，中小厂商利用资产专用性违反关系契约，采取撒谎欺诈、假冒伪劣手段降低生产成本，以便在市场竞争中胜出。这种“捞一把就走”的行为损害消费者利益和社会福利，对产品质量具有负向影响。稳健性检验结果表明，这种中介调节效应是稳健、可靠的。

其二，信息不对称对产品质量的影响。市场过度竞争会强化经济主体之间的信息不对称程度，而信息不对称会对市场竞争和产品质量的关系产生双向调节效应。市场竞争对产品质量信息不对称的双向调节效应分析结果表明，市场过度竞争会强化信息不对称程度，而信息不对称对市场竞争与产品质量的关系产生部分负向调节效应，调节系数是-0.635。信息不对称会强化厂商机会主义行为，对厂商机会主义与产品质量之间关系起到负向调节作用，调节系数是-0.052。稳健性检验结果表明，这种双向调节效应是稳健、可靠的。

其三，多元化监管对产品质量的影响。多元化监管机制主要由政府监管机构、消费者协会、第三方认证机构等产品质量利益相关者组成，会对市场竞争和产品质量的关系产生滞后影响效应。多元化监管对市场竞争和产品质量关系的滞后影响效应表明，利益相关者具有有限理性，并不能对环境变化立即做出反应。有效的政府监管、消费者参与和第三方认证行为滞后 1 期会与产品质量产生正向影响，政府监管的滞后系数为 0.447，消费者参与的滞后系数为 0.116，第三方检测认证的滞后系数为 0.203。在产品质量规制中，由于利益相关者的有限理性，政府会因为降低监督成本与执行成本、保护地方企业动机出现弱监管行为；消费者参与产品质量监管行为分散化，难以实现集体行动；第三方在为获取利益与企业合谋，这些行为都会导致监管失灵。有效的多元化监管会强化有效竞争，对产品质量具有正向影响；监管失灵对产品质量具有负向滞后的影响。

10.1.4 亟待进行产品质量的数字化治理

“十四五”时期是我国高质量发展新阶段，大数据、5G、互联网、数字孪生、元宇宙等新技术与智慧监管业务深度融合，迅猛发展的信息化技术给产品质量监管增添了新动能。数字化治理能力和数字经济发展水平体现了一个区域综合竞争实力，激活数据要素市场新活力，释放产品质量数字化治理新动能，激发各主体积极主动性，就需要从市场主体角度出发设计激励机制，对数字经济条件下的产品质量进行数字化治理。

10.2 政策建议

产品质量是中国经济高质量发展的微观基础，是“质量强国”战略实现的重要保障。本书通过探讨市场竞争对产品质量的影响，提出并实证分析了市场竞争对产品质量影响的非线性关系，表明了市场竞争对产品质量的影响可能导致瓦尔拉斯均衡偏离和社会福利损失，映射出实践中政府与市场关系不断调整的必要性。本书对所研究的问题给出了贴近现实的合理解释，主要有以下内容。

10.2.1 激发有效竞争，预防过度竞争对产品质量的负面影响

市场竞争对产品质量影响的“倒 U 形”曲线关系表明，就中国市场竞争度来说，我国存在竞争不足以及竞争过度两个极端，这两种情况都不利于产品质量提升。市场竞争对产品质量影响的“倒 U 形”曲线右半段表明，科斯式的

纯市场竞争模式虽然可以在一定程度上实现产品质量改进，但容易陷入市场失灵的泥沼，而一定程度的垄断有助于形成规模经济，提升产品质量和产业竞争力。阿罗主张的政府与市场混合调节模式更适合推进有效市场竞争和产品质量提升。有效竞争对产品质量提升有正向影响，在竞争不足领域，鼓励有效竞争可以提升产品质量与社会福利；在竞争过度领域，采取有效竞争政策，加强有效的产品质量监管，抑制厂商机会主义、缓解信息不对称与预防监管失灵。

在市场竞争条件下的产品质量监管中，合理调节政府与市场的边界，根据行业、区域、时机不同，采用相机抉择的市场竞争政策，实现政府对市场的功能补缺。对于竞争不足领域，可以降低壁垒、引入适度竞争，从而削弱垄断，引导企业提高自主创新能力，提升产品质量。在竞争过度领域，改变过多过小的企业诉诸恶性价格竞争的局面，着眼于培育企业的创新能力、技术水平等非价格竞争优势。并且，要缓解与改善产品质量，应该从顶层设计入手，充分考虑区域差异与行业差异，实施有效的竞争政策，使市场竞争处于有利于行业产品质量升级的最适市场竞争状态。

10.2.2 抑制厂商机会主义

市场竞争对产品质量影响的中介效应模型分析结果表明，市场过度竞争易强化厂商机会主义行为，而厂商机会主义行为会对市场竞争和产品质量的关系产生负向中介效应。所以，以政府为主体，加强产品质量监管，利用法律、惩罚等强制性手段，抑制厂商降低成本和质量的机会主义行为；促进交易信息共享与信息增权，利用品牌、声誉、召回和赔偿等机制实现对厂商机会主义行为的事前预防；促进形成企业社会责任培育机制，实现市场竞争条件下产品质量提升。

10.2.3 缓解信息不对称

一是完善从生产到消费的信息显示机制、信息传递机制、信息甄别机制，使得竞争主体自愿进行产品质量信息披露与共享；二是通过在交易合同中嵌入激励契约条款(损害赔偿、售后服务、召回等合约)，建立品牌、声誉、信用、广告等隐性激励机制，促进产品质量信息显示；三是有效利用企业信用和声誉机制，全面开启规范有序的产品质量认证，实现市场规制从“事后”监管向“事前”监管的优化。

10.2.4 缓解监管失灵

在市场竞争条件下要求探索与之相匹配的数字化提升产品质量监管模式，突破人的有限理性约束，强化事前监管。一是通过赋权式消费者增权，促进从"分散"监管向主动参与的"自愿"规制的社会规制优化；二是完善产品召回和赔偿制度、第三方认证机制，从多主体"分段"规制向"激励相容"的规制优化，缓解产品质量监管失灵；三是有效整合消费者、社会组织、行业协会、规制机构等利益相关者，进行社会多元化协同监管，建立起"市场—政府—社会"协同治理的激励性规制新模式，走合作治理、合作分工、参与式治理的激励性监管之路。

10.2.5 强化产品质量的数字化治理

在产品质量治理中，从最早使用 IT 技术辅助政府工作到大范围、深度 IT 化改造，再到政府前台和后台工作的全面数字化，政府的数字化治理水平不断提高。在产品质量监管中，通过建立高效有序的数据开放、数据共享、数据协调、数据服务等机制，推动"一网统管"等领域协同应用，为产品质量监管提供移动化、智能化服务，提升监管效能、增强智慧监管能力；确保生产者信息和产品质量数据的有序流动，促进产品质量数据要素市场的有效运转，采用数字化驱动产品高质量发展动能接续转换，为产品质量提升夯实基础。

总之，在实施"质量强国"战略并以"高质量发展"引领经济发展时，必须强化对市场竞争的引导，抑制厂商机会主义行为，缓解信息不对称，破解产品质量监管中的有限理性约束，鼓励有效竞争，矫正过度竞争的负面效应，强化产品质量的数字化治理，促进中国产品质量升级。

10.3 研究展望

本书基于市场竞争内涵的再认识，从理论和实证层面探讨了市场竞争对产品质量影响的"倒 U 形"曲线关系，并对市场竞争对产品质量的影响逻辑以及数字化治理路径进行了比较系统的研究，得出了一些比较有价值的结论，但受作者研究能力、对资料把握深度等因素限制，仍有一些问题未能在本书中得以深入探讨，还需在进一步研究中加以推进，并进行如下展望。

第一，对于市场竞争对产品质量的影响而言，宏微观领域的数据十分重要。未来将通过大数据和云计算完善企业和行业层面数据，以期利用不同行业市场和不同领域相关数据进一步锤炼理论，验证本书假说，尤其是微观层面大样本的统计分析对于结论验证将会有所裨益。

第二，实证分析结果和现实案例表现有颇多趋同之处，从而可以得到相互验证。但也有控制变量实证结果与现实差异较大，甚至结论相反，原因是实证分析中样本量大小、抽样方法不同。相对于市场竞争下中国成千上万的中小企业和不同个性的消费者而言，本书选择的研究微观样本数量比较有限，案例分析的样本数量相对较少。因此，应充实和完善微观领域的数据，使研究更加全面深入。

第三，在本书的演化博弈分析模型中虽然考虑了多竞争主体协同合作，并引入政府监管、消费者参与、第三方认证等多主体参与行为，但是在演化博弈模型参数设置和变量假定方面还有待优化，争取在下一步研究中增加参数，丰富模型的变量设置，以便更好地反映现实市场竞争条件下的多主体行为及博弈策略，真实再现市场竞争条件下多元化监管对产品质量的影响及数字化治理路径。

总之，本书以新制度经济学的机会主义、信息不对称、有限理性理论为基础理论，汲取马克思主义经济学和西方主流经济学的竞争和质量思想，从非瓦尔拉斯均衡视角揭示了市场竞争对产品质量影响及其逻辑机理。是故，提出市场竞争与产品质量之间的“倒 U 形”曲线关系及其影响逻辑，并探索其数字化治理路径。未来的研究也有待于进一步完善相关指标体系，进行更深入的实证分析和科学验证。

参考文献

一、中文文献

(一)著作与学位论文

[1]马克思．资本论：第一、二、三卷[M]．中共中央编译局，译．北京：人民出版社，2004.

[2]马克思，恩格斯．马克思恩格斯选集：第1—4卷[M]．中共中央编译局，译．北京：人民出版社，2012.

[3]马克思，恩格斯．马克思恩格斯全集：第46卷上[M]．中共中央编译局，译．北京：人民出版社，1979.

[4]斯密．国民财富的性质和原因的研究：上卷[M]．郭大力，王亚南，译．北京：商务印书馆，1974.

[5]凯恩斯．就业、利息和货币通论[M]．高鸿业，译．北京：华夏出版社，2005.

[6]马歇尔．经济学原理[M]．朱志泰，陈良璧，译．长沙：湖南人民出版社，2012.

[7]奥尔森．集体行动的逻辑[M]．陈郁，译．上海：上海三联书店，1995.

[8]史普博．管制与市场[M]．陈昕，译．上海：上海三联书店，1999.

[9]鲍尔斯．微观经济学：行为、制度和演化[M]．江艇，译．北京：中国人民大学出版社，2006.

[10]植草益．微观规制经济学[M]．朱绍文，译．北京：中国发展出版社，1992.

[11]拉丰．规制与发展[M]．聂辉华，译．北京：中国人民大学出版社，2009.

[12]拉丰，梯若尔．政府采购与规制中的激励理论[M]．石磊，王永钦，

译．上海：上海三联书店，2014.

[13]皮凯蒂．21世纪资本论[M]．巴曙松，等译．北京：中信出版社，2014.

[14]波特．竞争战略[M]．陈小悦，译．北京：华夏出版社，1992.

[15]平狄克．微观经济学：第七版[M]．张军，等译．北京：中国人民大学出版社，2011.

[16]凡勃伦．有闲阶级论[M]．蔡受百，译．北京：商务印书馆，1964.

[17]威廉姆森，西德尼·G．企业的性质：起源、演变与发展[M]．姚海鑫，邢源源，译．北京：商务印书馆，2009.

[18]森岛通夫．日本为什么会成功[M]．胡国成，译．成都：四川人民出版社，1987.

[19]诺斯．制度、制度变迁与经济绩效[M]．杭行，译．上海：上海三联书店，1994.

[20]科斯，阿尔钦，诺斯，等．财产权利与制度变迁：产权学派与新制度学派译文集[M]．刘守英，译．上海：上海三联书店，1994.

[21]科斯．企业的性质[M]．盛洪，陈郁，译．北京：北京大学出版社，1993.

[22]斯普博．市场的微观结构：中间层组织与厂商理论[M]．张军，译．北京：中国人民大学出版社，2002.

[23]熊彼特．经济发展理论[M]．王永胜，译．北京：立信会计出版社，2017.

[24]罗宾逊，伊特韦尔．现代经济学导论[M]．陈彩如，译．北京：商务印书馆，1982.

[25]赫维茨，瑞特．经济机制设计[M]．田国强，等译．上海：格致出版社，2009.

[26]佩波尔，理查兹，诺曼．产业组织：现代理论与实践[M]．郑江淮，译．北京：中国人民大学出版社，2014.

[27]贝克尔，王业宇．人类行为的经济分析[M]．陈琪，译．上海：上海人民出版社，1995.

[28]博尔顿，德瓦特里庞．合同理论[M]．费方域，等译．上海：格致出版社，上海人民出版社，2008.

[29]萨顿．垄断的秘密：沉没成本与市场结构[M]．艾佳慧，译．北京：北京大学出版社，2014.

[30]史密斯．演化与博弈论[M]．潘香阳，译．上海：复旦大学出版社，2008.

[31]戈森．人类交换规律与人类行为准则的发展[M]．陈秀山，译．北京：商务印书馆，1997.

[32]魏伯乐，扬，芬格．私有化的局限[M]．王小卫，周缨，译．上海：上海人民出版社，2006.

[33]福克纳，鲍曼．竞争战略[M]．李维刚，译．北京：中信出版社，1997.

[34]哈耶克．个人主义与社会秩序[M]．邓正来，译．北京：北京经济学院出版社，1989.

[35]西蒙．管理行为[M]．杨栎，译．北京：北京经济学院出版社，1988.

[36]西蒙．现代决策理论的基石[M]．杨栎，徐立，译．北京：北京经济学院出版社，1989.

[37]戈森．人类交换规律与人类行为准则的发展[M]．陈秀山，译．北京：商务印书馆，1997：9.

[38]平狄克．微观经济学：第七版[M]．高远，朱海洋，范子英，等译．北京：中国人民大学出版社，2011：89.

[39]布隆克．质疑自由市场经济[M]．林季红，等译．南京：江苏人民出版社，2000.

[40]张衔．动态经济学导论[M]．成都：四川大学出版社，2009.

[41]中国科学院科技战略咨询研究院课题组．产业数字化转型的战略与实践[M]．北京：机械工业出版社，2020：51-55.

[42]武汉大学质量发展战略研究院中国质量观测课题组，程虹，李丹丹．2014年中国质量发展观测报告[M]．北京：中国社会科学文献出版社，2015.

[43]中商产业研究院，上海市食品药品安全研究课题组．中国食品行业发展研究报告(2018—2023年)[M]．北京：社会科学文献出版社，2018.

[44]赵岩．数字化转型发展报告(2020—2021)[M]．北京：电子工业出版社，2021.

[45]曹建海．过度竞争论[M]．北京：中国人民大学出版社，2000：6.

[46]丁少华．重塑数字化转型的范式[M]．北京：机械工业出版社，2020.

[47]王小鲁，樊纲，胡李鹏．中国分省份市场化指数报告[M]．北京：社会科学文献出版社，2019.

[48]胡求光．农产品质量安全、追溯体系及实现机制研究[M]．北京：经济科学出版社，2016.

[49]蒋家东．宏观质量效益研究：理论、机制与途径[M]．北京：中国质检出版社，2016.

[50]吴林海，尹世久．中国食品安全发展报告(2017)[M]．北京：北京大学出版社，2018.

[51]谢识予．经济博弈论[M]．上海：复旦大学出版社，2017.

[52]孙健．中华人民共和国经济史(1949—90年代初)[M]．北京：中国人民大学出版社，1992.

[53]中华人民共和国食品安全法[M]．北京：中国法制出版社，2015.

[54]马化腾．数字经济：中国创新增长的新动能[M]．北京：中信出版集团，2021.

[55]王俊豪．产业经济学：第三版[M]．北京：高等教育出版社，2016.

[56]应飞虎．信息、权利与交易安全：消费者保护研究[M]．北京：北京大学出版社，2008.

[57]任保平．超越数量：质量经济学的范式与标准研究[M]．北京：人民出版社，2017.

[58]王宗玉，冯源，任端平．国内外食品安全事件汇编及分析[M]．北京：中国计量出版社，2009.

[59]戴华，彭涛．国内外重大食品安全事件应急处置与案例分析[M]．北京：中国质检出版社，2015.

[60]韩俊．中国食品安全报告[M]．北京：社会科学文献出版社，2007.

[61]武留信．健康管理蓝皮书：中国健康管理与健康产业发展报告(2018)[M]．北京：社会科学文献出版社，2018.

[62]中华人民共和国农产品质量安全法[M]．北京：中国法制出版社，2006.

[63]陈国华，贝金兰．质量管理[M]．北京：北京大学出版社，2018.

[64]王健．新凯恩斯主义经济学[M]．武汉：武汉大学出版社，2004.

[65]朱勇．新增长理论[M]．北京：商务印书馆，1999.

[66]刘伟丽．质量经济学研究[M]．北京：中国社会科学文献出版社，2018.

[67]吴林海，尹世久．中国食品发展报告(2018)[M]．北京：北京大学出版社，2018.

[68]胡求光．农产品质量、追溯体系及实现机制研究[M]．北京：经济科学出版社，2016.

[69]程虹，李丹丹，范寒冰．宏观质量统计与分析[M]．北京：北京大学出版社，2011.

[70]郭鹏菲．多主体参与下农产品质量安全监管机制演化博弈分析[D]．潍坊：山东师范大学，2018.

[71]幸家刚．新型农业经营主体农产品质量安全认证行为研究[D]．杭州：浙江大学，2016.

[72]李馥伊．中国制造业及其在数字经济时代的治理与升级[D]．北京：对外经济贸易大学学位论文，2018.

[73]李志德．中国产品质量发展的长效机制研究[D]．武汉：武汉大学，2012.

[74]苏志煌．企业道德风险的层次及治理研究[D]．杭州：浙江工商大学，2017.

[75]唐爱慧．基于媒体报道的食品安全史研究(1978—2015)[D]．北京：中国农业大学，2016.

[76]韩超．社会性规制扭曲的形成及其治理[D]．大连：东北财经大学，2012.

[77]李学荣．食用农产品生产农户道德风险行为发生机理及防范机制研究[D]．南昌：江西财经大学博士论文，2017.

[78]李莉．电子市场的逆向选择风险规避模型研究[D]．武汉：华中科技大学，2004.

[79]杨林．多元共治视角下的食品安全治理问题研究[D]．济南：山东大学，2015.

(二)期刊与电子文献

[80]张衔，谭克诚．唯自愿原则企业社会责任观对中国企业建设的影响[J]．学术月刊，2014(12)：33-40.

[81]张衔．社会总资本的再生产和流通：理论原理与意义[J]．政治经济学评论，2017(5)：58-71.

[82]张衔，谭克诚．企业社会责任研究新探[J]．中国流通经济，2011

(1)：63-67.

[83]张衔，谭克诚．企业社会责任：基于马克思经济学的思考[J]．教学与研究，2014(1)：35-41.

[84]张衔，肖斌．企业社会责任的依据与维度[J]．四川大学学报(哲学社会科学版)，2010(2)：85-90.

[85]肖斌，张衔．利益相关者理论的贡献与不足[J]．当代经济研究，2011(4)：22-26.

[86]张衔，蒙长玉．功能性与规模性收入分配关系的实证分析：马克思经济学视角[J]．社会科学战线，2017(6)：62-71.

[87]周开国，杨海生，伍颖华．食品安全监督机制研究：媒体、资本市场与政府协同治理[J]．经济研究，2016(9)：58-72.

[88]吴元元．信息基础，声誉机制与执法优化：食品安全治理的新视野[J]．中国社会科学，2012(6)：115-133.

[89]卢现祥．成熟的市场经济体制再考察：由诺思悖论引申[J]．改革，2010(8)：40-48.

[90]徐晋．宏观制度经济学导论：泛函原型、量化理性与分布效用分析[J]．中国矿业大学学报(社会科学版)，2018(1)：51-83.

[91]武汉大学质量发展战略研究院中国质量观测课题组，程虹，李丹丹．2012 年中国质量发展观测报告[J]．宏观质量研究，2013(1)：1-32.

[92]眭纪刚，刘影．创新发展中的竞争与垄断[J]．中国软科学，2018(9)：54-63.

[93]刘刚．供给侧结构性改革：质量经济学[J]．质量与标准化，2016(11)：1-3.

[94]李想，石磊．行业信任危机的一个经济学解释：以食品安全为例[J]．经济研究，2014(1)：169-181.

[95]温忠麟，叶宝娟．中介效应分析：方法和模型发展[J]．心理科学进展，2014(5)：731-745.

[96]史宇鹏，王阳，张文韬．我国企业数字化转型：现状、问题与展望[J]．经济学家，2021(12)：90-97.

[97]尹世久，徐迎军，徐玲玲，等．食品安全认证如何影响消费者偏好：基于山东省 821 个样本的选择实验[J]．中国农村经济，2015(11)：40-53.

[98]王志刚，徐传谌．现阶段中国房地产业市场结构优化研究：基于市场集中度的实证分析[J]．工业技术经济，2019(1)：125-132.

[99]戚聿东，肖旭．数字经济时代的企业管理变革[J]．管理世界，2020(6)

[100]文晓巍，刘妙玲．食品的诱因、窘境与监管(2002—2011年)[J]．改革，2012(9)：13-17.

[101]冯海，王龙宝．逆向选择、产品质量和信誉机制：对我国竞争性市场中产品质量问题的经济分析[J]．产业经济研究，2005(3)：35-40.

[102]徐二明，徐凯．资源互补对机会主义和战略联盟绩效的影响研究[J]．管理世界，2012(1)：93-103.

[103]龚强，雷丽衡，袁燕．政策性负担、规制俘获与食品[J]．经济研究，2015(8)：4-15.

[104]浦徐进，吴亚，路璐，等．企业生产行为和官员监管行为的演化博弈模型及仿真分析[J]．中国管理科学，2013(1)：390-396.

[105]宋焕，王瑞梅，胡好．全程追溯制度下的食品企业与政府的演化博弈分析[J]．大连理工大学学报(社会科学版)，2018(4)：29-34.

[106]谢康，肖静华，等．社会威慑信号与价值重构[J]．经济学动态，2015(10)：4-16.

[107]张维迎．法律制度的信誉基础[J]．中国市场监管研究，2001(12)：3-13.

[108]沈宏亮．中国食品的治理失灵及其改进路径：基于交易成本经济学的视角[J]．现代经济探讨，2012(2)：17-21.

[109]周洁红，幸家刚，虞铁俊．农产品生产主体质量多重认证行为研究[J]．浙江大学学报(人文社会科学版)，2015(2)：55-67.

[110]张红凤，杨慧．政府监管的变革方式的国际经验及启示[J]．改革，2007(12)：83-88.

[112]谢康，肖静华，等．社会威慑信号与价值重构[J]．经济学动态，2015(10)：4-16

[113]赵向莉，贾志永．行业协会对企业机会主义行为的治理模型及实证分析[J]．学术探索，2012(1)：55-57.

[114]金碚．关于“高质量发展”的经济学研究[J]．中国工业经济，2018(4)：5-18.

[115]陈雨生，尹世久，韩杨．食品安全认证与追溯体系耦合下的农户响应行为研究[J]．财贸研究，2015(1)：27-34.

[116]崔彬．农产品质量安全事件频发的成因及遏制途径[J]．现代经济

探讨，2011(11)：44-47.

［117］马颖，吴陈，胡晶晶，等．基于SD-SEM模型的消费者食品安全风险感知的信息搜寻行为［J］．系统工程理论与实践，2017(4)：962-971.

［118］王建华，葛佳烨，朱湄．食品安全风险社会共治的现实困境及其治理逻辑［J］．社会科学研究，2016(6)：111-117.

［119］张延，姜腾凯．哈耶克与熊彼特：两派奥地利学派经济周期理论介绍、对比与评价［J］．经济学家，2018(7)：96-104.

［120］程虹，陈太义．管理如何提升产品质量：来自中国企业劳动力匹配调查(CEES)的经验证据［J］．产业经济研究，2019(3)：88-100.

［121］姜翰，金占明，焦捷，不稳定环境下的创业企业社会资本与企业“原罪”：基于管理者社会资本视角的创业企业机会主义行为实证分析［J］．管理世界，2009(6)：109-121.

［122］刘飞，李谭君．食品安全治理中的国家，市场与消费者：基于协同治理的分析框架［J］．浙江学刊，2013(6)：215-221.

［123］陈友芳，黄镘漳．道德风险，逆向选择与食品安全监管的思考［J］．中国青年政治学院学报，2010(6)：55-60.

［124］张宇东，李东进，金慧贞．安全风险感知、量化信息偏好与消费参与意愿［J］．现代财经，2019(1)：86-98.

［125］张蓓，林家宝．食品伤害情境下消费者逆向选择影响因素研究：基于SOR理论视角［J］．统计与信息论坛，2017(12)：116-123.

［126］王新宇，余明阳．企业危机处理、企业声誉与消费者购买倾向关系的实证研究［J］．经济与管理研究，2011(7)：101-110.

［127］江凯，罗海波，程春梅，王隽．1999—2015年全国食物中毒情况分析［J］．安徽农业科学，2018(28)：147-150.

［128］龚强，成酩．产品差异化下的食品安全最低质量标准［J］．南开经济研究，2014(1)：22-41.

［129］邢文凤．对威廉姆森机会主义人性假设的再思考［J］．国外社会科学，2010(2)：80-85.

［130］张红凤，杨慧．规制经济学沿革的内在逻辑与发展方向［J］．中国社会科学，2011(6)：56-66.

［131］颜海娜，聂勇浩．制度选择的逻辑：我国食品安全监管体制的演变［J］．公共管理学报，2009(3)：12-25.

［132］任保平．新时代高质量发展的政治经济学理论逻辑及其现实性［J］．

人文杂志，2018(2)：26-34.

[133]马连福，王丽丽，张琦．混合所有制的优序选择：市场的逻辑[J]．中国工业经济，2015(7)：5-20.

[134]王展昭．考虑重复购买因素的品牌竞争对新产品扩散的影响研究：基于小世界网络的仿真环境[J]．中国管理科学，2019(12)：164-174.

[135]程虹，李丹丹．我国宏观质量管理体制改革的路径选择[J]．中国软科学，2009(12)：169-178.

[136]曹滨，高杰．工艺设计质量信息不对称环境下质量激励合同设计[J]．中国管理科学，2018(7)：142-150.

[137]张红凤，姜琪，吕杰．经济增长与食品安全：食品安全库兹涅茨曲线假说检验与政策启示[J]．经济研究，2019(11)：180-194.

[138]聂辉华．契约不完全一定导致投资无效率吗：一个带有不对称信息的敲竹杠模型[J]．经济研究，2008(2)：132-143.

[139]施炳展，邵文波．中国企业出口产品质量测算及其决定因素：培育出口竞争新优势的微观视角[J]．管理世界，2014(9)：90-106.

[140]刘鹏．中国食品安全监管：基于体制变迁与绩效评估的实证研究[J]．公共管理学报，2010(2)：23-77.

[141]曹正汉，周杰．社会风险与地方分权：中国在食品安全监管上实行地方分级管理的原因[J]．社会学研究，2013(1)：182-205.

[142]杨国亮．关于竞争优势的马克思主义分析框架[J]．中国人民大学学报，2005(9).

[143]朱富强．自发市场中的过度竞争及其问题：欲求膨胀、策略性行为和社会资源浪费[J]．云南大学学报(社会科学版)，2019(2)：109-117.

[144]崔焕金，李中东．食品安全治理的制度，模式与效率：一个分析框架[J]．改革，2013(2)：133-141.

[145]方兴起．从“美欧模式”到“竞争性市场体制”：与吴敬琏先生商榷[J]．马克思主义研究，2014(1)：135-140.

[146]赵儒煜．论传统市场理论价格机制的局限性[J]．河南大学学报(社会科学版)，2018(5)：51-66.

[147]宋宇．马克思经济学与西方经济学的厂商理论比较研究[J]．经济纵横，2010(5)：13-17.

[148]赵帅，何爱平．马克思经济学与斯拉法学派的利润理论比较[J]．当代经济研究，2017(10)：47-54.

[149]张凤超．资本权力与市场秩序："竞争性市场"之刍议[J]．学术研究，2013(11)：63-69.

[150]吴易风，王健．新凯恩斯主义经济学[J]．经济评论，1995(2)：1-8.

[151]赵志君．新古典生产者理论的缺陷、引致问题及其解决方案[J]．经济学动态，2019(11)：84-96.

[152]习近平．决胜全面建成小康社会夺取新时代中国特色社会主义伟大胜利：在中国共产党第十九次全国代表大会上的报告[N]．人民日报，2017-10-28.

[153]农业部．关于印发《"十三五"全国农产品质量安全提升规划》的通知[R]．中华人民共和国农业部公报，2017(4).

[154]国务院．关于印发"十三五"国家食品安全规划和"十三五"国家药品安全规划的通知[R]．中华人民共和国国务院公报，2017(8).

[155]中共中央国务院关于实施乡村振兴战略的意见[R]．中华人民共和国国务院公报，2018(5).

[156]中国互联网络信息中心(CNNIC)．第44次《中国互联网络发展状况统计报告》[EB/OL]．中国网信网，[2019-8-30]. http：//www. cac. gov. cn/2019zt/44/index. htm.

[157]国家发展和改革委员会．消费品标准和质量提升规划(2016—2020)[EB/OL]．[2015-6-6]. http：//www. ndrc. gov. cn/fzgggz/fzgh/ghwb/gjjgh/201705/t20170518_ 847768. html.

[158]国家统计局．新理念引领新常态　新实践谱写新篇章：党的十八大以来经济社会发展成就之一[EB/OL]．国家统计局官网，[2017-6-16]. http：//www. stats. gov. cn/tjsj/zxfb/201710/t20171010_ 1540653html.

二、外文文献

(一)著作与学位论文

[159]A Kahn. The economics of Regulation：Principles and Institution [M]. John Wiley & Sons. Inc，1970.

[160] Baumol W J. Panzar and R. D. Willig. Contestable Markets and the Theory of Industry Structure [M]. New York：Harcourt Brace Jovanovich，1982.

[161]Campanella J，et al. Principles of Quality Cost [M]. ASQ，Millwaukee，1999.

[162] Grossman G M, Helpman E. Quality Ladders in the Theory of Growth [M]. Cambridge and London: MIT. Press, 1991.

[163] Antle J M. Choice and Efficiency in Food safety policy[M]. Washingdon, D C: AEI Press, 1995.

[164] Joseph A. DeFeo, Frank M. Gryna. Juran Quality Management and Analysis[M]. McGraw- Hill Education Press, New York, 2004.

[165] Juran J M. Juran on Leadship for Quality: An Excutive Handbook[M]. New York: the Free Press, 1989: 1-3

[166] Rust R T, A I Zahoric, T L Keiningham. Return on Quality[M]. Probus, Chicago, 1994.

[167] Williamson O E. The Mechanism of Governance [M]. New York: The Free Press, 1996.

[168] Williamson O E. Corporate Control and Business Behavior: An Inquiry into the Effects of Organization Form on Enterprise Behavior [M]. New York: Prentice-Hall Englewood Cliffs, 1970.

[169] Schumpeter J A. The Theory of Economic Development[M]. Cambridge MA: Harvard University Press, 1934.

[170] Hayek F A. Hayek on Hayek: An Autobiographical Dialogue. [M]. university of Chicago press, Chicago, 1994.

[171] DeFeo J A. , W Banrnard. Juran's Six Sigma Break through and Beyond [M]. McGraw -Hill, New York, 2004.

[172] Stigler G J. Risk, Uncertainty and Profit[M]. McGraw-Hill Education Press, New York, 2004.

(二)期刊与电子资源

[173] Akerlof G A. The Marker for Lemons: Quality Uncertainty and the Market Mechanism [J]. Quaterly Journal of Economics, 1970, 84(3): 488-500.

[174] Avraham R. Private Regulation[J]. Harvard Journal of Law & Public Policy, 2010, 34(2): 53-79.

[175] Albersmeier F, Schulze H, Jahn G, et al. The Reliability of Third-Party Certification in the Food Chain: From Checklists to Risk-Oriented Auditing [J]. Food Control, 2009, 20(10): 111-123.

[176] Antle J M. Economic Analysis of Food Safety [J]. Handbook of Agricul-

tural Economics, 2001, 1(3): 122-129.

[177]Agosto D E. Bounded Rationality and Satisficing in Young People's Web-based Decision Making[J]. Journal of the American Society for Information Science & Technology, 2014, 53(1): 32-58.

[178]Aghion, Philippe, Howitt, et al. A Model of Growth Through Creative Destruction[J]. Econometrica, 1992, 60(2): 320-323.

[179]Arrow K J. Economic Welfare and the Allocation of Resources for Invention[J]. NBER Chapters, 1962, 12(2): 609-626.

[180]Avner Shaked, John Sutton. Natural Oligopolies[J]. Econometrica, 51(5): 1469-1483.

[181]Edwards, Jeffrey R, Lambert, et al. Methods for integrating moderation and mediation: A general analytical framework using moderated path analysis. [J]. Psychological Methods, 2007, 12(1): 1-22.

[182] Albersmeier F, Schulze H, Jahn G, et al. The Reliability of Third-Party Certification in the Food Chain: From Checklists to Risk-Oriented Auditing [J]. Food Control, 2009, 20(10): 927-935.

[183]Baron D P, Besanko D. Regulation, Asymmetric Information, and Auditing [J]. Rand Journal of Economics, 1984, 15(4): 178-191.

[184] Bowles S, Choi, Jung- Kyoo, et al. The Co-evolution of Individual Behaviors and Social Institutions [J]. Journal of Theoretical Biology, 2003, 22(3): 112-132.

[185] Bouzembrak Y, Marvin H J P. Prediction of Food Fraud Type Using Data from Rapid Alert System for Food and Feed (RASFF) and Bayesian Network Modelling[J]. Food Control, 2016, 6(1): 115-161.

[186] Barncy J B. Firm Resources and Sustainable Competitive Advantage. Journal of Manage ment, 1991(17): 36-56.

[187]Baumol W J. Contestable Markets: an Uprising in the Theory of Industry Structure [J]. The America Review, 1982, 72(1): 33-58.

[188]Beulens A J M. Innovations in Logistics and ICT in Food Supply Chain Networks[J]. Inno vation in Agri-Food Systems, 2005: 355-368.

[189]Bouzembrak Y, Steen B, Neslo R, et al. Development of Food Fraud Media Monitoring System Based on Text Mining [J]. Food Control, 2018, 9(3): 46-49.

[190] Buckley, Jenifer A. Food Safety Regulation and Small Processing: A Case Study of Interact ions between Processors and Inspectors[J]. Food Policy, 2015, 51(2): 75-78.

[191] Cavin C, Cottenet G, Blancpain C, et al. Food Adulteration: From Vulnerability Assessment to New Analytical Solutions [J]. Chimia, 2016, 6(3): 329-358.

[192] Chao G H, Iravani S M, Savaskan R C. Quality Improvement Incentives and Product Recall Cost Sharing Contracts [J]. Management Science, 2009, 55 (7): 31-56.

[193] Cooper R, Ross T. Price, Product Qualities and Asymmetric Information: the Compet itive Cases [J]. Review of Economic Studies, 1984, 51 (2): 197-208.

[194] David P, Baron D P, Besanko D. Regulation, Asymmetric Information, and Auditing [J]. Rand Journal of Economics, 1984, 15(4): 447-470.

[195] David A. Garvin. Product quality: An important strategic weapon[J]. 27(3): 0-43.

[196] Everstine K, Spink J, Kennedy S. Economically Motivated Adulteration (EMA) of Food: Common Characteristics of EMA Incidents [J]. Journal of Food Protection, 2013, 76(4): 723- 735.

[197] Edwards, Jeffrey R, Lambert, et al. Methods for integrating moderation and mediation: A general analytical framework using moderated path analysis. [J]. Psychological Methods, 2007, 12(1): 1-22.

[198] European Commission. The EU Food Fraud Network and the System for Administrative Assistance & Food Fraud [R]. Annual Report , 2017.

[199] Fan R L. On The Internality-Externality of Occupational Safety and Regulation[J]. Technology Economics & Management Research, 2012(3): 105-108.

[200] Wierup M. Salmonella Contamination: A Significant Challenge to the Global Marketing of Animal Food Products. [J]. Rev Sci Tech, 2006, 25(2): 541-554.

[201] Garcia Martinez, M A Feame , J A Caswell, et a1. Co-regulation as a PossibleModel for Food Safety Governance: Opporttmities for Public-private Partnerships[J]. Food Policy, 2007, 32(3), 299-314.

[202] Garvin D A. What Does Product Quality Really Mean [J]. Sloan Man-

agement Review, 1984, 26: 25-43

[203]Garcia Martinez, M A Feame, J A Caswell, et al. Co-regulmion as a PossibleModel for Food Safety Governance: Porttmities for Public-Private Partnerships [J]. Food Policy, 2007, 32(3), 299- 314.

[204] Ghorbani M, Hamraz S. A Survey on Factors Affecting on Consumer's Potential Willing- ness to Pay for Organic Products in Iran (A Case Study)[J]. Trends in Agricultural Economics, 2009, 2(1): 10-15.

[205]Nelson P. Information and Consumer Behavior[J]. Journal of Political Economy, 1970, 78(2): 311-329.

[206]Grossman, Sanford J. The Informational Role of Warranties and Private Disclosure about Product Quality [J]. The Journal of Law and Economics, 1981, 24(3): 49-66.

[207]Henson S, Jaffee S. Food Safety Standards and Trade: Enhancing Competitiveness and Avoiding Exclusion of Developing Countries[J]. The European Journal of Development Research. December 2006, 18(4).

[208]Henson S J. Caswell. Food Safety Regulation: an Overview of Contemporary Issues [J]. Food Policy, 1999, 24(6): 589-603.

[209] Holleran E, Bredahl M E, Zaibet L. Private Incentives for Adopting Food Safety and Quality Assurance[J]. Food Policy, 1999, 24(6): 669-683.

[210]Howells G. The Potential and Limits of Consumer Empowerment by Information, Journal of Consumer of Law and Society, 2005(3), 32(3): 359-370.

[211]J A Caswell. From Punishment to Prevention: A French Case Study of the Introduction of Co-regulation in Enforcing Food Safety[J]. Food Policy, 2012, 37(3): 246-254.

[212]Jackson L S. Chemical Food Safety Issues in the United States: Past, Present, and Future[J]. Journal of Agricultural and Food Chemistry, 2009, 57 (18): 8161-8170.

[213]Jones B D. Bounded Rationality and Public Policy: Herbert A. Simon and the Decisional Foundation of Collective Choice [J]. Policy Sciences, 2002, 35(3): 269-284.

[214]Jean Tirole. The theory of industrial organization M]. MIT press, 1988, Cambridge, MA, 1988: 0-164.

[215]Jiang Zhao, Ksenia Gerasimova, Yala Peng, et al. Information Asym-

metry, Third Party Certification and the Integration of Organic Food Value Chain In China)[J]. Food Weekly News, 2020, 12(1): 201-935.

[216] Jensen U H H. HACCP as a Regulatory Innovation to Improve Food Safety in the Meat Industry [J]. American Journal of Agricultural Economics, 1996, 78(3): 764-769.

[217] Jacxsens L , Luning P A . Simulation Modelling and Risk Assessment as Tools to Identify the Impact of Climate Change on Microbiological Food Safety: The Case Study of Fresh Produce Supply Chain[J]. Food Research International, 2010, 43(7): 0-1935.

[218] Klein J, Dawar N. Corporate Social Responsibility and Consumer' Attributions and Brand Evaluations in a Product-harm Crisis [J]. International Journal of Research in Marketing, 2004, 21(3): 203-217.

[219] Kenneth H Wathne, Jan B Heide. Opportunism in Interfirm Relationships: Forms, Outcomes, and Solutions [J]. Journal of Marketing, 2000, 64(4): 36-51.

[220] Klein, Tobias J Lambertz, Christian, et al. Market Transparency, Adverse Selection, and Moral Hazard [J]. Journal of Political Economy, 2016, 124(6): 121-135.

[221] Klein B. Why Hold-ups Occur: the Self-enforcing Range of Contractual Relationships [J]. Economic Inquiry, 1996, 34(3): 1677-1713.

[222] Kreps D M, Wilson R. Reputation and Imperfect Information [J]. Levines Working Paper Archive, 1999, 27(2): 253-279.

[223] Laffont J J, Tirole. A Theory of Incentives in Procurement and Regulation, Cambridge: The Mit Press, 1993, 1(428).

[224] Laffont J J, D Martimort. The Theory of Incentives I: The Principal Agent Model, NJ: Princeton University Press, 2010.

[225] Laffont J J, Tirole J. Using Cost Observation to Regulate Firms [J]. Journal of Political Economy, 1986, 94(3): 614-641.

[226] Luo Y L, Zhang S Q, Wan S X, et al. Analysis and Design of Information Management System for Defective Automobile Products Recall[J]. Applied Mechanics & Materials, 2014, 495(3) : 250-255.

[227] Marino A M. A Model of Product Recalls with Asymmetric Information [J]. Journal of Regulatory Economics, 1997, 12(3) : 245-265.

[228]McAllister L K. Regulation by Third-Party Verification[J]. Boston College Law Review, 2012, 5(3): 1-10.

[229] Mahon J F , S L Wartick, Dealing with Wtakeholders: How Reputation, Credibility & Framing Influence the Game[J]. Corporate Reputation Review, 2003, 6(1): 19-35.

[230] Moore J C, Spink J, Lipp M. Development and Application of a Database of Food Ingredient Fraud and Economically Motivated Adulteration from 1980 to 2010[J]. Journal of Food Science, 2012, 77(4): 118-126.

[231]Martinez M G, Fearne A, Caswell J A, et al. Co-regulation as a Possible Model for Food Safety Governance: Opportunities for Public-private Partnerships[J]. Food Policy, 2007, 32(3) : 299-314..

[232]Mojtaba Barari, Mitchell Ross, Jiraporn Surachartkumtonkun. Negative and positive customer shopping experience in an online context[J]. Journal of Retailing and Consumer Services, 2020, 53(1): 231-256.

[233]Mc Cluskey J. A Aame Theoretic Approach to Organic Foods: An Analysis of Asymmetric Information and Policy[J]. Agricultural and Resource Economics Review, 2000, 29(1): 1-9.

[234]Oliver Hart, John Moore. Foundations of Incomplete Contracts[J]. Review of Economic Studies, 1999, 66(1): 115-138.

[235] Ren J. A Transaction Cost Analysis of the Internality and Government Regulation [J]. Journal of Ocean University of China, 2014, 82(6): 82-86..

[236] Roderick Hill, Anthony Myatt. Overemphasis on Perfectly Competitive Markets in Microeconomics Principles Textbooks [J]. Journal of Economic Education, 2007, 36(2): 40-56.

[237]Stiglitz, Joseph E. Information and the Change in the Paradigm in Economics[J]. American Economic Review, 2002, 92(3): 460-501.

[238] Scott Rafferty. FDA Moving Too Slowly to Promote Private Inspections [N]. Food Safety News, https://www.foodsafetynews.com/2013/09/the-fda-is-moving-too-slowly-to-promote private-inspections/, 2013-9-6.

[239] Stigler G J. Perfect Competition, Histoirically Contemplated [J]. Jounnal of Political Economy, 1987 , 65(1): 1- 17.

[240]Stigler G J. Risk, Uncertainty and Profit[M]. McGraw-Hill Education Press, New York, 2004: 62(3): 3-21.

[241]Schneeweiss C, Zimmer K. Hierarchical Coordination Mechanisms within the Supply Chain[J]. Technology & Economy in Areas of Communications, 2012, 153(3): 687-703.

[242]Spencer Henson, Steven Jaffee. Food Safety Standards and Trade: Enhancing Competitiveness and Avoiding Exclusion of Developing Countries [J]. The European Journal of Development Research, 2006, 18(4) : 593-621..

[243]Spink J, Moyer D C. Defining the Public Health Threat of Food Fraud [J]. Journal of Food Science, 2011, 76(9): 157-163.

[244]Sappington D E M. Incentives in Principal-Agent Relationships [J]. Journal of Economic Perspectives, 1991, 5(2): 45-66.

[245]Stigler G J. The Economics of Information[J]. The Journal of Political Economy, 1961, 69 (3) : 213-225.

[246]Schwartz A, Scott R E. Contract Theory and the Limits of Contract Law [J]. Yale Law Journal, 2003, 113(3): 541-619.

[247]Shleifer A. A Theory of Yardstick Competition[J]. The Rand Journal of Economics, 1985, 16(3): 319-327.

[248]Smith A. The Wealth of the Nation [J]. American Heritage, 2007, 305 (8): 93-95.

[249]Segerson K. Mandatory Versus Voluntary Approaches [J]. Agribusiness, 1999, 15(1): 53-70.

[250]Spink J, Moyer DC, Whelan P. The Role of the Public Private Partnership in Food Fraud Prevention—includes Implementing the Strategy [J]. Current Opinion Food Science, 2006, 126(10): 68-75.

[251]Spence A M. Monopoly, Quality and Regulation[J]. Bell Journal of Economics, 1975, 6(2): 417-429.

[252]Schmidt Klaus M. Managerial Incentives and Product Market Competition [J]. Review of Economic Studies, 1997, 231(2): 35-73.

[253]Shuxiao Sun, Xiaona Zheng, Luping Sun. Multi-period Pricing in the Presence of Competition and Social Influence [J]. International Journal of Production Economics, 2020, 227 (2): 39-86.

[254] Spink J, Fortin N D, Moyer D C, et al. Food Fraud Prevention: Policy, Strategy, and Decision-Making - Implementation Steps for a Government Agency or Industry[J]. Chimia, 2016, 70(5): 320-328.

[255]Spink J, Moyer D C. Defining the Public Health Threat of Food Fraud [J]. Journal of Food Science, 2011, 76(9): 157-163.

[256]Spier K E. Product Safety, Buybacks and the Post-sale Duty to Warn[J]. The Journal of Law, Economics, and Organiza-tion, 2011, 27(3) : 515-539.

[257]Starbird S A. Moral Hazard, Inspection Policy and Food Safety [J]. American Journal of Agricultural Economics, 2005, 87(1), 15-27.

[258]Scott Rafferty. FDA Moving Too Slowly to Promote Private Inspections [N]. Food Safety News, https://www.foodsafetynews.com/2013/09/the-fda-is-moving-too-slowly-to-promote-private- inspections /2013-9-6.

[259] Starbird S A. Designing Foods Safety Regulations: The Effect of Inspection Policy and Penalties for Noncompliance on Food Processor Behavior[J]. Journal of Agricultural and Resource Economics, 2000, 233(2): 616-635.

[260]Tirole J A. Theory of Collective Reputation [J]. Review of Economic Studies, 1996, 63(1).

[261]Tilman Klumpp, Xuejuan Su. Price-quality Competition in a Mixed Duopoly [J]. Journal of Public Economic Theory, 2019, 21(3): 123-156.

[262]Vickers J. Performance Comparisons and Dynamic Incentives[J]. Cepr Discussion Papers, 1997, 105(3): 547-581.

[263]Vetter H. Moral Hazard, Vertical Integration, and Public Monitoring in Credence Goods[J]. European Review of Agriculture Economics, 2002, 29(2): 271-279.

[264]Wann-Yih Wu, Quyen Phu Thi Phan, Adriana A. Amaya Rivas. Correction to: How e-servicescapes Affect Customer Online Shopping Intention: The Moderating Effects of Gender and Online Purchasing Experience [J]. Information Systems and e-Business Manage ment, 2018, 16(2): 163-189.

[265]Wu Wei, Huang Vivian, Chen Xiayu, et al. Social Value and Online Social Shopping Intention: the Moderating Role of Experience[J]. Information Technology & People, 2018, 31(3): 46-56.

[266]Wolinsky A. Prices as Signals of Product Quality [J]. The Review of Economic Studies, 1983, 50(4) : 647-658..

[267]Williamson Oliver E. Outsourcing: Transaction Cost Economics and Supply Chain Management [J]. Journal of Supply Chain Management, 2008, 51(4).

[268]Wu Wei, Huang Vivian, Chen Xiayu, et al. Social Value and Online

Social Shopping Intention: the Moderating Role of Experience [J]. Information Technology & People, 2018, 31(3): 123-167.

[269] European Commission. The EU Food Fraud Network and the System for Administrative Assistance & Food Fraud [R]. Annual Report 2017.

[270] FDA. Economically Motivated Adulteration [EB/OL]. Public Meeting, http://www.fda.gov/NewsEvents/MeetingsConferencesWorkshops/ucm163619.html, 2009-10-21.

附件1　2015—2021年全国各地区的食品质量安全事件数

地区	2015年	2016年	2017年	2018年	2019年	2020年	2021年
北京	34	25	11	33	37	35	45
天津	12	3	8	24	48	92	94
河北	15	20	31	34	88	105	95
山西	31	25	38	54	111	168	223
内蒙古	6	5	6	10	9	34	84
辽宁	20	8	19	4	21	23	27
吉林	6	10	10	20	81	56	59
黑龙江	14	5	21	41	25	32	76
上海	6	12	14	3	4	8	8
江苏	36	43	76	69	81	143	135
浙江	32	37	43	88	116	163	123
安徽	56	53	40	43	75	226	208
福建	17	35	26	55	48	122	176
江西	2	3	7	41	105	160	188
山东	8	9	30	97	237	641	890
河南	13	5	9	10	18	51	81
湖北	11	10	10	19	30	102	60
湖南	36	39	38	81	201	399	582
广东	87	98	103	110	65	72	125
广西	21	50	32	61	57	66	121
海南	12	25	29	34	58	83	81
重庆	33	39	19	32	34	40	280

续表

地区	2015年	2016年	2017年	2018年	2019年	2020年	2021年
四川	29	28	26	44	92	202	60
贵州	80	72	60	61	76	135	401
云南	152	208	236	343	545	701	708
陕西	1	2	10	7	29	54	54
甘肃	25	28	25	34	54	87	96
青海	8	6	2	6	10	6	5
宁夏	6	11	19	16	42	30	39
新疆	—	3	0	3	4	20	18

数据来源：国家卫生健康委员会、国家中医药管理局。

附件2　中国市场化指数的指标体系

总指数	方面指数	分项指标	二级分项指标
市场化指数	政府与市场的关系	市场分配经济资源的比重 减轻农民的税费负担 减少政府对企业的干预 减轻企业的税外负担 缩小政府规模	—
	非国有经济的发展	非国有经济在工业销售收入中所占比重 非国有经济在全社会固定资产总投资中所占比重 非国有经济就业人数占城镇总就业人数的比例	—
	产品市场的发育程度	价格由市场决定的程度 减少商品市场上的地方保护	—
	要素市场发育的程度	金融业的市场化	金融业的竞争 信贷资金分配的市场化
		引进外资的程度 劳动力流动性 技术成果市场化	—
	市场中介组织的发育和法律制度环境	市场中介组织的发育	律师、会计师等市场中介组织服务条件 行业协会对企业的帮助程度
		对生产者合法权益的保护	—
		知识产权保护	三种专利申请受理量/科技人员数 三种专利申请批准量/科技人员数
		消费者权益保护	—

资料来源：王小鲁，樊纲，胡李鹏．中国分省份市场化指数报告[M]．北京：社会科学文献出版社，2019.

后 记

产品质量是中国经济高质量发展的微观基础，是“质量强国”战略实现的重要保障。随着中国市场化的不断推进，诸多行业市场交易的有效供给和有效需求处于非均衡状态。虽然中国政府在产品质量领域实施了严格的监管，但竞争性市场的产品质量问题仍频繁发生，并呈现隐蔽性、频发性与动态性等特征，制约着中国经济高质量发展和“质量强国”战略的实现。

竞争是市场经济的本质，是市场经济活力之源。在现实市场竞争中，企业间竞争往往体现为“价格”和“质量”的双重竞争。产品质量是市场满足人们“本真需要”的使用价值特性，兼具技术特征和社会福利特征。在西方主流经济学中，“产品质量”几乎是一个被抽象掉的因素，价格是主要的（甚至是唯一的）竞争工具。本书将“产品质量”作为一个核心概念置于非均衡理论框架中，是对西方主流经济学的一个理论观点的挑战。

感谢四川大学经济学院张衔教授、龚勤林教授、杜江教授对书稿的建议，他们真诚严谨的治学精神和学术素养令笔者获益匪浅。感谢郑州师范学院经济与管理学院陈西川教授、赵红强博士，郑州国家中心城市研究院杜学霞教授等在学习和工作上给予的支持、帮助和保障。感谢为审阅书稿而付出辛勤汗水的编辑们，感谢他们在百忙之中审阅内容，并提出完善本书的有益建议。

在本书的写作过程中，四川大学经济学院岳洪竹博士、吴先强博士、蒙长玉博士、徐强博士、郭利梅博士等对本书的撰写给予了极大的支持和帮助，督促笔者在学习上孜孜不倦并坚持不懈，最终完成本书的撰写，为此笔者心存谢意。

赵 威　段小力

2022 年 5 月 1 日